Gebrauchsanweisung fürs Laufen

Jochen Schmidt

Gebrauchsanweisung fürs Laufen

PIPER

Mehr über unsere Autoren und Bücher:
www.piper.de

Dieses Buch ist meinen Sportlehrern gewidmet,
die sich vermutlich nicht an mich erinnern.

ISBN 978-3-492-27721-1

Redaktion: Margret Trebbe-Plath, Berlin
Satz: Fotosatz Amann, Memmingen
Druck und Bindung: CPI books GmbH, Leck
Printed in the EU

Inhalt

Beobachtung täglicher Vorgänge lehrt,
dass möglichste Beherrschung der Fähigkeit,
den eigenen Körper fortzubewegen,
für jeden Menschen von größtem Nutzen ist.

Eugen Seybold,
»Der Lauf als Leibesübung und Wettkampf«, 1911

Gehen die Leute auf der Straße
Eigentlich absichtlich so langsam
Wollen sie verhindern
Dass wir vorwärtskommen
Manchmal könnte man meinen
Ihr blödes Schlendern wäre Absicht.

Tocotronic, »Es ist egal, aber«, 1997

Vorwort

Vorworte sind bei Lesern wahrscheinlich so beliebt wie das Aufwärmen beim Freizeitsportler. Der Unterschied ist, dass Vorworte meist gar nicht vor dem Buch geschrieben werden, sondern erst ganz zuletzt, wenn die Arbeit endlich geschafft ist und wenn man sich darüber klar geworden ist, was man im Buch eigentlich sagen wollte. Ich habe ein anstrengendes und aufregendes Jahr hinter mir, in dem sich für mich alles ums Laufen gedreht hat: Lektüren, Reisen, Gespräche, Nachdenken, Schreiben und viele Läufe. (Natürlich stimmt das nicht, ich bin ja leider kein Profi. In Wirklichkeit musste ich in der Zeit jede Menge andere Arbeiten erledigen und gleichzeitig versuchen, für meine Familie da zu sein.) Ich wollte auf eine möglichst persönliche Art beschreiben, wie ich das Laufen erlebe und was mich daran fasziniert; niemand muss diese Sicht der Dinge teilen, aber ich hoffe natürlich, dass sie für andere von Interesse ist, sie zu eigenen Gedanken anregt oder zum Laufen verführt. Laufen und Schreiben sind, das ist mir inzwischen klar, die beiden Beschäftigungen, denen ich am liebsten nachgehe (meine Freundin würde hier vielleicht noch Schlafen hinzufügen), und es war ein naheliegender Gedanke (der mir aber nie gekommen ist), übers Laufen zu schreiben. Ich bin mir sicher, dass dieses Buch nicht frei von Fehlern und Ungenauigkeiten ist, so wie mein Laufstil alles andere als perfekt ist. Beim Laufen gibt es zu fast jeder Frage eine Ansicht, die sich durchgesetzt hat, und eine gegenteilige Ansicht, die sich ebenfalls durchgesetzt hat. Wir wissen nicht einmal genau, warum ein Sieger im Ziel die Arme in die Luft wirft oder welche Ursache Seitenstiche haben (oder irre ich mich?). Ich bitte deshalb alle Läufer, Mediziner und Sporthistoriker um Nachsicht, dieses Buch kann keines ihrer Bücher ersetzen, was aber, so hoffe ich, auch im umgekehrten Sinn gilt.

Viermal um die Mülltonnen

Don't call it a comeback / I've been here for years
LL Cool J, »Mama Said Knock You Out«, 1990

Es ist Januar, und ich laufe wieder, nach einer monatelangen Pause wegen beruflicher und familiärer Überlastung, aber vor allem wegen einer ganzen Serie von Infekten. »Emsige Geistesanstrengung und fortdauernde Leibesruhe können den stärksten Körper allmählich zermorschen«, schreibt der deutsche Pädagoge Johann Christoph Friedrich GutsMuths 1793 in »Gymnastik für die Jugend«. Ich traute mich gar nicht mehr, mich zu wiegen; das war wie bei der Marmelade im Kühlschrank, bei der ich nicht nachzusehen wage, ob sie schon verschimmelt ist, und einfach lange genug warte, um sie dann wegzuwerfen. Es wundert mich nicht, dass Männer während der Schwangerschaft ihrer Frauen zunehmen; es würde mich eher wundern, wenn sie danach wieder abnähmen. Meine Freundin hat mein periodisches Schwarzsehen, dass ich wahrscheinlich nie wieder laufen werde, nur weil es sich schon nach drei Wochen Pause so anfühlt, als sei ich nie laufen gewesen, ziemlich satt. Für meine Neugeburt als Läufer hatte ich ausgerechnet am Silvesterabend Zeit; es war natürlich schon dunkel, deshalb konnte ich nicht in den Park und bin auf die Idee gekommen, einfach durch die Straßen Richtung Stadtzentrum zu laufen, vielleicht käme ich bis zum Brandenburger Tor. Es ist sehr befriedigend, auf diese Weise einen großen Teil der Stadt zu Fuß erreichen zu können, und es fühlt sich trotzdem ein bisschen abenteuerlich an. Meine Knochen schmerzten, und ich kam mir fett vor, obwohl sich Nichtläufer immer provoziert fühlen, wenn ich behaupte, Übergewicht zu haben, ich sei doch schlank. (Ich weiß es besser, ich könnte mit dem Fett, das ich gespeichert habe, zweimal um die Erde laufen!) Schlank war ich nur jeweils am Abend nach einem Marathon. (Björn Borg fühlte sich schon mit 100 Gramm über seinem Kampfgewicht aufgebläht und bei 100 Gramm darunter ausgezehrt.) Wie immer, wenn ich wieder anfange, schmiedete ich sofort große Pläne; ich überlegte, ob ich mich für einen Hochhauslauf in Neukölln anmelden sollte, der Mitte Januar stattfinden wird, 465 Treppenstufen. Oder wenigstens für den Oderturmlauf in Frankfurt (Oder) im Sommer? Ich bin immer gerne Treppen gelaufen, weil die Strecke nicht so lang ist und man seine Oberschenkel förmlich explodieren fühlt, während die Gelenke geschont werden, zumindest auf dem Hinweg. Außerdem ist man in Treppenhäusern vom Wetter unabhängig. Man muss, wenn man länger dort trainiert, nur damit rechnen, anschließend einseitig Muskelkater zu bekommen.

Das ganze Zentrum war voller frierender Touristen, viele davon aus Spanien, schien mir. Vor allem die Älteren absolvieren ihr anstrengendes Tagesprogramm der Bequemlichkeit halber gerne in Laufschuhen mit gedämpften Sohlen. Unter den Linden hat zwar breite Bürgersteige, aber sie reichen trotzdem kaum aus, ich musste ständig ausweichen.

Ich stellte wieder fest, wie selten ich nur noch im Zentrum meiner Stadt bin; ich hatte keine Ahnung, wie viel vom Stadtschloss schon steht, oder handelt es sich um eine »temporäre Schlossinstallation«? Ein Riesenrad war auch noch aufgebaut. Die Gegend um das Brandenburger Tor sieht nicht mehr aus wie 1989, als ich hier zu Silvester stand, die Menschen kletterten spontan die Blitzableiter hoch, um sich in die Quadriga zu setzen, es schien niemanden mehr zu geben, der einem etwas verbieten konnte. Wenn ich an so etwas denke, komme ich mir immer vor wie ein Zeitzeuge, den man eigentlich dafür bezahlen müsste, sich an früher zu erinnern. Ich lief auf dem Rückweg noch einen Schlenker die Karl-Marx-Allee hoch bis zum menschenleeren Strausberger Platz; von überall hörte man Detonationen, ein etwas makabres Gefühl in einer Stadt, die einmal fast vollständig zerbombt war. Zurück ging es in den Prenzlauer Berg, ein Bezirk, der nicht umsonst nach einer topografischen Gegebenheit benannt ist, was beim Laufen erfahrbar wird. Ich sah die Stadt an diesem Abend auf eine Weise, die nur beim Laufen möglich ist; wenn ich zu Hause geblieben wäre, wäre dieser Film, den ich jetzt im Kopf hatte, nie gedreht worden. Auf der Prenzlauer Allee Ecke Danziger Straße standen Krankenwagen, ein Motorrad war mit einem Pkw kollidiert, da hatte sich jemand den Jahresausklang sicher anders vorgestellt.

Im Winter trage ich unterwegs einen Halsmuff, den ich mir in einer chinesischen Änderungsschneiderei durch ein Dreiecks-Halstuch habe verlängern lassen, sodass ich den Muff über die Nase ziehen kann und den ganzen Lauf über eine Mischung aus meiner schon benutzten Atemluft und von meinem Körper angewärmten Ausdünstungen einatme, nur um mich nicht schon wieder zu erkälten, was sonst alle paar Wochen passiert. (Der amerikanische Trainerpionier

Michael C. Murphy, der den Tiefstart erfunden hat, empfahl in seinem Buch »Athletic Training« 1914 etwas Ähnliches: »Ich würde die Athleten, die bei kaltem Wetter laufen, ausdrücklich warnen, den Kragen ihres Sweaters gut über den Mund zu ziehen, um ihre Lungen vor der kalten Luft, die sie einatmen, zu schützen.«)

Man ist natürlich auch viel langsamer, wenn man *nach dem Zwiebelprinzip* drei und mehr Schichten Kleidung übereinander trägt, und hinterher stellt sich die Frage, welche dieser Schichten man waschen muss. Jedes Mal alle drei? Dann müsste ich praktisch jeden Tag die Wäsche machen. Reicht es bei den äußeren beiden Schichten nicht, sie auszulüften? Aber wo? Meine Freundin behauptet, meine Laufkleidung würde so stinken, dass ihr schlecht wird, wenn sie das Bad betritt, wo ich sie trocknen lasse (aber auch noch, *nachdem* sie – natürlich separat und mit Hygienespüler Wäschedesinfektion – gewaschen wurde, so verschmutzte Textilien könnten nie wieder ganz sauber sein). Manfred Steffny schreibt zwar: »So gilt es auch unter Läufern als große, freundschaftliche Geste, das verschwitzte Trikot mit einem Mitläufer zu tauschen und überzustreifen«, aber meiner Freundin würde solch eine freundschaftliche Geste nicht in den Sinn kommen. (Immerhin wasche ich mich und schabe mir nicht nur den Schweiß mit einem Strigilis von der Haut, wie es die griechischen Athleten getan haben.) Wenn ich ihr erkläre, dass es einen entscheidenden Evolutionsvorteil dargestellt hat, dass wir Menschen schwitzen können (weil wir kein Fell mehr haben) und dass wir nur deshalb in der Lage waren (und sind), Antilopen zu Tode zu hetzen (wenn wir das auch selten tun), rümpft sie nur die Nase; ihr wäre es wahrscheinlich sogar lieber, ich hätte ein Fell und würde dafür nicht schwitzen. Es ist eine technologische Meisterleistung unseres Körpers, Wärme abgeben zu können, selbst wenn die Außentemperatur über der Körpertemperatur liegt. (Außerdem hält mein Gestank Fressfeinde fern, das ist viel praktischer, als wegrennen zu müssen.)

Laufen als freiwillige Beschäftigung hat mich als Jugendlichen noch nicht interessiert; ich kann mich nicht erinnern, je Jogger in den Straßen unseres Ostberliner Plattenbauviertels gesehen zu haben, es gab noch keine attraktive Laufmode, man lief in hässlichen Trainingsanzügen oder mit Turnhose über einer langen Unterhose durch den Wald oder betrieb »Dauerlauf« im Stadion auf einer Aschenbahn (der Begriff sagt alles über ihre Anziehungskraft auf einen Jugendlichen). Unsere Schulstrecke führte um das Schulgebäude, durch die Fenster schauten einem die anderen Klassen zu und amüsierten sich schadenfroh. Im Osten hieß es »Eile mit Meile!« (man sollte möglichst oft die »Festivalmeile« von 1973 Metern laufen, zu Ehren der X. Weltfestspiele der Jugend und Studenten, die in Berlin im Jahr 1973 stattfanden), und im Westen quälte man sich auf »Trimm-dich-Pfaden«, um die Krankenkassen zu entlasten. Wie anders sah das in amerikanischen Filmen aus, vor allem wenn sie in New York spielten, da gab es oft Dialoge beim Joggen im Central Park, wobei die Akteure bedruckte Sweatshirts trugen, die mir schon für den Alltag zu schade gewesen wären. In Amerika joggte sogar der Präsident (Erich Honecker machte höchstens Übungen am Barren vor). War Jimmy Carter der Erste, der damit begonnen hat? Die Tradition ist jedenfalls nie abgerissen: Bill Clinton, George Bush (senior und junior) und Barack Obama sind öffentlich gejoggt. Nur Donald Trump, vielleicht weil er ein erklärter Gegner alles Urbanen ist – und Joggen ist im Wesen urbaner Lebensstil –, hält sich hier eher zurück. Joggende Politiker folgen dem Vorbild antiker Leader, nicht nur Achill, Herakles und Odysseus galten als gute Läufer, sondern auch Alexander der Große. Wobei Plutarch über diesen schreibt: »Aber zu den Leuten seiner Umgebung, die die Frage an ihn richteten, ob er wohl Lust habe, in Olympia im Stadionlauf wettzukämpfen – denn er war schnellfüßig –, sagte er: ›Ja, wenn ich Könige als Gegner hätte.‹«

Aus dem Jahr 1979, also genau aus der Zeit, als Joggen als Massenphänomen weltweit populär wurde, stammt »The Jericho Mile«, ein Fernsehfilm mit Kinoqualität von Michael Mann. In der deutschen Version bemühen sich die Sprecher um eine abenteuerlich unglaubwürdige Harte-Jungs-Diktion, ein Verrat an der schneidig-kehligen Stimme des Hauptdarstellers Peter Strauss und am coolen Ebonics-Sound der schwarzen Insassen. Der Film lief in meiner Kindheit jahrelang in DDR-Kinos, damals hielten sich Filme ja viel länger im Programm; ich habe, wenn ich hundertmal das Kinoprogramm in der Zeitung studierte, aber nie Lust bekommen, ihn zu sehen, nur der biblisch anmutende Titel hat sich mir eingeprägt. Es ist schade, dass ich »The Jericho Mile« damals verpasst habe, vielleicht hätte der Film mich inspiriert, früher mit dem Laufen zu beginnen, dann hätte ich weniger Angst vor den 3000-Meter-Leistungskontrollen haben müssen, eine Strecke, die uns damals mörderisch vorkam (und die man heute zum Aufwärmen läuft). Aber Ausdauer war keine Superheldeneigenschaft, man wollte Superman sein oder Batman, nicht »Ausdauerman«.

Larry Murphy – Namensvetter von Samuel Becketts Murphy, einem meiner Lieblingsromanhelden, der seine schönsten Stunden in einem Schaukelstuhl verbringt – kommt aus der weißen Unterschicht und hat seinen Vater erschossen, weil dieser sich an Murphys Stiefschwester vergangen hat. Dafür sitzt er lebenslänglich in Folsom Prison, dem von Johnny Cash besungenen Gefängnis, wo der Film auch gedreht wurde (die Statisten wirken entsprechend echt): »This picture was filmed among the convict population and within the walls of Folsom State Penitentiary.« Die meiste Zeit sitzt Murphy aber gar nicht, sondern er läuft, denn er trainiert täglich auf dem Gefängnishof, wo, wie man das aus Gefängnisfilmen kennt, viel Sport getrieben wird: Hantelnstemmen, Baseball, Basketball, Boxen und ... Schach! (Wobei sexistische Drohungen an die Dame des Gegners ausgesprochen werden.) Alles Sportarten, die einem Respekt verschaffen beziehungsweise den Körper für den Überlebenskampf, der vor allem auf Abschreckung beruht, fit machen; laufen tun hier nur Murphy und sein schwarzer Freund Stiles aus der Nachbarzelle, der Einzige, mit dem er überhaupt Kontakt pflegt, denn er zieht, wie viele Läufer, die Einsamkeit vor. Stiles träumt von einem außerplanmäßigen Besuch seiner Frau und lässt sich, um den zu organisieren, auf einen Deal mit »Dr. D« ein, einem der Bosse im Gefängnis, noch dazu einem Weißen, was nur Ärger bringen kann. Murphy stellt ihn zur Rede, und Stiles wirft Murphy vor, dass er keine menschlichen Bedürfnisse habe und ein Lauf-Junkie sei: »Du brauchst doch niemanden. Du rennst, bis du nicht mehr stehen kannst, dann bist du benebelt, wie irgendein Klebstoffschnüffler und vielleicht sogar müde genug zum Schlafen, bis zum nächsten Tag, wenn alles von vorne beginnt ... Du bist wirklich ein Glückspilz.« (Die Abwertung des Laufens zur Droge war damals in den Medien ein verbreiteter Reflex auf den überraschend erfolgreichen neuen Trend. Die Existenz von Endorphinen, körpereigenen Opiaten, wurde Mitte der Siebziger nachgewiesen. Seitdem hält sich bei vielen das Vorurteil, Läufer quälten sich aus Sucht nach diesen Stoffen. Wissenschaftlich ist die Wirkung von Endorphinen umstritten, vom Reiz des Laufens erklärt sie nichts.) Murphy ist in Wirklichkeit ein Unglücksrabe, weil er sich schuldig fühlt, aber überzeugt davon ist, dass er trotzdem wieder so handeln würde. Er ist ein Opfer seines Milieus, ohne die nötige emotionale Abgestumpftheit zu besitzen, mit der er darin klarkommen könnte. Murphy hält sich aus allem raus, er spricht mit niemandem, er geht nicht arbeiten, sieht nicht fern, kauft nichts, empfängt keine Besuche, sitzt beim Essen immer alleine. Er läuft nur täglich, solange der Hofgang dauert, 80 bis 90 Meilen die Woche, wie er schätzt, dabei um 10 Uhr und um 15.30 Uhr jeweils eine »schnelle Meile«. Das Laufen schenkt ihm für Momente so etwas wie Freiheit. Nachts zieht er die Wasserleitung seines Zellen-Waschbeckens aus der Wand und benutzt sie als Klimmzugstange (Krafttraining, viele Läufer vernachlässigen das). Kein Wunder, dass sich der Anstaltspsychologe für Murphy interessiert: »Alles, was du hier tust, ist laufen, warum? Fühlst du dich gut davon?«

»Yeah.«

Murphy will niemandem etwas beweisen und nichts erreichen, er will nur laufen und seine Ruhe haben. Sollte ich spontan beschreiben, worum es mir beim Laufen geht, würde ich nichts anderes antworten. Laufen gegen die Welt, manchmal fühlt sich das richtig an.

Als der Gefängnisleitung zu Ohren kommt, wie besessen Murphy läuft, stoppt man seine Zeit und stellt fest, dass er die Meile unter 4 Minuten schafft und damit ein Kandidat für das amerikanische Olympiateam sein könnte. Die 4-Minuten-Meile war bis in die Fünfziger ein leichtathletischer Mythos und eine kollektive Obsession, wie einst die 10 000 Meter unter 30 Minuten, die 100 Meter unter 10 Sekunden und heute der Marathon unter 2 Stunden. Erst 1954 ist der Brite Roger Bannister in Oxford unter 4 Minuten geblieben (um Gewicht zu sparen, schliff er die Spikes seiner Schuhe dünner. Für seinen Rekord wurde er geadelt).

Der Anstaltsleiter hat den Ehrgeiz, Murphy an einem Ausscheidungslauf für die Olympischen Spiele in Moskau teilnehmen zu lassen. Zunächst tritt Murphy im Gefängnis gegen ein paar Athleten der Sacramento University an. Es kommt zu einer klassischen Konfrontation zwischen Collegeläufern, also finanziell abgesicherten und aus Sicht eines Gefängnisinsassen natürlich verweichlichten Athleten, die bestens ausgerüstet sind (Murphy wirft einen Blick auf ihre neuen Adidas-Schuhe, er selbst hat nur Basketballschuhe), und dem Genie von der Straße, dessen Antrieb seine Dämonen sind. Er registriert ihre Irritation, als er ihnen die Strecke erklärt: Viermal um die Mülltonnen sind eine Meile. Natürlich können die Halbprofis mit der Willenskraft und der Leidensfähigkeit eines Gefängnisinsassen nicht mithalten, der, um die Härte des Lebens zu ertragen, härter zu sich ist als das Leben. Der Mythos des »Straßenfußballers«, gewachsen auf Beton.

Der beeindruckte Trainer der Athleten fragt Murphy anschließend: »Wie trainierst du?«

»Gar nicht. Ich laufe einfach.«

Ein auf Leidenschaft, Improvisation und Bodenständigkeit basierendes »natürliches Training« wird in keiner Filmszene so plakativ gefeiert wie in der Trainingssequenz aus »Rocky IV«, wo wir sehen, wie sich Rocky – der hier mit seiner Naturverbundenheit der eigentliche »Russe« ist und sich sogar einen Bart wachsen lässt – mit Holzhacken, Steinestapeln, Schlittenziehen und Joggen durch tiefen Schnee auf den Kampf gegen Ivan Drago vorbereitet, während der Körper seines russischen Kontrahenten mit Elektroden versehen und über Monitore kontrolliert wird, weil er nach streng wissenschaftlichen Methoden mithilfe von Trainingsmaschinen unter Laborbedingungen zu einem Kampfroboter hochgezüchtet wird, dem aber natürlich am Ende die Leidenschaft fehlen wird, Rocky zu besiegen. Ein damals schon ziemlich romantisch wirkender Triumph des Menschen über die Maschine, bei dem die Amerikaner seltsamerweise für die menschliche Seite stehen und die Russen für seelenlose Technik.

Vom Style her, Schnurrbart, halblange Haare, und von der Art, wie er läuft, kein Taktieren, immer angreifen und alles geben, erinnert Murphy an Steve Prefontaine, den legendären amerikanischen Mittelstreckler, der bei Olympia 1972 in München den Finnen Lasse Virén herausgefordert hat und, weil er wie immer auf Sieg lief und in der letzten Runde entsprechend aggressiv attackierte, am Ende nur Vierter geworden ist, obwohl Bronze drin gewesen wäre. Prefontaine, der als außergewöhnlich charismatisch beschrieben wird, war damals populär wie ein Rockstar; er starb 1975, bezeichnenderweise bei einem Autounfall, »before the limits of his greatness could be defined«, wie es formuliert wurde. Auch sein »Märtyrertod« hat zur Popularität des Laufsports in Amerika beigetragen.

Die Olympiakommission setzt eine Befragung an, um zu klären, ob Murphy für die Sponsoren akzeptabel ist (denn sie sei leider nicht staatlich gefördert); er soll die Tat, wegen der er einsitzt, pro forma bereuen. Das kann er nicht, er würde sie ja wieder begehen, und sagt das auch deutlich. Damit ist er raus und wird nicht zu den Olympischen Spielen fahren dürfen (die er, wie wir wissen, wegen des Boykotts der USA natürlich so oder so verpasst hätte). Wahrscheinlich hatte man nie vor, ihn zu nominieren, man hat ihm nur falsche Hoffnungen gemacht und ihn damit geschwächt, denn er kann nur überleben, wenn er nichts mehr für sich hofft. Als später über Lautsprecher die Zeit des Kandidaten, der das Rennen gemacht hat, durchgegeben wird, nimmt sich Murphy die Stoppuhr, die ihm sein Trainer geschenkt hat, und versucht unter den Anfeuerungsrufen der Gefangenen und zu einer Instrumentalversion von »Sympathy for the Devil« die Zeit zu schlagen, was ihm auch gelingt. Anschließend zerschmettert er die Uhr an der Gefängnismauer, die Schinderei ist vorbei, die Herrschaft der Zeit und damit fremder Werte, jetzt läuft er wieder für sich. (Schon während der Juli-Revolution von 1830 wurde, wie Walter Benjamin in »Über den Begriff der Geschichte« schreibt, von Aufständischen in Paris an mehreren Stellen auf Turmuhren geschossen, Symbolen von Unterdrückung und Zwang in der aufkommenden Industrialisierung.)

Es geht Murphy natürlich gar nicht um Bestzeiten, es geht darum »zu schweben«. Einer der Gründe, warum Joggen damals so populär wurde, war ja das Versprechen auf eine körperliche Neugeburt und eine seelische Wandlung; wer joggt, wird ein anderer Mensch und wird auch in anderen Bereichen Erfolg haben. 1977 war »The Complete Book of Running« erschienen (1983 auch auf Deutsch), ein Buch, das ebenfalls maßgeblich zum Laufboom in Amerika und damit auch in der Welt beigetragen hat. Der Autor James Fixx beschreibt darin, wie er mit 36 Jahren zu laufen begann und dadurch fast 30 Kilo abgenommen, dem Alkohol abgeschworen und sich das Kettenrauchen abgewöhnt hat. (Er starb schon mit 52 Jahren beim Laufen an einem Herzinfarkt, allerdings litt er an einer genetischen Disposition.) Es gibt Laufbücher, deren Autoren mit noch größerem Übergewicht einsteigen, auch mit so etwas kann man sich übertrumpfen. Im Gegensatz zu vielen anderen Heilsversprechen funktioniert das Laufen. Es gibt niemanden, der es je bereut hätte, damit begonnen zu haben. Auf paradoxe Art kann sogar das Bekenntnis, früher zu verbissen trainiert und seiner Jagd nach persönlichen Bestleistungen alles untergeordnet zu haben und dadurch ausgebrannt zu sein, die Radikalität einer Wandlung durch das richtige Laufen illustrieren. Laufen heilt sogar vom Laufen.

Murphy ist ein extremes Beispiel für die magische Wirkung des Laufens: Wenn man läuft, braucht man die Welt nicht mehr; man braucht weder Wald noch Strand, ein Gefängnishof reicht. Man braucht keine spezielle Laufkleidung, keine Trainingspläne, keine Pulsuhr, keine Laufgruppe, keine Musik, keine Energieriegel, kein schönes Wetter; die Umstände können noch so widrig sein, das Laufen ist stärker. Murphy demonstriert, wozu ein von der Gesellschaft Ausgestoßener fähig ist (Gefangene sind ein Produkt der Gesellschaft, auch wenn sie sie wegschließt), und er flößt seinen Mitgefangenen so viel Respekt ein, dass vor dem entscheidenden Lauf einer nach dem anderen im Essensaal an seinen Tisch tritt und ihm etwas von seiner Ration hinstellt (»Fruit is good for you, man, eat plenty of fruit!«). Eine in diesem hoch aggressiven Milieu bis dahin undenkbare Geste der Solidarität.

Zermorscht in Strumpfhosen

Je schwächer der Körper ist, desto gebieterischer tritt er auf.
Jean-Jacques Rousseau, »Émile oder Über die Erziehung«, 1762

Ich unternehme eine kleine Lesetour, heute bin ich in Hannover, diesem Denkmal des gescheiterten Konzepts der »autogerechten Stadt«, und muss die Zeit bis zur Veranstaltung totschlagen. Die Innenstadt scheint ein einziges Kaufhaus zu sein. Ich habe es leider nie gelernt, ordnungsgemäß zu konsumieren, denn weil es sowieso überall alles gibt, fehlt mir die Lust, etwas davon zu kaufen, außerdem bereitet mir der Umgang mit Verkäufern Stress. Um mich etwas aufzuwärmen, es ist empfindlich kalt, betrete ich einen Laufladen, obwohl mich die durchtrainierten Schaufensterpuppen einschüchtern. Ich will mich unauffällig umsehen, aber sofort spricht mich ein Verkäufer an, der noch dazu sportlich aussieht, was mich unter Druck setzt, weil er, wenn ich die falschen Fragen stelle, denken könnte, dass ich ein Anfänger bin. Ich hasse es, beraten zu werden; haben die Verkäufer mehr Ahnung vom Sport als ich, dann verunsichert mich das, und ich kann nicht richtig hinhören, und wenn nicht, dann ärgere ich mich, dass sie denken, bei mir mit der Nummer durchzukommen. Ich könnte neue Long Tights gebrauchen, finde aber kein Modell, das mir gefällt. Es ist wie bei allen Kleidungsstücken: Wenn es ein Modell gibt, das mir zusagt, wird seine Produktion im nächsten Jahr eingestellt. Long Tights, die mir gefallen, müssten Reißverschlüsse an den Beinen haben, damit ich sie bequem ausziehen kann, sie bräuchten mindestens eine praktische Tasche und sollten kein auffälliges Muster haben, man sieht sonst schnell aus wie der Bezug eines Berliner U-Bahn-Sitzes. Ich bin froh, dass ich heutzutage so ein nützliches Kleidungsstück als Mann beim Laufen überhaupt tragen darf. Franz Stampfl, der aus Wien stammende Trainer von Roger Bannister, schrieb in seinem 1955 erschienenen Buch »Franz Stampfl on Running«: »A better alternative for cold weather training is a pair of full-length ballet-dancer's tights.«

Nachdem der Verkäufer mir alle anderen Balletttänzerstrumpfhosen für Männer gezeigt hat, nehme ich schließlich widerstrebend ein Modell mit einem Achtziger-Jahre-Muster, das inzwischen anscheinend wieder modern ist. Ich weiß, dass Peter Handke in vielen seiner Bücher bunt angezogene Jogger, die ihn im Wald beim Skizzieren von Laub und Wurzelwerk störten, beschimpft hat. Ihm dürfte ich mit dieser Hose nicht über den Weg laufen. Andererseits haben die grellen Farben der heutigen Laufmode eine lange Tradition. Über die »Running Footmen«, Läufer, die englische Adlige noch bis ins 18. Jahrhundert im Dienst hatten und deren Aufgabe es war, durch lautes Rufen und Austeilen von Schlägen der Kutsche, vor der sie herrannten, den Weg zu bahnen, schreibt Guillaume Depping 1869 in »Die Körperkraft und Geschicklichkeit des Menschen«: »Sie schmückten sich gern mit Tand und Flittern, mit Besatz und Stickereien, mit Spitzen, goldenen und silbernen Franzen, Schellen und silberklingenden Glöckchen. Ihre Kleidung entsprach ihrem Beruf. Der Lauf erinnert an Leichtigkeit und Anmuth; man denkt dabei an Sylphen oder Schmetterlinge, jene flatternden Blumen, die mitten unter Blumen leben. Daher war es natürlich, dass der Läufer auch in seinem Äußeren lebhaft und kokett erschien.« Der bunte Stoff ist zudem, erfahre ich von meinem Verkäufer, an den Oberschenkeln verengt, was gut für die Durchblutung sei. Also sind es in Wirklichkeit Balletttänzerstützstrümpfe? Mich interessiert vor allem, ob endlich ein Mechanismus erfunden wurde, der verhindert, dass die Schnur am Bauch durch die Öffnung rutscht. Weil ich nicht will, dass es so aussieht, als hätte ich die Long Tights nur aus Verlegenheit gekauft, erkundige ich mich auch noch nach einer Mütze (meine hässliche graue Mütze von Tchibo, die ich zum Laufen benutze, habe ich in den letzten Jahren bei unzähligen Männern gesehen, sie ist einer der unbekanntesten textilen Kassenschlager der Gegenwart). Sie haben nur eine Beanie von Under Armour, was mir als Markenname eigentlich zu militaristisch klingt, außerdem sehe ich damit aus wie DJ Ötzi. Sie scheint mir auch oben etwas dünn. »Da hat man normalerweise Haare«, sagt der Verkäufer. Um das Geld tut es mir schon beim Bezahlen leid. Ich gebe immer zögernder Geld aus, die Scheine beim Spazieren in der Tasche zu befühlen macht mir in meinem Alter mehr Freude. (Obwohl der Verkäufer einen wichtigen Punkt angesprochen hat: Unsere Vorfahren, die von den Bäumen gestiegen sind, verzichteten zugunsten von Schweißdrüsen auf Fell. Dafür waren sie der Sonne ausgesetzt, aber durch das aufrechte Gehen weniger als Vierbeiner. Kopf und Schultern blieben aber behaart, was heutzutage nur noch beim Kopf als Idealzustand gilt. Ironischerweise gewinnt man an Schulter- und Rückenhaaren dazu, was man an Kopfhaaren verliert.)

Nach der Lesung gehe ich mit dem Moderator essen, und wir kommen aufs Laufen zu sprechen, weil ich ihn für morgen nach einer guten Strecke frage. Er reagiert gereizt, er hält Laufen für ein Symptom des neoliberalen Selbstoptimierungswahns. Die nächste Stufe würde sein, dass Arbeitgeber ihre Angestellten zum Fitnesstraining zwingen, wenn sie nicht entlassen werden wollen. Er sieht im Schlendern und Flanieren, wie die Dandys es betrieben – die im 19. Jahrhundert, demonstrativ Schildkröten an der Leine ausführten, um zu zeigen, dass sie sich nicht dem kapitalistischen Zeitdiktat unterordneten –, einen Akt des Widerstands. Flanieren sei heute aber nur noch im Rahmen von Fitnesstraining gesellschaftlich akzeptabel. Man müsse laufen, um klarzumachen, dass man sogar seine Freizeit sinnvoll nutze. Ich hatte gar nicht geahnt, dass es noch Menschen gibt, die sich von den vernünftigen Argumenten, die für das Laufen sprechen, nicht überzeugen lassen. Ich beobachte wieder das uralte Vorurteil vieler Geistesarbeiter gegen den Sport. Wie GutsMuths schreibt: »Leider nur zu wahr, dass viele Gelehrte sich keine gründliche Gelehrsamkeit denken können, wenn sie nicht auf den Ruin des Körpers gebaut ist.«

Ich habe gar nicht so wenige Kollegen, die Läufer sind. Es sind sogar so viele, dass es verwundert, wie wenig Literatur es gibt, die Laufen zum Thema hat. Was es in großer Fülle gibt, sind Ratgeber und Erfahrungsberichte von Orthopäden, Ex-Profis oder ehemaligen Suchtkranken, die von Reisen an körperliche Grenzen erzählen, vor denen wir uns fürchten, auf die wir aber neugierig sind. Vielleicht erhofft man sich als Leser auch Tipps aus der Praxis. Es ist eine Art Abenteuerliteratur, wobei die Wildnis, in die der Held aufbricht, sein Körper und seine Psyche sind.

Eine der wichtigsten literarischen Innovationen des 20. Jahrhunderts ist der »Stream of Consciousness«, den

James Joyce 1922 in seinem berühmten und wenig gelesenen Roman »Ulysses« als formales Mittel eingesetzt hat. Und die Tätigkeit, bei der man, außer in der psychoanalytischen Therapie, solch einen Bewusstseinsstrom am sichersten erlebt, ist das Laufen, das im Geist eine als Fülle erlebte Leere erzeugt. Ich höre beim Laufen schon lange keine Musik mehr, weil mich das davon ablenkt, an nichts zu denken (elende Zeiten, als an meinem Trinkgurt ein CD-Player schlackerte; später kaufte ich einen angeblich schockresistenten MD-Player, der von Anfang an sprang). Seltsamerweise wird man als Läufer immer wieder gefragt, woran man denn unterwegs denke; einem Autofahrer, der 8 Stunden auf der Autobahn verbracht hat, stellt man diese Frage nicht. Wenn es mir schon nicht gelingt, an nichts zu denken, dann möchte ich wenigstens mit meinen Gedanken ziellos wandern. (Bei Tempoläufen muss ich mich darauf konzentrieren, Zwischenzeiten zu vergleichen und hochzurechnen und nicht zu träumen und dabei langsamer zu werden.) Einen gelungenen Lauf zu beschreiben ist genauso schwer, wie eine Reise zu schildern; der intensive Zustand, in den einen das Erlebnis versetzt, entgleitet einem hinterher wie ein Traum. Beim Laufen wird man zum nicht teilnehmenden Beobachter der Realität, wie ein Flaneur, man läuft an allem nur vorbei: Großbrände, Demonstrationen, Unfälle. Im Kopf bildet sich eine Schnittsequenz von Orten einer Stadt, die besonders reizvoll ist, wenn die Orte möglichst gegensätzlich sind: volle und menschenleere Plätze, Brachen, Beton, Hügel, Parks, Müllplätze, Unterführungen, Flussufer, Schulhöfe, Einkaufspassagen, Friedhöfe, Denkmäler, Ausfallstraßen, Treppen. So, wie man die Stadt gesehen hat, gibt es sie nur einmal, genau in dieser Stunde, und nur im eigenen Bewusstsein wurde ein Zusammenhang zwischen den verschiedenen Orten hergestellt. Während man sich bewegt und auf den Untergrund achtet, um nicht zu stolpern, wandert man parallel dazu im Kopf frei assoziierend durch sein Leben, von der Vergangenheit in die Zukunft und zurück, und dabei horcht man ständig in seinen Körper hinein, um das Tempo zu regulieren und auch ohne Pulsfrequenzmessgerät und deprimierende Berechnungen (Trainingsherzfrequenz = Ruheherzfrequenz + (maximale Herzfrequenz [220 – Alter] – Ruheherzfrequenz) * 0,6 ... what the fuck?) unter der aerob-anaeroben Schwelle zu bleiben, um ökonomischer zu laufen, um normale Schmerzen von sich anbahnenden Verletzungen zu unterscheiden, um einzuschätzen, wie man in Form ist – besser oder schlechter als vor 1, 10 oder 20 Jahren –, um den Zeitpunkt nicht zu verpassen, wenn man den Rückweg antreten sollte.

Weil ich an nichts denke, fallen mir manchmal Sachen ein, die ich mir merken will. Tatsächlich hatte ich jahrelang – vor allem als ich noch mit einem Trinkgürtel gelaufen bin, der eine Reißverschlusstasche hatte – eine Karteikarte und einen bei IKEA geklauten Minibleistift dabei, um mir Einfälle notieren zu können. Oft genug war die Karteikarte nach dem Lauf vom Schweiß aufgeweicht und nichts mehr zu lesen, oder ich konnte meine Schrift nicht entziffern, oder die Einfälle klangen nach dem Duschen banal. Irgendwann war der Reißverschluss des Trinkgürtels so verrostet, dass er nicht mehr auf- und zuging, dann ließ ich den Trinkgürtel zu Hause, weil Trinken nur durstig macht. Bis zu drei Gedanken kann ich mir problemlos merken, ein interessantes Graffiti (»ICH VERSTEHE DAS WIE, ABER NICHT DAS WARUM«), einen Gesprächsfetzen, den ich mitgehört habe, eine schlagfertige Bemerkung (die mir zu spät eingefallen ist) an die Adresse eines Autofahrers, der mir den Weg abgeschnitten und gehupt hat. Wenn mir mehr Gedanken kommen – und manchmal fallen sie, sobald ich sie nicht aufschreiben kann, über mich her wie eine Meute hungriger Wölfe –, dann spreche ich sie wie bei »Ich packe meinen Koffer und nehme mit …« für den Rest des Laufs im Geist ständig vor mich hin. (Die Inka hatten – vielleicht auch, weil sie keine Pferde kannten – ein komplexes Botensystem. Wenn ein Läufer den nächsten Stützpunkt erreichte, lief er noch eine Weile neben dem neuen Läufer her, bis dieser sich die Botschaft eingeprägt hatte. Wer die Botschaft nicht richtig übermittelte, wurde getötet.)

Es wundert mich nicht, dass der größte Klassiker der Laufliteratur, Alan Sillitoes »Die Einsamkeit des Langstreckenläufers«, erzähltechnisch ein innerer Monolog ist. (Um den Handke-Titel kann man den Autor nur beneiden, er trifft den Punkt, Langstreckenlauf ist eine Art heroische, trotzige, selbst gewählte Einsamkeit, ganz ähnlich dem Langstreckenschreiben.) Als ich das Buch mit Anfang zwanzig zum ersten Mal gelesen habe, reizte mich der formale Kniff, dass ein Lauf als Rahmen für eine Erzählung gewählt worden war. Damals fand ich aber, dass es im Buch zu wenig ums Laufen ging, in Wirklichkeit ist es ja eine sozialkritische Wutrede. Sillitoe war der seltene Fall eines integren, mutigen und uneitlen Schriftstellers, genau wie der Held seiner Erzählung verzichtete er auf Preise, während sein Kollege Pindar im 5. Jahrhundert v. Chr. seine Oden an die Sieger der Olympischen Spiele am liebsten über Wagenlenker schrieb, die reicher waren als Läufer oder Werfer. Sillitoe hatte vier Geschwister, sein Vater war Analphabet und Trinker, die Mutter prostituierte sich, damit die Kinder etwas zu essen hatten. Weil die Familie arm war, musste Sillitoe die Schule mit vierzehn verlassen und arbeiten gehen. Im Zweiten Weltkrieg fälschte er seinen Ausweis, um sich jünger zu machen und Pilot werden zu können; der Krieg war aber zu schnell zu Ende. Nach seiner Entlassung verbrachte er fast eineinhalb Jahre in einer Lungenheilanstalt, weil er an TBC erkrankt war; er gehört also mit Tschechow, Kafka, Bernhard, Proust, Roland Barthes und Siegfried Pitschmann in die lange Reihe lungenkranker Schriftsteller. Im Sanatorium begann Sillitoe zu lesen und beschloss, selbst zu schreiben. In den Sechzigern versuchte die Sowjetunion, ihn als Stimme der unterdrückten Arbeiterklasse zu vereinnahmen; er reiste mehrmals durch Russland und hielt 1968 auf einem Schriftstellerkongress in Moskau eine Rede, in der er in Anwesenheit von Leonid Breschnew Menschenrechtsverletzungen in der Sowjetunion anprangerte, wozu einiges an Mut gehörte.

»The Loneliness of the Long-Distance Runner« ist 1959 erschienen, der Text wurde 1962 verfilmt und 1967 ins Deutsche übersetzt. (Übersetzungen altern schneller als ihre Originale, Polizei heißt hier noch »Polente«, Geld »Zunder«, Ohren »Flatterlappen« und Telefonieren »sich an die Strippe hängen«. Man lernt aber auch, was ein »Bäckerdutzend« und ein »Halbnelson« ist.) In »The Jericho Mile« war der Läufer ein Häftling und Einzelgänger, dem das Laufen Momente von Würde, Freiheit und Vergessen geschenkt hat, hier ist es der siebzehnjährige Colin (mit dem sympathischen Nachnamen »Smith«), der nach einem Einbruch in einer Bäckerei in ein Borstal gesteckt worden ist, in Großbritannien eine Art Besserungsanstalt für Jugendliche, die dem Zweck dienen sollte, die Jugendlichen durch Disziplin und Arbeit zu nützlichen Mitgliedern der Gesellschaft zu machen, aber – wenig überraschend – eher eine Brutstätte für Psychopathen war. Wie in »The Jericho Mile« kommt der Anstaltschef auf die Idee, seinen Schützling in einem Wettkampf antreten zu lassen.

In England gab es im 19. Jahrhundert schon eine einhundertjährige Tradition des Cross-Country-Laufs, die vor allem an den Internaten gepflegt wurde, als man in Deutschland noch den »Barrenstreit« um die Frage führte, ob man im Unterricht für Leibeserziehung dem Vorbild der gesundheitsorientierten »schwedischen Gymnastik« folgen oder sich an das Deutsche Turnen nach Friedrich Ludwig Jahn halten sollte, das eher darauf abzielte, Gesinnung und Charakter zu fördern. Leider hat die Turnfraktion gesiegt, was Generationen von Schülern dem Sport entfremdet haben dürfte, weil Sport beziehungsweise »Turnen« als Vorbereitung auf den Militärdienst verstanden und auch so praktiziert wurde, statt Freude an der Bewegung Drill, rhythmisches Zählen, Demütigungen durch Lehrer und Mitschüler.

Ein auch international viel beachteter Pionier des Unterrichts in Leibesübungen war der deutsche Pädagoge Johann Christoph Friedrich GutsMuths, der ab 1784 für fünfzig Jahre Lehrer an einer Reformschule im thüringischen Schnepfenthal war und dort einen neuen Gymnastikunterricht entwickelte und lehrte. 1793 erschien sein Buch »Gymnastik für die Jugend«, in dem er, sich auf ärztliche Erkenntnisse seiner Zeit stützend, den Versuch unternimmt, eine Leibeserziehung für die Kinder des Bürgertums zu entwickeln, die sie vor der »Verweichlichung« und »Verzärtelung« bewahren sollte, dem Schicksal der Säuglinge und Kinder der besseren Stände, denn diese würden durch Warmhalten, Einhüllen, Purgieren, Schwitzen, Aderlassen, Vermeidung der bösen Witterung, Stubenhüten krank gemacht: »So sinkt der junge Weltbürger vom Mutterleibe in warme Bäder, in Federbetten. Man behandelt ihn wie einen Todkranken.« Als Gegenmittel sieht er die Gymnastik, die es erlaube, sich der physischen Vollkommenheit des Naturmenschen anzunähern »ohne in seine Wildheit zu verfallen«. Er predigt den »balsamischen Einfluß der Luft«, keine engen Kleider, keine Federbetten, keine Kopfbedeckung, keine warmen Getränke, Brustlätze, wollene Strümpfe, doppelte Hemden, kein »Eiderdunenbett«, sondern spielerische Bewegung, möglichst im Freien. Körperanstrengung verschaffe »dem Blute lustigen Umlauf«. Die von ihm beschriebenen Übungen sind teilweise dem antiken Repertoire entlehnt, er lässt aber auch auf Stelzen gehen, Schlittschuh fahren, den »gesellschaftlichen Sprung« (also den Bocksprung) praktizieren, den »Sprung in die Tiefe« üben, alles spielerisch und in möglichst ungezwungener Atmosphäre, wie es Kindern entspricht. (»Üben ist: den Körper mit den Gegenständen umher in Collision bringen.«) Dazu kommen handwerkliche Tätigkeiten und Gartenarbeit, es sei schön, die unschuldigen Geschöpfe »sich hier an die Natur und unsere Urbestimmung näher anschmiegen zu sehen«.

Leider liegt für GutsMuths das Ziel dieses Unterrichts in körperlicher Abhärtung und einer Erziehung zur Selbstbeherrschung und »Männlichkeit« (bis heute geistert die Vorstellung durch Elternhirne, Kinder so auf die Härten des Lebens vorbereiten zu müssen). Er hegt einen ausgesprochen »männlichen Widerwillen gegen weibische Weichlichkeit«. Mehr als deutlich wird, worum es im Kern geht, wenn er schreibt, dass »ein gewisses geheimes Laster durch körperliche Untätigkeit vorzüglich begünstigt werde«. Nichts anderes als das Laster der Onanie soll mit den Mitteln der Gymnastik bekämpft werden! Die zeitbedingte Prüderie und Verteufelung der Sexualität war bis in die Dreißigerjahre des 20. Jahrhunderts ein mehr oder weniger offen behandeltes Thema in allen Trainingsbüchern. Das hatte natürlich schon mit Paulus angefangen, der an die Korinther schrieb: »Jeder Wettkämpfer aber übt gänzliche Enthaltsamkeit; jene tun es, um einen vergänglichen Kranz zu erlangen, wir aber einen unvergänglichen.« Fast schon skurril klingt es beim Zehnkämpfer, erzkonservativen Weltkriegsveteran, späteren Nazifunktionär (und noch späteren Träger des Bundesverdienstkreuzes) Karl Ritter von Halt, der 1922 empfahl, ein Trainingstagebuch zu führen und mit nur für einen selbst lesbaren Zeichen Eintragungen über »körperliche Unregelmäßigkeiten« zu machen, das erleichtere dem Sportsmann, »den schädlichen Einfluß von Nikotin, Bacchus und Venus« zu ersehen. Martin Brustmann will in »Olympisches Trainierbuch« von 1912 von einem aphrodisierenden Effekt des Wettkampfsports wissen: »Ja, selbst intensiv betriebener Sport hat oft eigenartige Nachwirkungen, die nicht unerwähnt bleiben dürfen. Wenn nach einer mehr oder weniger langen Zeit sexueller Abstinenz die dadurch gewonnenen Kräfte im Wettkampf ihre Verwendung gefunden haben, dann schlägt bei vielen Leuten die durch den Wettkampf bedingte und für ihn nötige Steigerung der Körperfunktionen auf das sexuelle Gebiet um und sucht dort nach Auslösung.« Heute wird gerade das in vielen Laufbüchern positiv herausgehoben; Laufen wirke sich positiv auf die Libido aus, was wahrscheinlich alle Läufer gerne hören. Nachgewiesen ist in jedem Fall, dass regelmäßige Bewegung bei Zuchtebern dazu führt, dass die Zeitspanne zwischen Eintreiben und Aufsprung im Absamungsraum sinkt.

Zurück zu Colin Smith, der nicht aus Freude am Sport Läufer geworden ist, sondern aus biografischen Gründen: »Laufen ist bei uns zu Hause immer groß geschrieben worden, besonders das Weglaufen vor der Polizei.« Wir kennen die Ursprungsmythen, die über das frühe Training großer Läufer erzählt werden. Der eine war als Bäcker oder Ziegelbrenner an harte Arbeit bei hohen Temperaturen gewöhnt und hielt so bei Hitzeläufen besser durch, der andere war als Postbote oder Ziegenhirt viel zu Fuß unterwegs, der

Schwede Gunder Hägg hatte sein Grundlagentraining in der Jugend als Holzfäller erworben, und der 1887 geborene Onondaga-Indianer Thomas Longboat fing auf der Ranch, auf der er aufwuchs, ausgebrochene Pferde wieder ein und gewann 1907 den Boston-Marathon in Rekordzeit. Das Talent von Alfred Shrubb, einem der ersten internationalen Laufstars, noch vor Paavo Nurmi, wurde entdeckt, als er einmal, von Neugier getrieben, schneller als ein von Pferden gezogenes Löschfahrzeug eine 3 bis 4 Meilen entfernt liegende Brandstelle erreichte. Paavo Nurmi arbeitete mit zwölf als Laufbursche einer Bäckerei, die Kenianerin Tegla Loroupe war eines von 24 Geschwistern und musste barfuß 10 Kilometer zur Schule laufen, was bei Läufern aus Afrika in keiner Biografie fehlt. »Es ist ein großer Vorteil, wenn die Schule so weit entfernt ist. Dann lässt man es nämlich auf die letzte Minute ankommen und holt den Zeitverlust auf dem Schulweg wieder ein«, sagt der kenianische Mittelstreckenläufer Mike Boit in »Schwarzes Gold«. Otto Peltzer, eine der interessantesten Persönlichkeiten der deutschen Leichtathletik, der in den Zwanzigerjahren ein Weltklasseläufer war, musste morgens einen Kilometer zur Schule laufen: »Der Hauptgrund für diesen Lauf war mein zu spätes Aufstehen.« (Durch den ständigen Blick auf die Kirchturmuhr lernte er, sein Tempo zu regulieren.) Selbst Waldemar Cierpinski schreibt in seinen Erinnerungen, dass er die 3 Kilometer Schulweg für einen Wettlauf mit dem Bus nutzte, um das Fahrgeld zu sparen und weil er zu Fuß schneller war. (Außerdem habe er durch die harte Arbeit auf dem Bauernhof seiner Eltern früh gelernt, sich seine Zeit einzuteilen.) Colin Smith, für den Laufen nie »hinlaufen«, sondern immer »weglaufen« bedeutete, liefert eine Variante dieser Geschichten von schwierigen Lebensumständen, die zum frühen Training wurden.

Als sein Talent erkannt wird, bekommt er das Privileg zugestanden, dreimal wöchentlich für den Wettkampf zu trainieren. Morgens um 5 Uhr verlässt er die Mauern des Borstals in Essex, wo er in einen Schlafsaal mit 300 anderen eingepfercht die Nacht verbracht hat, um ohne ein Stück Brot im Bauch in der Eiseskälte in 2 Stunden 5 Meilen durch die Natur zu laufen (was ein bisschen wenig klingt, denn das wären nur 4 Kilometer in einer Stunde). Die Leitung der Anstalt hat den Anspruch, ihn zu einem »ehrlichen Menschen« zu machen, worüber zwischen Colin und dem Direktor keine Einigkeit herrschen kann, denn er weiß: »daß ich ehrlich bin, daß ich nie was andres als ehrlich war und daß ich immer ehrlich bleiben werde«. Sillitoe steht eindeutig auf der Seite des jungen Kleinkriminellen, die Unterdrückungsverhältnisse waren damals noch übersichtlich, die gerechte Wut der Ausgebeuteten ließ sich noch poetisieren, auch wenn sie nicht im Klassenkampf eingesetzt wurde, sondern sich in kriminelle Energie verwandelte. Der Versuch des Staats, solche Jungen in ihrem Inneren zu verändern, muss scheitern: »Aber unser innerstes Wesen können sie doch nicht röntgen, um rauszufinden, was sich da abspielt.«

Während des Laufens denkt Colin über sein bisheriges Leben nach, was ihm Spaß macht, denn in solchen Momenten dreht er seine Runden wie im Traum: »Manchmal denk ich, ich bin noch nie so frei gewesen wie in den beiden Stunden, wenn ich den Weg draußen vor den Toren lang trotte.« Die Frage, auf wessen Seite die Moral ist, wird von Sillitoe ziemlich eindeutig beantwortet: »... am Schluß werde ich siegen, auch wenn ich vielleicht mit zweiundachtzig im Kittchen sterbe, weil ich aus meinem Leben mehr Lust und Leidenschaft raushole, als er [der Direktor] je aus seinem rausholen wird.«

Und das tut er nicht zuletzt durch das Laufen, denn jeder Lauf ist ein Leben für sich, aber auch eine schmerzhafte Reise, denn Colin kann das Leben, das er zu leben gezwungen ist, nur durchstehen, wenn er sich keine Gefühle erlaubt, und wie in einer therapeutischen Sitzung kommt er beim freien Assoziieren während des Laufens der verbotenen Kammer seiner kindlichen Seele gefährlich nahe. Kurz vor dem Ziel denkt er daran, wie sein Vater (der ein »Genosse« war und in jeder Beziehung gescheitert ist) an Kehlkopfkrebs gestorben ist und wie er ihn gefunden hat, bäuchlings auf dem Bett, der Teppich voll Blut. Vom Versicherungsgeld hat seine Mutter einen neuen Teppich und einen Fernseher gekauft, und alle haben ein paar Monate Schinkenbrote und Schokolade gegessen, »Limo« getrunken und ferngesehen, während die Mutter mit einem Verehrer im neuen Bett lag: »Und ich hab noch keine Familie gesehn, die so glücklich war wie wir in den zwei Monaten, als wir so viel Geld hatten, wie wir brauchten.«

Um dem Direktor eins auszuwischen, verzichtet Colin auf den Sieg, kurz vor der Ziellinie bleibt er stehen und lässt sich von einem Jungen aus einer anderen Anstalt überholen (»Häng dich doch mit dem Zielband«) und wird dafür – was ihm schon vorher bewusst ist – die letzten sechs Monate im Borstal Latrinen putzen und natürlich auch nicht mehr im Freien laufen dürfen: »Mit den Fingern reiß ich mir ein Stück Borke ab und stopf's in den Mund, kau Holz und Staub und vielleicht auch Larven beim Laufen, bis mir fast schlecht wird, schluck aber trotzdem so viel runter, wie ich kann, weil mir mein kleiner Finger sagt, dass ich zwar noch wenigstens eine verdammte Weile länger weiterleben muss, aber für die nächsten sechs Monate werde ich kein Gras riechen und keine staubige Borke schmecken und keinen so herrlichen Weg langkommen.«

Wie für Murphy aus »The Jericho Mile« hat für Colin der Wettbewerbsgedanke keinen Sinn. Es geht ihm beim Laufen nicht ums Siegen, nicht um Grenzerfahrungen, schon gar nicht um die Gesundheit, ums Abnehmen oder darum, sich für seinen Job fit zu machen oder ein Lebensziel zu erreichen. Seine Motivation ist rein »intrinsisch« und nicht instrumentell, er läuft, um zu laufen: »Es ist schwer zu verstehn, und ich wußte bloß, du mußt laufen, laufen, ohne zu wissen, warum, aber du läufst weiter durch Felder, die du nicht verstehst, und rein in Wälder, die dir Angst einjagen, über Hügel, ohne zu wissen, dass es rauf und runter geht, und du flitzt über Flüsse, die dir das Herz aus dem Leibe reißen, wenn du reinfällst. Und am Ziel war's damit nicht zu Ende, wenn dich die Zuschauer auch jubelnd empfangen, weil du weiter mußt, bevor du wieder zu Atem kommst, und du hörst erst richtig auf, wenn du über einen Baumstamm stolperst und dir das Genick brichst oder in einen unbenutzten Brunnen fällst und für immer tot in der Finsternis liegst.« Genau darum wollte ich ursprünglich Schriftsteller werden, weil Schreiben eine Tätigkeit zu sein schien, für die man keinen Grund brauchte, die so selbstverständlich war wie der Herzschlag und die Atemzüge, eine Tätigkeit, die es einem ein Leben lang erlaubte zu spielen.

Harry-Sprünge

Es ist schön, wenn Knaben und Jünglinge aufs Commandowort an ihren Platz fliegen.
Johann Christoph Friedrich GutsMuths, »Gymnastik für die Jugend«, 1793

Die Gartensaison hat begonnen, ich habe unser Beet umgegraben und mir dabei Rückenschmerzen geholt. Noch dazu habe ich hinterher gelesen, dass man heutzutage gar nicht mehr umgrabe, weil man dabei das Bodengefüge zerstöre, sondern die Erde nur mit einem »Sauzahn« lockere. Ich freue mich schon auf den April, wenn an meiner Laufstrecke die Japanischen Blütenkirschen blühen. Ich gehe wieder alle zwei Tage laufen und ärgere mich, dass ich nicht abnehme. Außerdem tun mir Sehnen und Fußgelenke weh, wenn ich nachts aufstehe, um auf die Toilette zu gehen. Abseits vom Sport vermeide ich, soweit das möglich ist, jede überflüssige Bewegung. Meine Kinder wollen immer, dass ich mit ihnen Fangen spiele, »aber nur ohne Rennen«, sage ich dann. Für sie ist Spielen ein Dauerlauf mit gelegentlichen Ruhepausen. Hinterher fragt mein Sohn, ob er

»schneller als ein Gepard« war? Ich bin froh, dass seine Superhelden noch aus der Tierwelt stammen. Manchmal laufe ich jetzt in einem Park, in dem ich schon als Schüler bei Crossläufen gelaufen bin. Inzwischen ist ein Teil der Strecke asphaltiert worden, vielleicht für nicht vorhandene Radfahrer. Irgendwann wird man einen Fahrsteig installieren, wie auf Flughäfen, wo die Reisenden nachdenklich zu ihren Beinen herabschauen und sich fragen, wofür sie eigentlich dienen. Gelegentliches Gehen wird zur Lorenz'schen Leerlaufhandlung, es erinnert an eine ferne Vergangenheit. Auf dem Hinweg zum Park komme ich an neu gebauten Häusern mit Eigentumswohnungen vorbei. Die Pächter der Schrebergärten, die dafür planiert worden sind, hatten mit beschrifteten Bettlaken protestiert: »Bienensummen statt Baggerbrummen!« Jetzt hängen von den Balkons der neuen Wohnungen Laken, auf denen gegen den Fluglärm von Tegel protestiert wird. Im Park sehe ich ein paar Jungs, die sich zu Musik aus dem Gettoblaster mit Spaten und Schippe eine BMX-Strecke ausbauen. Einmal hatte sich hier im Park bei einem langen Lauf eine Grußfreundschaft mit zwei Rentnerinnen entwickelt, die nach der vierten, fünften Runde für beide Seiten etwas lästig wurde. (Vielleicht laufen deshalb im Stadion alle in dieselbe Richtung, weil sie sich sonst dauernd grüßen müssten?) Ein andermal bin ich dem erstaunlich groß gewachsenen Heinz Florian Oertel begegnet, und ich bilde mir ein, in seinem Blick Wohlwollen darüber gesehen zu haben, dass ich mich sportlich betätigte.

Wenn wir hier Crossläufe hatten, wurde vorher in der Turnhalle eine Kiste alte Turnschuhe ausgeschüttet, wobei sämtliche Schnürsenkel verheddert waren, und alle stürzten sich auf den Haufen, um sich das schönste Paar zu sichern. Dann fuhren wir mit dem Bus zur Strecke (mir wurde immer schlecht). Das Rennen ging über ungefähr 1000 Meter, alle rasten los, und weil die Führenden an der ersten Kurve eine Abkürzung durchs Gebüsch nahmen, folgte ihnen bald das ganze Feld wie eine wild gewordene Rinderherde und trampelte alles nieder. Ich überlege manchmal, wie ich mich damals beim Laufen eigentlich gefühlt habe. Ich kann mich nur erinnern, dass es immer ums Durchhalten ging; der Gedanke, es zu genießen, wäre mir nie gekommen, obwohl eine gewisse Lust am Leid zu spüren war, es fühlte sich immer an, als würde ich das Blut aus meiner Lunge im Mund schmecken. Seitenstechen konnten einen zum Anhalten zwingen. (Ich habe seit Jahren keine mehr gehabt, warum also damals?) Am Ziel des Crosslaufs musste man sich in eine Schlange stellen, um die Startnummern (die mit Kreide auf unsere Hemden geschrieben waren) notieren zu lassen. Das hatte ich aber nicht verstanden und wurde deshalb weiter hinten eingeordnet, hinter ein paar Kindern, die eigentlich nach mir im Ziel gewesen waren. Das hat mich lange beschäftigt. Es war mein Traum, einmal auf einem Siegertreppchen zu stehen und eine Medaille umgehängt zu bekommen, aber das war für mich vollkommen illusorisch.

In der Halle gab es hauptsächlich zwei Laufdisziplinen, den Einrundenlauf und den 10-Runden-Lauf. In der ersten Klasse wurde ich für einen Sportwettkampf gegen eine andere Schule im Einrundenlauf aufgestellt. Alle Teilnehmer waren aufgeregt, es war seltsam, die fremden Schüler der anderen Schule in »unserer« Halle zu sehen. Ich hatte von zu Hause, um mich damit zu dopen, Traubenzucker mitgebracht, in einer gelben Überraschungseihülse. Ich lief in Essengeldturnschuhen, die so hießen, weil sie so viel kosteten wie eine Woche Essengeld. Fast jeder trug sie, man konnte auch »Stoffidas« sagen, denn sie waren aus blauem Segeltuch und hatten eine weiße Gummisohle. Mein Gegner startete auf der Gegengeraden. Ich rannte, so schnell ich konnte, und mühte mich, nicht aus der Kurve zu fliegen. Als ich aus dem Augenwinkel sah, dass der andere schon im Ziel war, bremste ich ab, ohne meine Runde zu beenden. Ich wusste nicht, was los war, als meine Sportlehrerin auf mich einschrie und mich vorwärtsschubste, andere Erwachsene kamen dazu, eine Zeitnehmerin zeigte ratlos auf ihre Stoppuhr. Niemand hatte mir gesagt, dass es darum ging, mit seiner Zeit in die Wertung zu kommen, für mich war der Lauf verloren gewesen.

Noch länger ging mir eine andere Niederlage nach. Inzwischen war ich keiner der Kandidaten für den Einrundenlauf mehr. Aber ich lief beim Ausscheidungsrennen für den 10-Runden-Lauf mit; wieder ging es um den jährlichen Wettkampf gegen die Schule aus dem Nachbarviertel. Eine Leichtathletik-WM hätte nicht bedeutender für uns sein können. Eigentlich gab es einen Platzhirschen auf dieser Strecke – er war ein Jahr jünger und gewann immer mit großem Vorsprung –, aber ich erwischte einen guten Tag; es war kaum zu begreifen, aber ich hängte ihn eine halbe Runde ab, ohne wie üblich zu leiden. Vielleicht hatte ich gut geschlafen, oder ich hatte mich aus Versehen warm gemacht, man sah ja nie den Sinn dieser Maßnahme ein. Auf 10 Runden – es müssen ungefähr 600 Meter gewesen sein – litt man sonst unter Seitenstechen und Atemnot, man taumelte ins Ziel und sank anschließend auf den Boden. Wir sollten aber stehen bleiben und weitergehen und dabei die Arme in die Höhe strecken, um besser Luft zu bekommen. Der Wettkampf fand diesmal auswärts statt, und obwohl die Halle baugleich mit unserer war, fühlte sich alles fremd an, das Linoleum hatte ein anderes Muster, die Aushänge waren andere, der Schweißgeruch in den Umkleidekabinen hatte ein anderes Bukett. Beim Lauf standen Mitschüler und Lehrer im Mittelkreis und feuerten mich an. Ich lag weit hinten und kämpfte, es überhaupt ins Ziel zu schaffen, gleichzeitig schämte ich mich. Ich sah nur noch verschwommen und hörte von weit her das Geschrei, ich konnte einfach nicht schneller, wahrscheinlich wurde ich Letzter. Hinterher sahen wir die Reckvorführung einer Turnerriege, und ich hustete ununterbrochen. Am Abend hatte ich Fieber, eine Woche war ich krank und traute mich danach kaum zum Sportunterricht.

Man kann sich darüber streiten, ob die Schule für mich ein Erfolg war oder mir geschadet hat, wenn ich mich immer noch an dem messe, was dort von mir verlangt wurde, und sozusagen mein Leben lang nachsitze. Das liegt nicht daran, dass ich ein Streber gewesen wäre, sondern dass ich als Erwachsener irgendwann entdeckt habe, welchen Spaß es macht und wie schnell es gehen kann, sich Wissen anzueignen, vorausgesetzt, man tut es freiwillig. In der Schule habe ich zwar die meisten Anforderungen erfüllt, aber immer mit Selbstüberwindung und ohne den Sinn zu sehen. Acht Jahre Russischunterricht waren ein elendes Treten auf der Stelle, inzwischen bin ich fasziniert von dieser Sprache und habe viele Monate bei Sprachkursen in Russland verbracht. Habe ich dieses spät erwachte Interesse meinem Russischunterricht zu verdanken, oder hat der Unterricht mein Interesse im Gegenteil jahrelang unterdrückt? Ähnlich ist es mit allen anderen Fächern (mit Ausnahme von Chemie); zu gerne würde ich noch einmal zur Schule gehen und leichtes Spiel haben, weil ich inzwischen weiß, wie und warum man lernt; dafür hat man als Schüler einfach noch keinen Sinn, dazu muss man erst vierzig werden, die Schule ist an die Schüler verschenkt.

Der Sportunterricht war neben »Werken« der einzige Unterricht, der mich nicht gelangweilt hat, obwohl ich nicht besonders herausstach; die Hierarchie legte sich nach der 60-Meter-Zeit fest, und da war ich nie sehr schnell, von FT- und ST-Fasern wusste ich noch nichts. »Dauerlauf« lag mir mehr, es hatte etwas Rauschhaftes, sich zu quälen. Dass Laufen gar nicht anstrengend sein muss, ahnte ich nicht. (Auch nicht, dass sich in der DDR um den GutsMuths-Rennsteiglauf eine Art Subkultur gebildet hatte, die dem Staat so wenig geheuer war wie der in den Achtzigern populär gewordene Triathlon, den die Funktionäre zunächst unterdrücken wollten, bis man ihn als »Ausdauerdreikampf« duldete. Ins Logo mancher Wettkämpfe haben die Veranstalter trotzdem ein »T« schmuggeln können. Die Ultrastrecke auf dem Rennsteig ist zum ersten Mal 1973 gelaufen worden, weil man an den vorgesehenen Etappen zum Termin keine Quartiere bekommen hatte.) Wenn ich gewusst hätte, wie leicht man seine Ausdauer schon mit moderatem Training verbessern kann, wie hätte ich im Sportunterricht geglänzt! Ich hätte wahrscheinlich sogar zu den Schülern gehört, deren Namen sich der Sportlehrer gemerkt hätte. Es gibt heute eigentlich keinen Lauf, bei dem er mir nicht im Geist zusieht und staunt, was sich dieser in die Jahre gekommene Schüler da freiwillig abverlangt.

Ich litt natürlich sehr unter meinen schlechten Sprintzeiten, während meine glücklichere Tochter heute nicht einmal weiß, wie lang die Strecke gewesen ist, die sie auf dem Sportfest beim »schnurrechten Schnellauf«, wie Friedrich Ludwig Jahn es nannte, gerannt sind; es ist ihr völlig gleichgültig. Für mich war es ein ständiger Kummer, dass ich nicht »unter 10« lief, wie die anderen, und als ich es schaffte, waren sie schon »unter 9« oder noch schneller. Keine Rede davon, zum jährlichen Lauf der *BZ am Abend* delegiert zu werden. Meine Stunde schlug erst im Herbst, wenn es in die Halle ans Turnen ging, weil ich das Glück hatte, dass unser Gartennachbar ein alter Arbeitersportler war. Er war nach dem Krieg die 20 Kilometer zu seiner Arbeit als Schlosser am Bahnhof Lichtenberg täglich zu Fuß gegangen. In seinem Garten hatte er sich ein Ringegerüst und eine Reckstange gebaut (ein Ende der Stange steckte in einem Baum) und hatte mir den Felgumschwung beigebracht, indem er ungefragt meine Beine einmal um die Stange drehte und oben meinen Rücken abstützte. Danach konnte ich es und war überglücklich. Später lernte ich auch den Felgaufschwung (damals von mir noch »Feldaufschwung« genannt) und andere Kunststücke und musste das Turnen nicht fürchten wie die meisten anderen. Unter Turnen verstanden wir natürlich Geräteturnen. Nur ältere Leute, wie meine Oma, benutzten dieses muffig wirkende Wort für das Unterrichtsfach »Sport«.

Trotzdem nahm ich am freiwilligen Leichtathletiktraining im Rahmen einer »AG« teil (nicht am »Sport für Dicke«, den es auch gab), das an ein, zwei Nachmittagen in der Woche in unserer Halle stattfand. Wir hätten gerne Fußball gespielt, aber das durften wir nicht, obwohl dort Tore standen. Es blieb ein Traum, einmal auf richtige Tore zu spielen, bei denen man nicht diskutieren musste, ob der Ball drin gewesen war wie beim Spiel mit Schultaschen als Pfosten und gedachter Latte. Wir begannen immer mit dem »Läufer-ABC« (noch heute mache ich gewohnheitsmäßig zum Aufwärmen einige Übungen davon). Dann kam eine ganze Palette von Fortbewegungsarten an die Reihe: Entengang, Kniehebelauf, Anfersen, Hopserlauf, Schlusssprünge, Hockstrecksprünge, Krebsgang, Vierfüßlergang, »Schubkarre«, Japan-Lauf und »Harry-Sprünge«. Bei Letzteren sprang man immer abwechselnd links und rechts in den Ausfallschritt und bewegte sich auf diese Weise zur gegenüberliegenden Linie. Die Übung schien ihren Namen dem

Umstand zu verdanken, dass man dabei dämlich aussah und sich »zum Harry« machte. Ich habe nie herausgefunden, warum Harry-Sprünge in Wirklichkeit so hießen. Meine Vermutung ist heute, dass wir uns verhört hatten und es sich eigentlich um »Hary-Sprünge« handelte, die vielleicht vom westdeutschen Sprinter Armin Hary erfunden worden waren. Wie gerne würde ich meinen Sportlehrer kontaktieren und ihn danach fragen! (Und nebenbei fallen lassen, dass ich inzwischen Marathon gelaufen bin. Alles, damit er sich meinen Namen merkt!)

Die Sportlehrer, die, nach meiner damaligen Schätzung, um die 60 Jahre alt waren, in Wirklichkeit aber wahrscheinlich Ende 20, verbrachten ihre freie Zeit in einem nur ihnen vorbehaltenen Raum im Parterre der Turnhalle. Manchmal wurde von hier Flüssigpflaster-Spray geholt, Brandwunden von Stürzen auf dem Hallenparkett waren gefürchtet. Unser Lehrer konnte mit dem kleinen Finger im Mund einen schrillen Pfiff ausstoßen, der jeden, der sich einer Untat bewusst war, erstarren und ihm das Blut in den Adern gefrieren ließ. Er war aber auch ein guter Erzähler, er amüsierte uns gerne mit Geschichten über die verwöhnten Profisportler aus dem Westen, die zwar neue Adidas-Trainingsanzüge trugen, aber beim Staffellauf immer den Stab fallen ließen, weil sie nicht bereit waren, als Kollektiv aufzutreten. Über die Art, wie Carl Lewis mit akkurat abgewinkelten Handflächen die Luft in Scheiben schnitt, geriet er allerdings ins Schwärmen (mich machte diese Technik nicht schneller). Seine beste Nummer war, wenn er in den Liegestütz fiel und das Metallarmband seiner Uhr unter dem Druck seiner Muskeln aufsprang. (Wenn ich ihm nur vorführen könnte, wie viele Liegestütze ich heute schaffe! Vielleicht würde er sich dann meinen Namen merken! Irgendwann wird er tot sein, und für wen werde ich mich dann noch anstrengen?)

Völlig überflüssig fanden wir die sogenannte Gymmi-nastik, ein synchron ausgeführtes Zerren an unseren Sehnen, das angeblich notwendig war, um Haltungsschäden durch krummes Sitzen vorzubeugen. So etwas brauchten doch nur alte Leute, und die Vorstellung, dass wir einmal alte Leute sein würden, war absolut lächerlich. Ein guter Bürger begann in unserem Land seinen Tag aber in Feinripp-Unterwäsche vor dem geöffneten Fenster mit Gymnastik, Frauen nutzten die Mittagspause im Betrieb für gymnastische Übungen in Kittelschürze. Wenn man bedenkt, wie viel bunter und attraktiver die Vorturnerinnen im Westfernsehen bei »Enorm in Form – Fit durch den Winter« aussahen, wo sie sogar Stulpen und Stirnbänder trugen, verwundert es nicht, dass die Sehnsüchte eher in diese Richtung gingen.

An meinen Sportunterricht musste ich denken, als mir Nikolai Osorins »Das Training des Leichtathleten« von 1949 in die Hände fiel. Ob meine Lehrer es im Studium gelesen haben? Innen ist mit Federhalter und kunstvoller Kalligrafie eine Widmung eingetragen: »Für gutes kollektives Verhalten im Qualifikations-Trainer-Lehrgang, Leipzig, im Juni 1953« (wie das Kollektiv wohl den 17. Juni verbracht hatte?). Darunter ein Stempel: »Deutsche Hochschule für Körperkultur, Abt. Lehrgangswesen«. Osorin war in vielen Sportarten zu Hause, vor allem aber im Stabhochsprung. Er möchte eine »wissenschaftliche Begründung der Trainingsmethoden« liefern, im Sozialismus gibt man sich nicht mehr mit traditionellen Methoden oder Training nach Gefühl ab. Mehrfach wird klargestellt, welchen Zweck der Sport in der Sowjetunion habe, das sowjetische System der Körpererziehung sei ausgerichtet »auf Vorbereitung zur Arbeit und zur Verteidigung der Heimat«. Das erinnerte mich an meinen passiven Widerstand gegen eine bestimmte Form von Sportlichkeit, den ich als Teenager pflegte, da damals auch bei uns immer wieder betont wurde, dass wir uns mit Sport auf den Militärdienst vorbereiten sollten. Deshalb führte ich die Übungen zwar möglichst erfolgreich, gleichzeitig aber *ironisch* durch; Ehrgeiz durfte einem nicht anzumerken sein, das vertrug sich nicht mit den altersbedingten Vorbehalten gegen die Erwachsenenwelt, ich flüchtete mich in Clownerie. Man konnte Slapstickelemente einstreuen, Bewegungen anderer parodieren, sich an Comicfiguren orientieren. Es war ein Mittel, um sich vom ideologisch grundierten Sportstrebertum, wie es Osorin beschreibt, zu distanzieren: »So wurde z. B. bei der Vorbereitung zu den Europameisterschaften 1946 die Zielstrebigkeit der sowjetischen Leichtathleten zur Erhöhung des sportlichen Könnens durch das Gefühl des Patriotismus und der Verantwortung gegenüber ihrer Heimat ganz bedeutend verstärkt.« Im damals beliebten Umkehrschluss war man ja ein Gegner des Sozialismus, wenn man nicht freiwillig Klimmzüge übte (was ich natürlich tat, aber nur heimlich). Wenn ich heute solche Sätze lese, frage ich mich immer, ob ihr Autor jemals selbst daran geglaubt hat: »Das Bewußtsein, dass seine Anstrengungen dazu beitragen, das leuchtend rote Banner der UdSSR noch höher zu heben, ruft in dem sowjetischen Sportler einen Zustrom neuer Kräfte hervor, mobilisiert seinen gesamten Willen und seine Energie.« Kein Wunder, dass mir Nationen ohne sportlichen Ehrgeiz oder mit einem Faible für Randsportarten wie Curling sympathischer sind.

Zwischen den vielen sperrigen, ideologielastigen Passagen wirken Osorins konkrete Hinweise fast schon komisch: »Alle Leichtathleten müssen unbedingt Rindfleisch – kurz gebraten – zu sich nehmen.« Es wird unter dem Druck, mit seinen Leistungen den Sozialismus zu stärken, auch nicht leichtfallen, den folgenden, durchaus richtigen Ratschlag umzusetzen: »Bei der Aneignung der Entspannung ist der Ratschlag außerordentlich gut, die Bewegungen lächelnd durchzuführen.« Weite Teile des Buchs sind »allgemeinkonkret« gehalten, wie es unsere Geschichtslehrerin immer unfreiwillig zutreffend formulierte. Aber es gibt auch ein paar originelle Hinweise. Osorin widmet sich zum Beispiel dem psychologischen Problem der Leistungsgrenzen. Rekorde sind ja generationenübergreifende Projekte, wenn erst jemand den Marathon unter 2 Stunden gelaufen sein wird, werden es ihm bald andere gleichtun (»wie wilde Pferde durch ein offenes Tor«, schreibt Edward S. Sears), weil eine psychologische Schwelle überschritten wurde. Um unbewusste Hemmungen, sich mehr zuzutrauen, sich zu überlisten, kann man auf abschüssiger Bahn sprinten. Werfer können den Durchmesser des Wurfkreises verringern. »Das Selbstvertrauen kann durch Spezialmethoden beim Training gefördert werden. Wenn zum Beispiel Hochsprünge oder Stabhochsprünge einige Zeit hindurch mit enger gerückten Sprungständern durchgeführt werden, so scheint das Rechteck (Boden, Sprunglatte und Ständer) höher zu sein.« Stellt man die Ständer wieder auseinander, erscheint die Höhe geringer, und man traut sich eher, sie zu versuchen. Man kann auch Musik einsetzen, um schneller zu laufen, vor allem russische Volkstänze würden sich eignen. So wie der Tänzer sich dem Rhythmus unterordnet, könne man seine Schnelligkeitsgrenze übertreffen, wenn man sich einem Musikstück von der Schallplatte anpasse, das über die Stadionlautsprecher zu hören sei.

Unter Übungen zur Kraftentwicklung findet man den Tipp: »Beim Winter- und Frühjahrstraining können Läufer und Sprinter schwerere Schuhe verwenden (Skischuhe, Turnschuhe mit Bleischicht).« Manchmal rede ich mir ein, dass die 5 bis 8 Kilo, die ich im Winter zunehme, mein Training intensiver machen und wie eine »Bleischicht« wirken, die ich im kommenden Frühjahr ablege, um dann mit schwebenden Schritten weiterzulaufen wie ein Kosmonaut beim Spaziergang auf dem Mond. Um mir den Nachmittagskuchen zu verleiden, stelle ich mir mein überflüssiges Fett immer als Mineralwasserflaschen vor, die ich mitschleppen muss. Vielleicht sollte ich es mir noch anders verbildlichen: »Der bekannte Stabhochspringer Rajewksi schloß in sein Training das Laufen mit Belastung ein, indem er eine mit Schrot gefüllte Jägerpatronentasche trug und auch Sprünge mit seinem sehr schweren Stab ausführte. Bekannt ist die Anwendung von Spikes mit Bleischicht bei Mittel- und Langstreckenläufern.« Spikes, in früheren Zeiten sagte man »Renndorne«, hätte ich mir gewünscht, um bessere Zeiten zu laufen. Als Captain-Future-Fan glaubte ich ja an Gadgets. Aber Spikes waren viel zu teuer. Immerhin hatte ich mir im Sportkaufhaus schon einen Spikeschlüssel gekauft, der aber nie zum Einsatz gekommen ist. Heute überlege ich, ob ich mir »Shwings« kaufe, kleine Plastikflügel, die man sich in die Schnürsenkel bindet, um auszusehen wie der Götterbote Hermes. Toll fände ich auch eines dieser Shirts, auf denen, wenn sie durchgeschwitzt sind, eine Botschaft an die Läufer hinter einem erscheint.

Osorin rät, die allgemeine Ausdauer mit Querfeldeinläufen oder Skifahren zu trainieren, lang und in gemäßigtem Tempo. Die Grundausdauer werde durch Läufe im »beständigen Zustand« gestärkt, womit nur der »Steady State« gemeint sein kann, ein Begriff, der 1924 geprägt worden ist und mit dem man meistens ein ruhiges Laufen unterhalb der aeroben-anaeroben Schwelle bezeichnet. Auch das Gehen als Trainingsmethode taucht bei Osorin noch auf. Dazu kommen aber bei ihm »Wiederholungsläufe in höherer Geschwindigkeit«, also schon eine Art Intervalltraining.

Mit »kompensierender Assimilation« ist wohl das gemeint, was wir heute »Superkompensation« nennen, also die Fähigkeit des Körpers, durch den richtigen Rhythmus von Training und Regeneration den Leistungsstand zu erhöhen. Wichtig ist die »diafragmentale Atmung«, also Zwerchfellatmung; darauf legten auch unsere Lehrer immer Wert, das Ausatmen sei wichtiger als das Einatmen. Wir sollten uns vor allem auf das Ausatmen konzentrieren, was uns unsinnig vorkam. Es wurde behauptet, die nicht ausgeatmete Luft würde zu den gefürchteten Seitenstichen führen. Es war für mich eine überraschende Entdeckung, die ich erst als Erwachsener machte, dass man lange Strecken im »beständigen Zustand« laufen konnte, ohne jemals außer Atem zu kommen.

Das Gehirn spielt bei der Ermüdung eine entscheidende Rolle, Osorin beschreibt Experimente mit Hypnose, die das bestätigt hätten. Durch Willensanstrengung könne man den Eintritt der Ermüdung aufschieben. Ideologisch geschulte Athleten wären hier im Vorteil: »Der Bewegungsanreiz bildet sich bei sowjetischen Sportlern bei internationalen Wettkämpfen nicht sosehr durch den sportlichen Kampf und die feierliche Atmosphäre als durch die tiefen patriotischen Gefühle, durch das Wissen, für die sportliche Ehre und den Ruhm der geliebten Heimat zu kämpfen, durch das Gefühl der außerordentlich großen Verantwortung gegenüber dem sowjetischen Volk, der Partei und der Regierung.« Am Ende meiner Schulzeit waren wir in der Lage, lange Texte zu beliebigen Themen in so einem Stil zu improvisieren. Wie wir wissen, haben Ivan Dragos lediglich auf Angst, Druck und Gehirnwäsche beruhende patriotische Gefühle aber nicht genug Bewegungsanreiz gebildet, um den fest in seiner Community verwurzelten Gemütsmenschen Rocky zu besiegen.

Das war auch ein Versagen seiner Trainer, die laut Osorin ihren Athleten nicht nur trainieren, sondern ihm vor Augen führen müssen, dass in den kapitalistischen Ländern der Sport »ein Mittel zur Ablenkung der Jugend von der Politik ist«. Shdanow zufolge versuchten bürgerliche Literaten »die Aufmerksamkeit der führenden Schichten der Gesellschaft von den brennenden Fragen des politischen und sozialen Kampfes abzulenken und die Aufmerksamkeit in die Bahnen einer banalen, ideenlosen Literatur und Kunst zu ziehen, die von Gangstern, Varietégirls und Lobliedern auf die Taten aller möglichen Abenteurer und Gauner angefüllt ist«. Bin ich ein bürgerlicher Literat? Versuche ich, die Aufmerksamkeit der führenden Schichten unserer Gesellschaft von brennenden Fragen abzulenken? Lesen diese führenden Schichten denn Romane? Oder nur, wenn darin von Gangstern und Varietégirls die Rede ist?

Der lange Weg zur Schule

Guck dir all diese Jogger an, wie sie den unvermeidlichen Verfall ihres Körpers aufhalten wollen …
Woody Allen als Mickey in »Hannah und ihre Schwestern«

Auf dem Weg zum Strand suchen die Kinder nach Eidechsen, die ins Gebüsch huschen, sobald wir uns nähern, und die sie bisher nur aus Kinderbüchern kannten. Rentnerpärchen haben sich auf Campingstühlen in den Schatten der Bäume gesetzt, andere spielen in größeren Gruppen Boule und benutzen Schnüre mit Magneten, um sich nicht so tief nach den Kugeln bücken zu müssen. Ich sehe sogar meinen ersten Rentner mit AC/DC-T-Shirt, offenbar werde ich selber alt. Der Weg schlängelt sich zwischen Gebäuden mit Ferienapartments durch, deren Fassaden Betonelemente mit seriellen, geometrischen Formen vorgehängt sind, um den Balkons Schatten zu spenden. Auch die Gehwegplatten haben ein Wellenmuster eingekratzt bekommen, wie um daran zu erinnern, dass wir alle wegen des Meers in La Grande-Motte sind, einer Stadt, die kaum älter ist als ich. Neben Buddelzeug, Bällen, Handtüchern, Strandmatte, Wasserflaschen und

Sandalen, die die Kinder eigentlich anziehen wollten, trage ich unter dem Arm eine Strandmuschel, die ich, mit dem Wind kämpfend, täglich aufbaue, damit wir etwas Schatten haben. Ich selbst schütze mich mit einem »australischen« Strohhut, den ich im Baumarkt für die Arbeit im Garten gekauft hatte. Der Strand ist kilometerlang, fast so weit muss man auch im Meer waten, um wenigstens bis zum Hals im Wasser zu stehen. Wenn man sich umdreht, sieht man La Grande-Motte vor dem Hintergrund der Berge am Horizont. Die Skyline soll weich wirken und ein Echo auf das Relief der Cevennen sein. Einige Gebäude haben die Form mexikanischer Pyramiden, die größte davon kopiert die Silhouette des Pic Saint-Loup, des markantesten Bergs in der Region Okzitanien. Die Kinder interessieren solche Feinheiten nicht, sie suchen im flachen Wasser nach Krabben und Muscheln; vor Sonnenbrand sind sie durch Ökosonnencreme »mit mineralischem Reflektorsystem« geschützt, die kaum einzieht, sodass sie aussehen wie weiß angemalt, dazu tragen sie UV-Shirts und Mützen mit verlängertem Nacken wie bei einer Sahara-Expedition. Tatsächlich machen wir täglich eine Expedition zu einem der großen Wellenbrecher-Steinhaufen, wo Einheimische mit mehreren Ruten gleichzeitig angeln (was mir den Fischen gegenüber unfair vorkommt). Zwischen den Steinen finden wir immer weggeworfene Verpackungen interessant aussehender Wurmmischungen.

Der Familienurlaub ist für mich insgeheim ein Trainingslager, was die Familie aber nicht wissen darf. Am Abend finde ich die Zeit zu laufen und fotografiere unterwegs die großartigen Betonfassaden. Ein s-förmiges Betonelement, das man überall im Ort sieht, wo es als Poller dient oder als Wegbegrenzung, nutze ich zum Parcourslaufen oder zum Dehnen. Es ist eigens für La Grande-Motte entworfen worden. Jean Balladur, der Chefarchitekt des Orts (ein Cousin von Édouard) hat als bekennender Humanist mit seinem Team tatsächlich die Frage der Bordsteinhöhe diskutiert, in der sich ein moralisches Urteil über die menschliche Natur verbirgt. Sollte man davon ausgehen, dass der Mensch »schlecht« sei, also auch der Autofahrer, und man deshalb 30 Zentimeter hohe Bordsteinkanten brauche, um die Bürgersteige zu schützen, oder sollte man den Menschen vertrauen und auf so hohe Bordsteinkanten verzichten? Man entschied sich zunächst für 9 Zentimeter hohe Bordsteinkanten, musste aber bald einsehen, dass die Autofahrer das als Einladung auffassten, auf den Gehwegen zu parken. Deshalb wurde das Betonelement entworfen, mit der offiziellen Bezeichnung »BBB – Bordure – Banc – Béton« und dem Spitznamen »BB« (in Anspielung an die Formen von Brigitte Bardot). Dieses Stadtmöbel sieht man heute im ganzen Ort, und die Art, wie es verwittert, angemalt, angebohrt, aufrecht gestellt wurde oder zugewuchert ist, würde eine schöne Fotoserie ergeben (gerne würde ich eines im Handgepäck mitnehmen).

Ich laufe über die »Promenade des Vents« im Rücken der Pyramiden, im Schatten hoher Schirmkiefern, der Boden ist von Nadeln bedeckt, dem besten Laufuntergrund. Wenn man es nicht besser wüsste, könnte man denken, das sei die natürliche Vegetation dieser Gegend. In Wirklichkeit gab es hier vor 50 Jahren noch keine Bäume, die salzhaltigen Winde vom Meer sorgen für ein raues Klima. Das Gelände südöstlich von Montpellier, auf halbem Weg in die Camargue, wo sich heute La Grande-Motte befindet, war früher unbewohnte Einöde, Wildpferde lebten hier, und Stierzucht wurde betrieben, aber vor allem gab es Mücken, die als Erstes bekämpft werden mussten. Urlaub machten hier nur illegale Camper.

Jean Balladur hat der Vegetation besondere Bedeutung beigemessen, eine Funktion der Pyramiden war es, die Winde zu brechen, Salz zu binden und für ein günstigeres Mikroklima zu sorgen. Heute sieht man teilweise die Fassaden der Gebäude nicht mehr hinter Bäumen und Büschen. Die Stadt beherbergt in der Saison 100 000 Gäste, muss aber auch außerhalb der Saison für die gut 8000 Einwohner funktionieren. Auf der »Promenade des Vents« orientiere ich mich an Rondellen, die Kreuzungen markieren; sie spielen mit geometrischen Formen, geschwungene, weiße Betonwände greifen ineinander und bilden Labyrinthe; jedes Rondell ist ein gestalterisches Kleinod, manche riechen nur etwas streng, weil man sich hier, von Blicken geschützt, erleichtern kann. Dafür findet man mehr Hundekotbeutelautomaten als Papierkörbe (sie sind sogar auf Deutsch beschriftet: »Hundekot nur«).

Ich laufe eine lange Strecke am endlosen Strand Richtung Westen und fotografiere unterwegs die vielen Sandburgen, die die Urlauber tagsüber gebaut haben; nachts wäscht sie die Flut wieder weg. Auch das ist eine interessante, »volkstümliche« Architektur, sie scheint für unser Sicherheitsbedürfnis zu sprechen. Es kommt mir plötzlich makaber vor, hier Urlaub zu machen, wenn ich daran denke, dass es ein und dasselbe Meer ist, in dem wir baden und von dessen anderem Ufer zurzeit täglich Menschen zu uns aufbrechen und den Tod riskieren, was es ihnen, angesichts ihrer sonstigen Chancen im Leben, offenbar wert ist. Ich nehme mir vor, zumindest weniger zu jammern, wie anstrengend es ist, mit Kindern zu fliegen.

Ich habe hier längst jedes Gebäude fotografiert, aber die spektakulären Formen zwingen mich, immer wieder meine Kamera einzuschalten. Ich habe beim Laufen in unbekannten Gegenden immer eine Kamera dabei, das häufige Anhalten und erneute Tempoaufnehmen hat etwas von einem Fahrtspiel. Ich achte aber darauf, nicht das Display in der schwitzenden Handfläche zu halten, sondern die Seite mit dem Objektiv, denn ich habe einmal die neue Kamera meiner Freundin sofort kaputt gemacht, die Farben des Displays waren durch meinen Schweiß für immer verblasst. Die zentrale »Place du 1er Octobre 1974« wird durch die weißen Stufen einer Art Amphitheater zur Bühne. Die Stufen kann man hochsteigen und befindet sich auf Höhe der Pyramidenspitze eines nicht zu Unrecht »Les Incas« genannten Gebäudes. Eine Reise nach Mexiko zu den Pyramiden in Teotihuacán hat Balladur zu seinen Pyramiden inspiriert, die zur profanen Form des Sonnenkults passen, den wir als Urlauber heute pflegen.

Ich nutze die Stufen des Amphitheaters für das abschließende Treppentraining; der beeindruckende Bauch unseres Apartment-Nachbarn, eines Mannes, der die meiste Zeit schweigend in der Sonne sitzt und sich nur ab und zu die Glatze mit einem Pflanzenbestäuber besprüht oder eine Möwe verscheucht, die es auf seine Müllsäcke abgesehen hat, ist meine Motivation. Die Stufen haben die perfekte Höhe für mein Training, es gibt kleine Stufen für schnelle Schritte und große, bei denen ich kämpfen muss, ohne Zwischenschritte nach oben zu kommen. Es macht Spaß, mir die Architektur für meine Zwecke anzueignen. Die schönste Architektur wirkt totalitär, wenn sie den Menschen nicht die Freiheit lässt, sie ihren Bedürfnissen anzupassen. Parcourslaufen, das in Frankreich zu einer Renaissance der »Méthode Naturelle« von Georges Hébert geführt hat, ist eine zeitgemäße Form des Trainings, weil sie Ressourcen spart, für Konsumverzicht steht, kein Geld kostet, nicht monoton ist und einen kreativen Blick auf die städtische Umgebung fördert, die man ganz nonchalant zum

Sportgerät umdeutet (alles, was Laufen auszeichnete, bevor es von der Sportartikelindustrie als Markt entdeckt wurde).

An der Strandpromenade balanciere ich über scheibenförmige Betonelemente, die aus den Dünen ragen. Vor fünfzig Jahren standen sie noch frei, denn es handelt sich um ein Kunstwerk, das Sand binden sollte, was auch geschehen ist, die Betonelemente sind kaum noch zu sehen. Die Künstlerin hat ihre Skulpturen ausdrücklich als »Gebrauchskunst« verstanden (während an den bunten Hundeskulpturen aus Kunststoff, die zurzeit überall im Ort stehen, »Betreten verboten«-Schilder hängen). Überhaupt gibt es im Ort auffällig viel »Kunst am Bau«, die konstruktivistische Kunst aus dieser Zeit wirkt heute, wenn man an den Trend denkt, in Fußgängerzonen naturalistische Bronzedarstellungen verstorbener Prominenter aufzustellen, wie eine Wohltat. Das letzte Stück laufe ich immer am Strand, eigentlich müsste ich barfuß laufen, um meine Fußgewölbe zu stärken, die 33 Gelenke im Fuß zu bewegen und die 20 bis 60 Muskeln (die Angaben schwanken stark) zu trainieren. (Wie kann man sich einbilden, die »Funktionseinheit Fuß«, dieses technische Meisterwerk, durch einen Schuh zu »verbessern«?) Ich ziehe meine Schuhe aus, renne ins Wasser und springe in die Wellen. Erschöpft und glücklich gehe ich anschließend zurück in die Anlage und stelle mich wieder meinen Pflichten als Vater, die anstrengender sein können als jeder Lauf.

Wie wäre es, als Journalist und Hobbyläufer mit einer bescheidenen Vergangenheit bei Jugend-Laufwettbewerben, ein halbes Jahr mit Frau und drei Kindern (darunter ein Baby) nach Kenia zu ziehen, in einen kleinen Ort auf dem Land, um sich auf einen Marathon vorzubereiten und nebenbei dem kenianischen Laufwunder auf den Grund zu gehen? Der englische Autor Adharanand Finn hat genau das gemacht und über diese Zeit ein herausragendes journalistisches Laufbuch geschrieben. Laufen ist in Kenia viel mehr als nur ein Sport, und beim Versuch, wie die Kenianer zu trainieren, spürt der Autor manchmal etwas vom wilden Herzen des Lebens, weil er das auslebt, was uns Menschen von anderen Säugetieren unterscheidet: unsere Fähigkeit, lange zu laufen, die zu unserer heutigen Lebensweise im krassen Widerspruch steht.

Bei den fünf Berlin-Marathons, an denen ich teilgenommen habe, waren die ersten 3 Männer im Ziel immer Kenianer. 2002 waren es die ersten 5 (unter den ersten 10 waren damals 8 Kenianer), 2005 die ersten 5, 2004 die ersten 4, 2001 und 2003 die ersten 3. 2011 kamen 66 der schnellsten 100 Marathonläufer der Welt aus Kenia, und sie stammten fast alle aus derselben Volksgruppe. Kein Wunder, dass man hinter dieser Dominanz (die übrigens erst Mitte der Achtzigerjahre begonnen hat) ein »Geheimnis« vermutet und alle möglichen Studien betrieben wurden, um dieses Geheimnis zu ergründen (liegt es vielleicht an einem mit Blut vermischten, vergorenen Milchgetränk?). Manchmal werden die schmaleren Beine, vor allem aber die Waden der Kenianer als Grund ausgemacht; das geringere »distale Gewicht« erlaube eine ökonomischere Pendelbewegung. Offenbar fällt es uns schwer zu akzeptieren, dass Afrikaner uns in irgendetwas überlegen sind, das können wir uns nur mit einem genetischen Vorteil erklären (was ihre Leistung abwertet). Eine besonders kreative Theorie besagt, dass die entsprechende kenianische Volksgruppe früher traditionell vom Viehdiebstahl gelebt hat. Dazu mussten die Männer weite Strecken zu Fuß zurücklegen, und nur die Erfolgreichen überlebten diese Reise und konnten sich zu Hause mehrere Frauen leisten, viele Kinder bekommen und ihre Gene verbreiten. (Der Diebstahl war eine ehrenwerte, gefährliche Bewährungsprobe. Die Teilnahme an weltweit stattfindenden Rennen, um mit dem Preisgeld wiederzukommen, oder das Ergattern eines Stipendiums an einem amerikanischen College wäre dann die moderne Version dieser Initiation des jungen Mannes.)

Finn mietet sich mit seiner Familie in der kenianischen Kleinstadt Iten ein (zunächst muss noch mit einem Mann verhandelt werden, der das Haus, das sie mieten wollen, besetzt und nebenan ein Maracujafeld gepflanzt hat). Der Ort gilt als kenianisches Lauf-Mekka, man trifft deshalb auch auf andere Besucher aus dem Westen. Circa tausend Läufer, viele davon Weltrekordhalter, Weltmeister, Olympiasieger, trainieren und leben in Iten. Die Konkurrenz ist so groß, dass international bekannte Läufer bei lokalen Wettbewerben keineswegs auf den ersten Plätzen landen. Große Städtemarathons werden gemeinsam im Public Viewing geguckt. Es gibt verschiedene Laufcamps, worunter man sich so etwas wie Hüttensiedlungen vorstellen muss, in denen junge Männer in Wohngemeinschaften mit Kloputzplan leben, trainieren, schlafen und bekocht werden. In der Regel mit gekochtem Gemüse, selten Fleisch, dazu gibt es Ugali, einen Maismehlbrei, der sich auch dazu eignet, Fotos an der Wand zu befestigen. Westliches Junkfood ist schlichtweg nicht vorhanden. Man trainiert oft dreimal täglich und kaum unter 200 Kilometer in der Woche, zwischen den Läufen wird viel geschlafen. (»Welches sind Ihre Lieblingsbeschäftigungen, abgesehen vom Laufen? Was machen Sie in Ihrer freien Zeit?«, wurde Gunder Hägg, der schwedische Weltrekordläufer aus den Vierzigern, einmal gefragt, und er antwortete: »Ich schlafe.«)

Manchmal wünsche ich mir, auch so trainieren zu können wie ein Profi, und dass mein Leben, wenigstens für eine Weile, nur aus Laufen, Essen und Schlafen bestehen würde (bei Björn Borg soll noch die Lektüre von Donald-Duck-

Heften dazugekommen sein). »Ich wollte heute noch laufen«, den Satz hört meine Freundin nicht gerne. Zumal wenn ich nach dem Duschen herumdruckse: »Ich müsste mich eigentlich noch mal kurz hinlegen.« Familie und Arbeit lenken vom Laufen ab. Was die Kenianer hier tun, ist ihre Arbeit, nur dass sie nicht bezahlt wird, wenn man keinen Erfolg hat. Man baut das Laufen nicht in seinen Berufs- und Familienalltag ein, sondern man tut nichts anderes. Die Gebühr für die Laufcamps zahlen oft die Eltern, weil sie die Hoffnung haben, dass ihr Kind von einem Laufmanager (meistens Westler) unter Vertrag genommen und bei einem internationalen Lauf gebucht wird. Wer dort ein Preisgeld gewinnt, hat für kenianische Verhältnisse schon ein Vermögen verdient und kann sich ein Haus bauen oder ein Auto mit Allradantrieb kaufen.

Morgens um 5 oder 6 Uhr, wenn westliche Jugendliche manchmal erst nach Hause kommen, sammeln sich verschiedene Laufgruppen irgendwo im Ort, was fast informell wirkt, und es geht in teilweise scharfem Tempo über 20, 30 oder 38 Kilometer über ausgefahrene Sandwege (auf Asphaltstraßen laufen nur »Mzungus«, wie man hier die Weißen nennt). Die professionelleren Gruppen begleitet ein Jeep, aus dem die Läufer unterwegs mit Wasser versorgt werden. Ohne Probleme kann Finn sich Laufgruppen anschließen, wobei ihm das Tempo in der Höhenlage oft viel zu hoch ist und auch Frauen ihn abhängen. (Besonders demütigend für westliche Läufer kann es sein, wenn Passanten in Straßenkleidung spontan Lust bekommen, ein paar Kilometer mitzurennen.) Er gründet eine eigene Gruppe, um sich auf den Lewa-Marathon vorzubereiten, der durch ein Wild-Reservat führt, wobei die Löwenrudel mit Hubschraubern vertrieben werden.

Überrascht ist Finn, der sich in England den Vorfußlauf

antrainiert hat (wie kann man das so schnell?), dass die Läufer in der Regel die üblichen, stark gedämpften Laufschuhe tragen. Eine der Wundertheorien besagt nämlich, dass wir durch unsere Laufschuhe mit ihren gedämpften Zwischensohlen und Pronationsstützen (die Fußfehlstellungen korrigieren sollen), bei denen jeder Lauf-Ratgeber dringend rät, hier nicht zu sparen, unseren Laufstil verderben und die Füße gleich dazu. Barfuß laufen wir unwillkürlich auf dem Ballen und nicht auf der Ferse. Der Fersenlauf ist aber nicht nur uneffektiv und schlecht für das Skelett, er führt auch zu Verletzungen, zumal die dicken Sohlen uns ein falsches Sicherheitsgefühl geben und dazu verleiten, zu stark aufzutreten (»Als würde man einen Kochhandschuh über ein Ei stülpen, bevor man mit einem Hammer darauf schlägt«). Es ist schwer, sich als Erwachsener, der nie wirklich barfuß gelaufen ist, umzustellen. In Astrid Lindgrens »Bullerbü« laufen die Kinder den ganzen Sommer über barfuß. Sie werden natürlich auch nicht zur Schule gefahren (nicht einmal im Winter bei tiefem Schnee) und denken sich auf dem Heimweg gemeinsam Geschichten und Spiele aus, weil sie kein Smartphone und keinen iPod haben. Man kann mich gerne altmodisch nennen, wenn ich der Meinung bin, dass diese Lebensweise den kindlichen Bedürfnissen eher entsprach, als es unsere heutige tut. Was ein Stigma der Armut war, ist für die Kinderfüße, wie wir heute wissen, das Beste (deshalb lassen meine Freundin und ich unsere Kinder bei jeder Gelegenheit barfuß laufen, sie ziehen auf dem Spielplatz auch immer gleich ihre Schuhe aus). Wir vermeiden auch Weizenmehl, Fabrikzucker, sehen nicht fern, tragen gebrauchte Kleidung und fahren mit einem rikschaartigen Kastenfahrrad zum Kindergarten. Es ist ein Zeichen von Wohlstand und eines entwickelten Bewusstseins, auf die vermeintlichen Segnungen des Wohlstands zu verzichten.

Die neuen Erkenntnisse über den Vorfußlauf haben den Markt für »Barfußschuhe« boomen lassen. Die U. S. Army hat ihren Soldaten 2011 Zehenschuhe allerdings verboten: »THOSE SHOES THAT FEATURE FIVE SEPARATE, INDIVIDUAL COMPARTMENTS FOR THE TOES, DETRACT FROM A PROFESSIONAL MILITARY IMAGE.« Dabei sieht man auf Fotos aus den Zwanzigerjahren japanische Läufer in Europa mit Ninja-Schuhen laufen, Schuhe von Kriegern, die einen abgeteilten großen Zeh hatten. Barfußschuhe sind für mich eines der paradoxen Produkte, die für den Kapitalismus so typisch sind (wie weiße Schokolade, Erdnüsse mit Honig *und* Salz oder stilles Mineralwasser); sie sollen es auch uns Westlern ermöglichen, barfuß zu laufen, ohne unsere Füße zu verletzen. Kenianer haben angeblich so widerstandsfähige Fußsohlen, dass sie über Glasscherben laufen können. Das erinnert an eine Beschreibung türkischer Botenläufer aus E. G. Happels 1683 erschienenem Buch »Gröste Denkwürdigkeiten der Welt«: »An den Fersen haben sie eysern auffgeschlagen Blech oder Huffeysen, wie die Pferde, dann sie haben durch das vielfältige Lauffen über den brennenden heissen Sand, gleich den Arabern, so harte Fußsohlen, dass man eyserne Nägel darin schlagen und hefften kan, ohne ihre Empfindung.« (Zitiert nach »Läufer und Vorläufer«, Stephan Oettermanns fantastischer Kulturgeschichte des Laufens.) Außerdem hat man bei diesen Läufern angeblich die Milz entfernt, die seit der Antike als hinderlich bei Ausdauerleistungen galt: »Man gibet vor, der Miltz sey ihnen in ihrer Jugend außgenommen, durch einen gewissen Handgriff, dessen die Türcken keine andere Nation wollen teilhafftig machen.«

Afrikanische Kinder wachsen barfuß auf, ihre Fußgewölbe werden dadurch gestärkt, die Wadenmuskulatur entwickelt, und die Kinder lernen, den Untergrund wahrzunehmen, sozusagen mit den Füßen zu sehen. Die Frage des Barfußlaufs hat für manche Wissenschaftler weitreichende anthropologische Konsequenzen. Nachdem unsere Vorfahren von den Bäumen gestiegen sind und auf zwei Beinen liefen, soll ihr Evolutionsvorteil nämlich zunächst nicht darin gelegen haben, dass sie die Hände frei hatten, um Waffen und Werkzeuge zu benutzen (»Verstand gegen Körperkraft«), sondern dass sie bessere Ausdauerläufer als die Tiere waren. In der Savanne haben die Menschen gejagt, indem sie ihre Opfer zu Tode hetzten und dabei mit Pausen arbeiteten, um den Tieren zusätzlich den Rhythmus zu nehmen. (Alte, Frauen und Kinder liefen mit den Jägern mit, sie sollten ja das Fleisch essen.) Da wir kein Fell haben, können wir schwitzen und müssen uns nicht regelmäßig zum Abkühlen ins Gebüsch zurückziehen. Die Antilope wird so lange verfolgt und aufgescheucht, bis sie an einem Herzinfarkt stirbt. Unsere Physiologie, Becken, Schulterhaltung, Füße, Kopfstabilität beim Laufen, Armbewegungen, Stoffwechsel, machen uns zu perfekten Dauerläufern. Außerdem wird beim aufrechten Laufen unsere Lunge nicht gestaucht, was verschiedene Atemrhythmen und Tempos möglich macht. Wer läuft, ist kein Exzentriker, Masochist oder Gesundheitsfanatiker, sondern er tut das, wozu die Evolution unseren Körper befähigt hat, mehr als bei jedem anderen Lebewesen: laufen. Unsere sitzende, liegende und automobile Lebensweise ist dagegen unnatürlich und beschert uns Zivilisationskrankheiten. Sitzen ist das neue Rauchen! Das Gesäß dient, anders als viele denken, nicht als Sitzkissen, sondern besteht aus Laufmuskeln. Affen haben keinen schönen Hintern. Ich zitiere dazu gerne GutsMuths, wenn er die Folgen des Sitzens für die Gesundheit aufzählt: »Die Bleichsucht, Gelbsucht, die Atrophie, Würmer, Flechten, Verhaltung der natürlichen Ausleerungen, besonders der Blutflüsse, Wassersuchten usw.«

Ich könnte mir vorstellen, dass der Joggingboom der Siebzigerjahre, der von Amerika ausgegangen ist, viel mit der Sportschuhindustrie zu tun hatte, die sich genau in dieser Zeit entwickelt hat. Bis Ende der Sechziger waren Frauen zum Beispiel beim Marathon noch nicht zugelassen, das erste Mal olympisch war Marathon für Frauen 1984 in Los Angeles. Erst als es sich als wirtschaftlicher Wahnsinn herausstellte, Frauen vom Marathon auszuschließen, weil man damit auf die Hälfte des Markts verzichtete, kam es zu einem Umdenken. (Die Ansicht, Frauen würde beim Laufen die Gebärmutter rausfallen, war weit verbreitet, deshalb gab es lange auch große Vorbehalte, ihnen das Radfahren zu erlauben. Schon im Laufstil, der den Kindern, die sich eigentlich natürlich bewegen, anerzogen wurde, lag ein Genderklischee. Jungen sollten kraftvoll laufen und dabei mit den Fäusten boxen, Mädchen damenhaft.) Die Marktwirtschaft hat das geregelt, und vielleicht hat der modische Aspekt von Schuhen und Kleidung Joggen als Massenbewegung auch erst attraktiv gemacht, so wie Aerobic ohne Aerobic-Fashion und die Videos von Jane Fonda nicht zu denken gewesen wäre. Wobei es schon kurios ist, dass ausgerechnet der hauptsächlich zum Gassigehen genutzte Jogginganzug von Woolworth, gerne im Partnerlook, den man sich für sein Begrüßungsgeld zugelegt hatte, das emblematische Kleidungsstück der Wendejahre geworden ist, eine Art Selbststigmatisierung der Ostdeutschen. Manchmal sieht man Gelegenheitsläufer, meistens im Frühjahr, wenn sich das schlechte Gewissen regt, die mit alten, an den Knien ausgeleierten Jogginghosen ihre Runden drehen. Mit unökonomischem Schritt stapfen sie vor einem her, ein klapperndes Schlüsselbund in der Hosentasche. Solange man dabei die aussortierte Kleidung trägt, die nicht mal mehr zum Malern oder für die Gartenarbeit zu gebrauchen ist, hat Laufen in der Öffentlichkeit etwas frühsporthaft-freudloses von Trimm-dich-Bewegung. Ich als Ostdeutscher weiß, wovon ich spreche, denn attraktive, funktionale Sportkleidung war nicht unsere Stärke, unsere Olympioniken trugen Adidas, ein Widerspruch, der uns als Schüler durchaus bewusst war. Wir waren ja gezwungen, im Unterricht in den Sportfarben der Schule zu erscheinen, in meinem Fall schwarze Hose und schwarzes, ärmelloses Turnhemd. So angezogen und mit »Stoffidas« an den Füßen – sogenannte Einlaufschuhe aus Leder waren Mangelware –, wäre ich nicht auf die Idee gekommen, mich tagsüber zum Joggen ins Freie zu trauen. (Im Ferienlager versuchte ich mit einem Franzosen Schuhe zu tauschen, er warf einen Stein nach mir.)

Die Laufschuhe sind in den letzten Jahren immer leichter und vermutlich auch besser geworden. Wobei ich mich immer frage, wo hier noch Spielräume sein sollen? Es ist ähnlich wie mit den Nassrasierern von Gillette; deren Bauweise und die Qualität der Klingen wird, seit ich denken kann, Jahr für Jahr revolutioniert, rückwirkend betrachtet, muss sich die Rasur vor einigen Jahren noch wie Kartoffelschälen angefühlt haben. Neue Schuhtechnologien sollen die Probleme beheben, die durch neue Schuhtechnologien erzeugt wurden. Manchmal liegt die Verbesserung eines Produkts somit darin, es wieder wie vorher herzustellen (natürlich trotzdem zu einem höheren Preis). Es passt zum Zeitgeist, wenn wir befürchten, dass unsere technologische Überlegenheit uns in Wirklichkeit überlebensunfähiger gemacht hat, weil sich herausstellt, dass teure Laufschuhe den Fuß schwächen, die Verletzungsanfälligkeit erhöhen und man lieber barfuß laufen sollte wie die Ärmsten der Armen. (So wie wir unsere Wäsche mit indischen Waschnüssen waschen und Quinoa und Amaranth essen, das Getreide der amerikanischen Ureinwohner, das angeblich nicht durch Züchtung verdorben ist.) Deshalb ist es eine solche Überraschung für Finn, dass die Läufer in Kenia alle mit den gleichen Laufschuhen trainieren wie wir – die sie allerdings sicher nicht, wie überall empfohlen, alle 800 Kilometer austauschen, was für die kenianischen Läufer einmal im Monat wäre. Diese Angabe hat sich auch stark verändert, Werner Sonntag schreibt noch 1988 in »Herausforderung Marathon«: »Nur sollte der Schuh auch nicht so alt sein, dass das Dämpfungsmaterial heruntergetreten oder das Material nach 3000 Laufkilometern (bei manchen leider viel früher) ermüdet ist.« Anscheinend sind die Schuhe viel besser geworden, halten dafür aber deutlich kürzer und kosten das Drei- bis Fünffache, eine Marketing-Meisterleistung!

Das heißt aber noch lange nicht, dass die Barfußtheorie widerlegt ist, es scheint eher ein kulturelles Phänomen zu sein. Wer es sich leisten kann, benutzt in Kenia Laufschuhe (die ersten hat mancher noch als Schüler als Siegprämie bei einem Lauf bekommen), schon weil man solchen Respekt vor der technologischen und wirtschaftlichen Überlegenheit der Europäer hat, dass man der eigenen Kultur nicht mehr vertraut (ein Phänomen, das man in Ostdeutschland nach der Wende beobachten konnte, wo Ostprodukte von heute auf morgen unverkäuflich waren, unabhängig von ihrer Qualität, während sie heute wiederaufgelegt werden, weil sie nostalgische Bedürfnisse befriedigen). Nur dass die Kenianer eher trotz dieser Schuhe gut sind, da sie in ihrer Kindheit durch Barfußgehen bereits kräftige Fußgewölbe für einen ökonomischen Laufstil entwickelt haben. Sie laufen weiter barfuß, nur mit Schuhen.

Was ist nun der Grund für das kenianische Laufwunder? Das ständige Höhentraining? Die Ernährung? Das Vertrauen in die eigene Überlegenheit? (Ein wichtiger psychologischer Aspekt, denn wie fühlt es sich an, als Europäer in ein Rennen mit Kenianern zu gehen? Wer sich nicht vorstellen kann zu gewinnen, wird auch nicht gewinnen.) Die täglichen Barfußläufe zur Schule? Der reichliche Schlaf zwischen den Trainingsläufen? Die schiere Masse an Nachwuchs? Der Mangel an anderen Chancen, der Armut zu entkommen? (Einer der Laufpartner von Finn zeigt ihm zu Hause das ausgefüllte Bewerbungsformular für einen Studienplatz, das er nie abgeschickt hat, weil er sich die Studiengebühr nicht leisten konnte. Er bewahrt es auf als Beweis für seinen Ehrgeiz. Und er erwähnt es sogar in seinem Lebenslauf. »Unter ›Stärken und Leistungen‹ steht da in blauer Kulischrift: ›Ausgefülltes Formular für die Moi University‹.«) Finn sammelt viele Gründe, und er ist der Meinung, dass am Ende wohl alle eine Rolle spielen, und alle haben mit der Lebensweise zu tun. Im Grunde ist es nicht so, dass die Kenianer besonders gute Läufer sind, sondern dass wir inzwischen so schlechte Läufer sind. Wir sind zum Laufen geboren und laufen nicht. Wenn man bei uns mit sechzehn beginnt, durch zehnjähriges Training das Fundament für eine Laufkarriere zu legen, steht bei Kenianern schon ein Haus.

Für mich bleibt aber immer noch die Frage, warum ausgerechnet die Kenianer vom Stamm der Nandi so dominant sind, denn die meisten Faktoren müssten auch auf andere Regionen Afrikas oder der Welt zutreffen. Tatsächlich konkurrieren kenianische Läufer bei internationalen Rennen traditionell mit Läufern aus Äthiopien. Der erste international bekannte äthiopische Läufer war Abebe Bikila, der 1960 beim Olympischen Marathon in Rom siegte (ein an diesem Ort höchst symbolischer Sieg, denn zwanzig Jahre nach der Invasion von 500 000 italienischen Soldaten in seiner Heimat eroberte ein äthiopischer Offizier im Alleingang Italien. Damals meinten viele noch, Schwarze seien nur gute Sprinter, weil sie zu »faul« für lange Strecken seien.)

Bikila war Angehöriger der Leibgarde des exzentrischen Kaisers Haile Selassie (in den frühen olympischen Jahren stammten Läufer häufig aus dem Militär). Einen Teil der Strecke legte er barfuß zurück, weil er mit den Schuhen, die er zur Verfügung hatte, nicht klarkam. Er wiederholte seinen Triumph 1964 in Tokio (was ihm bisher nur Waldemar Cierpinski nachmachen konnte). 1969 hatte Bikila einen Unfall mit einem Auto, das er als Prämie für seinen Olympiasieg bekommen hatte. Querschnittsgelähmt trat er 1970 beim Olympischen Bogenschießen an und starb 1973 an den Folgen einer Hirnblutung, die im Zusammenhang mit seinem Autounfall stand. Andere äthiopische Läufer traten in seine Fußstapfen, zum Beispiel Miruts Yifter (der für seine Tempoverschärfungen berühmt war und deshalb den Spitznamen »Yifter the Shifter« trug). Ich erinnere mich noch gut, wie ich während der Olympischen Spiele in Moskau begeistert am Fernseher mitfieberte (ich war beim Rennen auf Bahnschienen gestolpert, hatte mir den Mittelfußknochen gebrochen, trug einen Gips und musste nicht zur Schule), wo der schüttere Yifter, dessen Alter nicht eindeutig festgestellt werden konnte, über 5000 und über 10 000 Meter siegte. Yifter war ein Vorbild für Haile Gebrselassie, der zu den größten Läufern aller Zeiten zählt (der Nachname bedeutet »Dreifaltigkeit«). Er machte zunächst auf der Bahn Karriere – 2000 besiegte er in Sydney seinen kenianischen Dauerkonkurrenten Paul Tergat im 10 000-Meter-Lauf in einem Finish, das knapper ausfiel als das Finish beim 100-Meter-Finale – und wechselte dann mit schon über dreißig zum Marathon, um auch hier Weltrekord zu laufen. Er gilt als der perfekte Stilist. Auffällig war bei ihm, dass er seine Arme beim Laufen unsymmetrisch angewinkelt hielt. Der Grund dafür soll darin liegen, dass er als Kind auf dem Schulweg – den er natürlich laufend zurücklegte – seine

Schulmappe unter den linken Arm geklemmt hatte. Während wir unsere Mappen immer 10 Meter vor uns auf den Boden schmissen und lustlos hinterherstapften.

2006 habe ich mich zum letzten Mal auf den Berlin-Marathon vorbereitet, wie immer ein halbes Jahr mit genauem Trainingsplan, aber wegen einer Erkältung (Ende September geht das ja immer los) auf den Start verzichten müssen. In diesem Jahr und dann bis 2009 siegte stets Haile Gebrselassie und war dabei fast doppelt so schnell wie ich. Das ist allerdings gar keine so schlechte Leistung für mich, in anderen olympischen Wettbewerben geht die Schere viel weiter auseinander, im Hammerwerfen wäre ich wahrscheinlich zehnmal schlechter als der Olympiasieger und nur unwesentlich besser, wenn ich den Hammer gegen einen Schlagball eintauschen dürfte – an Springreiten und Wildwasserkajak möchte ich gar nicht denken.

Knorpelglatze und Schneiderballen

Die wartungsfreie Zeit ist vorbei.
Ein Physiotherapeut

Als jemand, der nun schon über Jahrzehnte die Fußballberichterstattung verfolgt, kenne ich die Schwachstellen des menschlichen Körpers ziemlich genau: Syndesmoseband, Kreuzband, Knorpel, Innenband, Außenband, Meniskus, Adduktoren, Kapseln, Muskelfasern, Schultereckgelenk. Vor ein paar Jahren ist für mich ein neuer Begriff dazugekommen: die Patellasehne. Ich glaube, ich habe das Wort zum ersten Mal bei Oliver Kahn gehört, von dem auch die »Schambeinentzündung« stammte. Früher haben sich die Profis einfach über Nacht Quark aufs Knie geschmiert; damit geben heutige Fußballfans sich aber nicht mehr zufrieden, man möchte, wenn man schon seine Lebenszeit mit Fußballgucken verplempert, dabei auch etwas über Anatomie lernen; am liebsten wäre ich live zugeschaltet, wenn so ein hoch bezahlter Profi in der Klinik eines dieser notorischen amerikanischen Kniespezialisten unters Messer kommt. (Leider wird ja nicht einmal das Training im Fernsehen übertragen. Warum wird uns dieses wesentliche Element des Fußballsports vorenthalten?)

Ich war also auf alles gefasst, als ich vor ein paar Jahren Knieprobleme bekam; bis dahin hatte ich sechsmal die Woche Sport gemacht, hauptsächlich, um nicht zuzunehmen, denn ich aß viel zu oft »Ente kross«, einmal sogar zwei Portionen an einem Tag. Ich teile alle Überzeugungen der Vegetarier, ethische, ökologische und gesundheitliche, aber die Ente war meine Schwachstelle. Offenbar hatte ich es mit dem Training übertrieben, mein Knie tat immer mehr weh, ich wachte nachts von rheumatischen Schmerzen auf. Am schlimmsten war es, wenn ich Treppen abwärtsstieg, aufwärts war überhaupt kein Problem. In der Schweiz wäre ich gut klargekommen, ich hätte immer aufwärts joggen und abwärts mit dem Lift fahren können. Ein Fußballfreund diagnostizierte mir, ohne lange überlegen zu müssen, Arthrose, das sei unheilbar, wenn der Knorpel erst mal durch sei und Knochen auf Knochen scheuere, könne man nichts mehr machen. Er empfahl mir seinen Orthopäden, Dr. Kuts, ich solle in der Praxis aber wirklich nach Dr. Kuts verlangen, schärfte er mir ein, nie den ebenfalls dort praktizierenden Dr. Hicks. »Immer Kuts, nie Hicks!«, schrieb er mir. Ich ließ mir in dieser Wunderpraxis einen Termin in zwei Monaten geben; dass man nicht kurzfristiger drankam, schien mir ein gutes Zeichen. Als es dann so weit war, nahm ich im Wartezimmer zwischen lauter Gehgeschädigten Platz, von denen sich ab und zu einer auf den langen Weg zu den Toiletten machte, wobei er sich von einer Schonhaltung in die andere rettete. Ich wartete noch lächerliche 2 Stunden, während ich abwechselnd die Plakate der Eishockeyprofis betrachtete, die hier behandelt wurden, und die Bildschirme, auf denen Informationen über Kniespiegelungen eingespielt wurden. Gehörte ich jetzt zu dieser Community von krummbeinig schlurfenden Hüftkranken und Kniesteifen, die ihre Beine wie Elefanten unter sich schlenkern ließen, während sie sich an orthopädischen Vorrichtungen festklammerten?

Ich musste mich in einen Behandlungsraum legen und bis auf den Schlüpfer ausziehen, eine Assistentin stellte mir neugierige Fragen und tippte meine Antworten in den Computer ein. Dann blieb ich alleine liegen und fror, während aus den Behandlungsräumen links und rechts Gerumpel und Gemurmel zu hören war. Ich sah mich um, ob ich irgendetwas mitgehen lassen könnte, aber es gab nur Tupfer und Spritzen. Ich musste dringend auf die Toilette und überlegte, ob die Zeit reichen würde, heimlich ins Waschbecken zu pinkeln. Vielleicht durfte ich mich wenigstens hinsetzen? Ich wagte es nicht, ich wollte Dr. Kuts nicht verärgern, bevor er mir geholfen hatte. Nach ungefähr einer halben Stunde kam Dr. Kuts reingeschneit, las sich am Bildschirm durch, was ich ihm zu sagen hatte, zog und drehte mit schnellen Bewegungen an meinem Knie, als löse er beim Tranchieren eine Gänsekeule aus dem Gelenk; ich hatte sofort ein schlechtes Gewissen, weil ich ihm seine Zeit stahl, so eilig hatte er es. Meniskus war es nicht, Arthrose auch nicht, nein, ich hätte ein »Jumpers knee«, Patellasehnenspitzensyndrom; zum Beweis drückte er auf die entsprechende Stelle, sodass ich kurz aufschrie. Das Knie sehe aber gut aus, keine Partikel, auch am Sehnenansatz noch nichts. Da könne man Folgendes machen: Schritt 1, 2 und 3. Schritt 1 war eine homöopathische Spritze, um mal zu sehen, ob das etwas bewirke, direkt unter die Kniescheibe. In einem von einer Million Fällen könne die Spritze zu Infektionen führen, darüber müsse er mich informieren. Mein Quadrizeps sei verkürzt, ich müsse »zur Physio«. Wenn die Behandlung nicht helfe, solle ich in zwei Monaten wiederkommen. Und vielleicht sollte ich darüber nachdenken, in Zukunft lieber Rad zu fahren, statt zu laufen. Drei Minuten dauerte die Behandlung, anschließend fragte er mich – ich lag immer noch auf der Pritsche –, was ich von Beruf sei? »Autor«, druckste ich, wie gerne hätte ich jetzt Zahnarzt oder Rechtsanwalt gesagt. Ob er meine Bücher kenne?, fragte er. Das könne ich nicht sagen, antwortete ich. Wovon sie denn handelten? Na, häufig von meiner Kindheit in der DDR. Darauf folgte ein zehnminütiger Vortrag darüber, dass er *beide* Systeme erlebt habe, Kapitalismus *und* Sozialismus. Heute sei er ja selber Kapitalist. Ich fror etwas, aber ich traute mich nicht zu fragen, ob ich mich anziehen dürfe. An der Wand hing ein signiertes Poster einer dankbaren Hammerwerferin. Würde ich je wieder Hammerwerfen können?

Ich machte auf den Rat eines anderen Fußballfreunds eine Voltaren-Kur und nahm eine Woche lang täglich 600 Milligramm ein; es half nichts, nur mein Magen rebellierte. Ich machte vier Monate lang keinen Sport; beim ersten Fußballtraining waren die Schmerzen wieder da. Ich ließ mir sechs Termine bei der Physiotherapie verschreiben. Dort betrachtete ich ein paar Wochen lang, auf einer alten Pritsche liegend, ein Reizstromgerät vom VEB Transformatoren- und Röntgenwerk »Hermann Matern« Dresden – die Maschine stammte noch aus Ostzeiten, bekam aber jedes Jahr den TÜV. Es stellte sich schnell heraus, dass das Hauptproblem bei einer physiotherapeutischen Behandlung war, Gesprächsstoff für sechs Termine zu finden. Sie habe auch noch ihren Handmixer, der sei auch von TuR, sagte sie. Bei Schweini sehe sie die Löcher für die Arthroskopie im Knie. In die Kita habe sie früher immer selbst gekochten Apfelbrei mitgegeben. Die Tupperflaschen seien gut, die anderen gingen immer kaputt. Sie habe eine Zusatzausbildung zum Lymphsystem. Meine Tasche solle ich beim nächsten Mal lieber mit reinnehmen, aus dem Vorraum sei schon mal die Spardose geklaut worden. »So ein Inder« sei reingekommen und habe ihre Fenster putzen wollen. Von wem wohl die Kanada-Landschaftsfotos an den Wänden stammten? Ich solle immer schön dehnen, jeden Tag, bei mir sei alles verkürzt.

Es blieb alles beim Alten, mein Knie wurde nicht besser. Eine Freundin vom Ballett riet mir, einfach weiterzumachen, Tänzer würden Verletzungen und Schmerzen ignorieren. Ich hielt mich daran, benutzte beim Sport jetzt aber eine Kniebandage, die anschließend roch wie die Unterwäsche eines Clochards. Ich kam mir vor wie ein alter Mann, auf Prothesen angewiesen. Warum hatte es mich getroffen? Plötzlich liefen mir überall Jogger über den Weg, die keine Knieschmerzen zu kennen schienen – viele davon älter und unsportlicher als ich, aber sie grinsten mich schadenfroh an. Irgendwo sah ich eine große Plakatwerbung von Otto Bock, eine Kniebandage mit zusätzlichen Stützen, sie versprachen, dass man wieder schmerzfrei Tennis spielen konnte. Warum verschrieb mir das niemand? Eine Bekannte wollte mir in ihrer Naturheilpraxis eine Blutegeltherapie verabreichen; die Blutegel würden eine Stunde angelegt. In Deutschland müsse man sie aus Tierschutzgründen leider hinterher töten, deshalb könne ich sie nicht mit nach Hause nehmen. Ich fragte sie, ob das nicht unangenehm sei, wenn einem Würmer aus dem Sumpf das Blut aussaugten? Nein, ganz im Gegenteil, man entwickle in der Stunde eine richtig innige Beziehung zu diesen Tieren und verspüre eine tiefe Dankbarkeit dafür, dass sie einem ihre Enzyme schenkten.

Ich versuchte es lieber noch einmal bei Dr. Kuts, die Prozedur vom ersten Mal wiederholte sich auf fast schon gespenstische Weise erstaunlich exakt. Er erklärte mir genau dasselbe über das menschliche Knie, zählte dieselben Behandlungsschritte auf und fragte auch wieder, was ich von Beruf sei. Wir gingen aber zu Behandlungsschritt 2 über: Er spritzte mir Kortison, worauf die Schmerzen vollständig verschwanden, immerhin für eine ganze Stunde.

Zwei Jahre später brauchte ich neue Einlagen und ging zum Sportarzt um die Ecke, eine unscheinbare Praxis im Prenzlauer Berg. Sie zogen gerade um, weil der Vermieter ihnen nach 24 Jahren kündigte. Die Ärztin sah sich auch mein Knie an. Ich solle mal lockerlassen, sie schob die Kniescheibe hin und her wie einen Hobel. Das sei nicht die Patellasehne, ich hätte einen aufgerauten Knorpel. Und was könne man da machen? Operieren und glätten, aber dazu würde sie nicht raten, stattdessen »immer schön schmieren« durch Bewegung. Könnte man nicht gesunden Knorpel transplantieren?, fragte ich. Von irgendeinem Unfallopfer? Ich könne auch eines beschaffen, Geld spiele keine Rolle. Nein, sagte sie, da könne man nichts machen. Aber noch sechsmal Physiotherapie verschrieb sie mir. Ich war ganz begeistert, weil ich ihr sofort mehr glaubte als Dr. Kuts, sie wirkte erdverbundener. Ich machte einen Termin mit Herrn Schul. Bei ihm hingen Autogrammpostkarten von Fußballprofis und Basketballern in der Praxis. Er sah sich mein Knie an, der Knorpel sei in Ordnung, das sei die Patellasehne. Mit einem Maßband stellte er fest, dass mein linkes Bein inzwischen fast 3 Zentimeter dünner als das rechte war. Das komme daher, dass ich durch den Schmerz die Belastung automatisch reduziere. Aber auch die Kniebandage sei mit schuld, die sei Quatsch. Meine Voltaren-Salbe könne ich auch ans Tischbein schmieren. Und vom Spritzen würde die Sehne irgendwann aussehen wie ein ausgeleierter Autoreifen. Manche Fußballprofis würden nach der Karriere nur noch auf dem Bett liegen und an die

Decke starren, weil sie bei jeder Bewegung Schmerzen hätten. Einer wie Xabi Alonso habe im Training nur noch an den Faszien gearbeitet. Ich könne ruhig Fußball spielen, aber vorher nicht dehnen, das lockere den Muskel, und der solle ja trainiert werden. Stattdessen »den Tonus herstellen«. Ich hatte immer fleißig vor jedem Training gedehnt, oft als Einziger. Lieber solle ich frische Ananas essen wegen der Enzyme, Zucker vermeiden, Übungen mit einem Theraband machen und meinen Harnsäureanteil im Blut prüfen. Auf keinen Fall mit Sport aufhören, denn das linke Bein müsse wieder ans Niveau des rechten herangeführt werden. Im Übrigen freute er sich auf die sechs Behandlungstermine, als er hörte, dass ich Autor war, da würde es viel zu bereden geben. Warum mir denn der Sportarzt in allem etwas ganz anderes gesagt habe? Na, Ärzte seien ja nicht zum Heilen da, das interessiere die gar nicht. Er legte mir Strom an, es kribbelte angenehm, ab und zu fragte er von nebenan, wo er am Computer beschäftigt war, ob alles in Ordnung sei. Gleich am selben Tag ging ich das erste Mal seit zwei Jahren ohne Kniebandage laufen. Ich aß täglich Ananas und machte Übungen mit dem Theraband, ich aß noch weniger Zucker und dehnte nicht mehr vor dem Fußball, sondern stellte den Tonus her. Ich fühlte mich ein bisschen wie der Patient in Brechts Gedicht »Die Krücken«, der sich für lahm hält und vom Arzt behandelt wird, indem dieser ihm seine Krücken »lachend wie ein Ungeheuer« auf dem Rücken zerbricht.

Weil die Schmerzen aber nie ganz verschwanden, wollte ich einen letzten Versuch wagen, ließ in einem Zentrum für Radiologie MRT-Aufnahmen von beiden Knien machen (wofür ich zweimal kommen musste) und ging damit zu einem renommierten Kniespezialisten in Westberlin, in dessen mit Stilmöbeln eingerichteter Praxis von der Größe einer Flughafenlounge gerahmte Trikots geheilter Fußballprofis an den Wänden hingen neben Diplomen des Arztes und Faksimiles seiner auf Englisch verfassten Fachpublikationen. Die Auswahl der Zeitschriften in den Wartebereichen war hervorragend. Ich wurde aber schon nach einer halben Stunde zu Dr. Kvalheim hereingerufen, er entschuldigte sich, dass ich so lange hatte warten müssen. Er guckte sich meine MRT-Aufnahmen an und wusste sofort »Jumpers Knee«. Eine operative Entfernung des nekrosen Gewebes würde 1 bis 2 Wochen Krücken und 3 bis 4 Monate Pause bedeuten. In seltenen Fällen müsse bei Komplikationen während der Operation spontan eine Amputation vorgenommen werden; ich müsste vorher ein paar Unterschriften leisten. (Ein Kollege von mir war seit einer Meniskus-OP Sportinvalide, weil er sich im Krankenhaus mit Bakterien infiziert hatte, die als Bio-Waffe verboten sind.) Ich machte einen OP-Termin in drei Monaten aus und stellte mich innerlich auf eine deprimierende Zeit ohne Sport und an Krücken ein. Eine Woche bevor es so weit war, hatte ich das Gefühl, dass die stechenden Schmerzen, die ich seit über zwei Jahren bei fast jedem Schritt im Knie gespürt hatte, nachließen. Ich überlegte hin und her und rief schließlich in Dr. Kvalheims Praxis an, um die OP abzusagen. Konnte man das als Behandlungserfolg verbuchen?

War ich »zwischen den Rampen spezialisierter Inkompetenz hin- und hergeschoben worden«, wie Manfred Steffny es ausdrückte? Läufer sind medizinische Selbstversorger; es ist Amateuren fast unmöglich, bei Erkrankungen eine sachverständige Behandlung zu bekommen. Mein Arzt müsste zudem mit meinem Bewegungsanalysten, meinem Physiotherapeuten, meinem Schuhfachverkäufer, meinem Trainer, meinem Masseur, meinem Ernährungsberater und meinem Sportpsychologen zusammenarbeiten. Immerhin sind die

Ärzte heute besser als in der Antike und im Mittelalter, ganz zu schweigen von den damaligen Schriftstellern und Philosophen, die sich ebenfalls gern zu gesundheitlichen Fragen geäußert haben. Plinius empfahl Ackerschachtelhalm, um die Milz bei Läufern »zu tilgen«. Marcellus Empiricus, ein römischer Schriftsteller, der um die Wende des 4., 5. Jahrhunderts n. Chr. lebte, riet dazu, sich frische Hundemilz auf die Milz zu legen und sie danach neunfach versiegelt in einer Kapsel in der Wand seines Schlafzimmers einzumauern. (Einem Patienten, der einen Blutsturz erlitten hatte, solle man mit seinem eigenen Blut seinen Namen auf die Stirn schreiben.)

Das Verständnis für physiologische Prozesse, das Aristoteles in »Über naturwissenschaftliche Fragen« an den Tag legt, erinnert mich an die rührenden Monologe meines fünfjährigen Sohns, wenn er mir Naturphänomene erklärt: »Warum ruft der Schnelllauf sowohl beim Menschen als auch bei den übrigen Lebewesen Krankheiten am Kopf hervor? Es scheint doch im Allgemeinen der Lauf die überschüssigen Stoffe gerade nach unten zu ziehen, wie der Spaziergang. Deshalb werden diejenigen, die viel spazieren gehen, auch an den Schenkeln dick, weil sowohl die Nahrung als auch die überschüssigen Stoffe von oben nach unten gehen. Es bewirkt doch wohl zwar die Bewegung dasselbe, doch erwärmt die schnelle Bewegung infolge der Anspannung und der Atemnot den Kopf, bläst die Adern im Kopf auf und macht sie aufnahmefähiger für die von außen wirkenden Kräfte, wie Kälte und Hitze und das, was aus dem Brustkorb kommt. Wenn diese Stoffe (in den Kopf) eindringen, wird diese Stelle notwendigerweise krank.« Könnte man, mit dem Pschyrembel und einer Packung Aspirin ausgerüstet, eine Reise in die Antike unternehmen, wäre einem ein Weltreich sicher.

Leider erlebe ich inzwischen eine neue »Schmerzepisode«, eine hartnäckige Hüftbeugerentzündung, die mich zwar nicht am Laufen hindert, beim Fußball aber bei bestimmten, eigentlich harmlosen Bewegungen den Schmerz jäh einschießen lassen kann. Diesmal ging ich zu Dr. Höckert in Neukölln, er war mir von einem Fußballfreund empfohlen worden. Ich stellte ihn mir wie Manfred Krug in »Liebling Kreuzberg« vor, ein bärbeißiger, aber menschenfreundlicher Armenarzt, der lieber Bedürftigen hilft, als aus seinen Fähigkeiten Profit zu schlagen. Auch bei ihm hingen Kanada-Fotos im Warteraum, dazu alte Urkunden vom Berlin-Marathon. Ich studierte beim Warten ein Schaubild vom gesunden und vom arthritischen Kniegelenk. Hatte ich schon eine »Knorpelglatze«? Dr. Höckert rief mich erstaunlich schnell herein (es war mit den Ärzten wie mit den Kinobesuchen, man konnte vorher nie wissen, wie lange die Werbung dauern würde, weshalb es unmöglich war, sich darauf einzustellen und später zu kommen). Weil ich erwähnte, dass ich ein elektrisches Massagegerät gekauft hatte, um meiner Freundin nicht immer abends den Rücken massieren zu müssen, sagte er: »Praktisch denken, Särge schenken!« Er machte Ultraschallbilder von meinem Oberschenkelmuskelansatz. Der glibberige Silikonquader, den er dafür benutzte, kostete 200 Euro. »Ditt is aber 'n kräftiger hier«, sagte er, und ich war stolz, weil er meine Oberschenkelmuskulatur meinte. Dafür trainiert man! Rechts sah er eine leichte Entzündung. Er erklärte mir die Sache an einem Skelettmodell, was mir etwas schauerlich vorkam, aber es war immer noch besser als das Schnittmodell des Penis auf dem Schreibtisch meines Urologen. Bei seinem Sohn sei er dabei gewesen, als im Spiel die Stelle abriss, sagte Dr. Höckert, der habe geschrien wie am Spieß. Die schmerzende Stelle an meinem linken großen Zeh sei kein Überbein, sondern ein *Hallux valgus*, Spreizfuß; da senke sich der Fuß ab und drücke das so raus, vor allem wenn man zunehme. Manche Frauen ließen sich das operieren. Ich sollte meine Einlagen erneuern und bekam wieder eine Überweisung zur Physiotherapie. Er warnte mich aber: Physiotherapeuten machten die Verletzungen kaputt. Es war seltsam, die Ärzte werteten die Physiotherapeuten ab und die Physiotherapeuten die Ärzte.

Diesmal suchte ich mir einen Physiotherapeuten, der Erfahrungen mit Leistungsturnern hatte. Behandelt wurde ich aber von einem seiner Assistenten, Herrn Schade. Er palpierte mich, ließ sich mein Alter sagen und stellte fest: »Die wartungsfreie Zeit ist vorbei.« Er war mein Jahrgang, 1970, und stammte aus Berlin, vielleicht war ich dem muskulösen Mann mit Glatze, vor dem ich außerhalb dieser Räumlichkeiten Angst gehabt hätte, im Sandkasten begegnet? Er arbeitete an meinem Oberschenkel, ich lag dabei auf dem Rücken und musste den Muskel leicht aktivieren. Die Adduktoren wurden gedehnt, das Knie »festgestellt«. Ich solle Tabata-Training machen, kurzes Auspowern, nur wenige Sekunden, da verbrenne man mehr. Es folgten Übungen mit Gymnastikball, ich lernte eine »Reißhocke«. Am Ende bekam ich eine angenehm warme Fangopackung. Dazu sang Rod Stewart im Radio »Maggy«. Beim nächsten Mal zeigte er mir Übungen mit der Faszienrolle. Ich musste einbeinig auf dem Gummipfropfen »Jumper« stehen und mit der anderen Fußspitze auf den Boden tippen. Ich bekam die Fangopackung diesmal auf den Rücken gelegt, für das vegetative Nervensystem, weil ich erkältet war, dazu lief Status Quo. Es wurde schon deshalb meine beste Physiotherapie, weil Herr Schade tatsächlich jedes Mal etwas an mir machte und weil ich inzwischen gelernt hatte, den Gesprächsstoff so genau zu dosieren, dass er für sechs Termine reichte.

Einlagen trage ich, seit ich Probleme mit einem Fersensporn bekommen hatte, wobei ich damals zunächst dachte, ich hätte einen Stein im Schuh. Der Arzt empfahl mir seinerzeit eine »extrakorporale Stoßwellentherapie« für 1403,66 Euro; das seien Schallwellen, wie bei einem Blitzschlag. Zum Glück hatten mir die Einlagen sofort geholfen. Bevor ich mir nun neue verschreiben lassen wollte, machte ich einen Termin für eine Pedografie im Lauflabor von Herrn Bolotnikow. Er redete auffallend ausführlich mit mir, wie sich herausstellte, hielt er mich für einen Privatpatienten, weil Dr. Höckert mir aus Versehen eine blaue Überweisung geschrieben hatte. Das führte dazu, dass ich eine Stunde lang in einer Mischung aus gutem Latein und eher schlechtem Deutsch belehrt wurde. Ich überproniere, der Fuß knicke ab, in der Mitte sehe er fast aus wie ein Hohlfuß, das täusche aber. Der Fersenabdruck sei stark, aber in Ordnung. Links gebe es eine Schonhaltung, vielleicht wegen des *Hallux valgus*. Dazu hätte ich links im Ansatz einen »Schneiderballen«. Zwei Paar Laufschuhe solle ich immer im Wechsel benutzen, verschiedene Typen, möglichst auch verschiedene Marken. Am besten ein halbes Jahr eines, dann das andere parallel dazu einlaufen. Bei meinen sei das Fersenpolster aufgerieben, die Sohle müsse komplett intakt sein. Beim Hügellauf dürfe man eigentlich anschließend nicht runterlaufen, Scherkräfte, exzentrische Belastung, die Gefahr, dass man »aus der Achse rutscht«. Für die neuromuskuläre Ansteuerung einen Tag lang mal alles rückwärts machen. Ich solle mit den Sporteinlagen 1 bis 2 Tage nur spazieren gehen, aber immer in den Sportschuhen. Seit diesem Jahr heiße es »Weichpolster-Bettungseinlagen, elastisch, langsohlig, nach 2D-Abdruck«. Damit die Kasse ein zweites Paar zahle (»Korkleder-Bettungseinlagen, elastisch, langsohlig, nach 2D-Abdruck«), solle der Arzt schreiben:

»aus hygienischen Gründen«. Ich supiniere (was denn jetzt?), die Ferse knicke leicht weg, das sehe man auch am Abrieb. 26 Newton im Vorfußbereich, leicht erhöht, 20 Newton sei normal. Bei manchen sei alles falsch, und sie hätten trotzdem keine Beschwerden. Ich kaufte ihm spontan eine schwarze Faszienrolle ab (obwohl ich in *Ökotest* gelesen hatte, dass eine Wirkung nicht nachgewiesen sei, dafür aber Schwermetalle im Material). Herr Bolotnikow war auch eher skeptisch, da hätte einfach jemand »Dämmmaterialien übrig gehabt«, deshalb seien die erfunden worden.

Es war Frühling geworden, das Wetter war zu gut, um länger zu Ärzten zu gehen. Ich ging stattdessen laufen, möglichst langsam und nicht mehr jeden Tag. Im Körper hängt alles mit allem zusammen, das hatte ich gelernt. Vielleicht sollte ich meine Weisheitszähne ziehen lassen? Beim Bestellen der Einlagen sank ich diesmal nicht mit den Füßen in blauem Schaumstoff ein, sondern ich musste mich auf eine Glasplatte stellen, die vorher feucht abgewischt wurde. Ich musste an Herrn Schulz denken, den Orthopädietechniker, zu dem wir als Kinder einmal im Jahr gegangen sind, meist in der Vorweihnachtszeit, um für neue Einlagen Abgüsse unserer Füße machen zu lassen. Er kniete vor einem und wickelte einem warme, feuchte Gipsbinden um den Fuß, was sich immer wundervoll anfühlte. Es kitzelte, wenn der hartgewordene Gipsschuh abgezogen wurde. Mit den fertigen Einlagen bekamen wir auch einen Gipsabguss unserer Füße, ich besitze immer noch einen davon, der mir als Fensterstopper dient. Die Einlagen habe ich damals fast nie getragen; es war mir zu unbequem, oder ich vergaß es ständig. Es tut mir heute noch leid, dass sich Herr Schulz die ganze Arbeit umsonst gemacht hatte. Aber der Unterschied zwischen warmeinbalsamierten Füßen und einer kalten Glasplatte, das ist der Fortschritt, und das ist das Erwachsenwerden.

The Schuh must go on!

Donna: »I want to learn how to ski.«
Josh: »Why?«
Donna: »I like the equipment.«
»The West Wing«, Season 1, Episode 10, »In Excelsis Deo«

Es ist jetzt Juni, man möchte bei dem Wetter kaum einen Tag aussetzen; ich merke, dass ich beim Warten an Ampeln schon wieder die Zeit auf meiner Uhr anhalte, um wirklich nur die Netto-Laufzeit zu stoppen, ein Zeichen für wachsenden Ehrgeiz. Aber ich brauche neue Laufschuhe. In den Trainingsbüchern aus der Frühzeit der modernen Leichtathletik werden wenig Worte über die Ausrüstung verloren. Studiert man Fotos aus dieser Zeit, wundert man sich über die Schuhe der Läufer; sie wurden »Rennschuhe« genannt und sehen aus wie dünnsohlige, extrem leichte Ballerinas. Oft waren sie zusätzlich mit einem Riemen am Fußgelenk befestigt, damit sie unterwegs nicht abfielen: »Festen Halt am Fuß für den hinteren Teil des Schuhes gibt ein Spannriemen mit Schnalle. Noch leichter ist für diesen Zweck ein aus dem Gummi von Kraftfahrzeugreifen geschnittener Streifen.

Dieser muss so angenäht werden, dass beim Anziehen der Fußvorderteil nur schwer hindurchgeht und dass er fest anliegt, wenn der Fuß im Schuh sitzt.« (Ottomar Krupski) Undenkbar, dass man solche Schuhe aus modischen Gründen – oder weil sie so bequem waren – auch in der Freizeit getragen hätte. Möglicherweise waren sie aber sogar gesünder für die Füße als unsere modernen Laufschuhe! Wenn deren Bedeutung für die Leistung, die vor allem im lukrativen Marathongeschäft so hochgespielt wird, wirklich so groß wäre, dann müsste man eigentlich von Equipment-Doping sprechen. (Tatsächlich sind heutige Rekorde im Stadion schon wegen der modernen Kunststoffbahnen nicht mit früher zu vergleichen, als man auf Asche, Schlacke oder Rasen lief.)

Meine ersten Laufschuhe waren ein Paar Adidas Marathon, wahrscheinlich damals schon in einer Retro-Edition, was ich sicher gar nicht bemerkt habe, weil mir noch nicht bewusst war, dass mein Geschmack sich längst von der Gegenwart abgekoppelt hatte. Sicher hat mich als vorbildlichen Kunden beim Kauf der Produktname »Marathon« überzeugt, ich wollte mit den Schuhen ja »Dauerlauf« betreiben, um mich auf eine Radtour durch Irland, Frankreich und die Schweiz vorzubereiten. Zu dieser Zeit war es für mich noch unvorstellbar, längere Distanzen als die vom Schulsport gefürchteten 3000 Meter zu laufen, also im Stadion siebeneinhalb Runden. Es schien einleuchtend, wenn immer wieder kolportiert wurde, Fußballprofis hassten im Trainingslager nichts so sehr wie Waldläufe; offenbar war Laufen eine Tortur, selbst für durchtrainierte Sportler. Als ich mich dann die ersten Male selbst wie ein Forschungsreisender weiter hinaus ins Unbekannte wagte, war ich ganz euphorisch, wie viele Runden man durchhalten konnte, ohne tot umzufallen. Mein Antrieb bestand darin, meine

Kondition zu verbessern, um mehr von meinem wöchentlichen Fußballtermin zu haben. Nebenbei versuchte ich, die Zeit zu schaffen, die ich in der Schule für eine 1 über 3000 Meter gebraucht hätte, was wieder einiges über den noch nicht vollständig abgeschlossenen Prozess meiner charakterlichen Reifung aussagt.

Als ich mich Jahre später zum ersten Mal beim Berlin-Marathon anmeldete, las ich in Sachbüchern und Foren, dass man beim Schuhkauf nicht sparen solle, und stand nun in der Sportabteilung eines großen Kaufhauses vor Wänden voller Schuhe, die aussahen wie Sportwagen (inzwischen sehen sie aus wie Raumschiffe) und überlegte, wie viel mir meine Gesundheit wert war; es ging ja immer noch teurer. Ich neigte dazu, japanischen Marken zu vertrauen, wie bei meinem Mountainbike. Es war naheliegend, dass die fleißigen Japaner uns nicht nur im Bereich der Heimelektronik, sondern auch beim Sportequipment überflügelt hatten. Als finanziellen Kompromiss entschied ich mich aber für einen Schuh aus der GT-Serie von Asics (ohne zu ahnen, dass es sich um eine japanische Firma handelte), und dabei blieb es in den folgenden Jahren, da ich unter Optionsparalyse leide und den Entscheidungsprozess bei Anschaffungen ungern ein zweites Mal durchmache. Meine Waschmittelsorte habe ich seit 25 Jahren nicht gewechselt, seit mir einmal eine Mitarbeiterin bei Kaiser's sagte, sie nehme Flüssig-Ariel (neu war für mich damals lediglich, dass es flüssig war, die Vorliebe für die Marke hatte ich, wie die meisten Männer, von meiner Mutter geerbt). Weil ich gelesen hatte, dass man seine Schuhe spätestens nach 1000 Kilometern wechseln sollte, kaufte ich jedes Jahr die neue Version (weil es die alte nicht mehr gab). Was daran eigentlich verbessert worden war, blieb durchaus unklar, nur dass die alten Schuhe, die ich natürlich nicht wegwarf, nach ein paar Jahren ganz von selbst wahnsinnig altmodisch aussahen; es ging ihnen damit nicht anders als mir. Toll fand ich allerdings, dass die Schnürsenkel irgendwann so eine Helixstruktur bekamen, sodass sie sich weniger leicht von selbst öffneten. Wenn man sich einmal mitten in einem persönlichen Weltrekordversuch bücken musste, um seine Schnürsenkel zuzubinden, weiß man das zu schätzen. (Bei meinen DDR-Turnschuhen waren die Schnürsenkelenden zu einem quaderförmigen Stift zusammengeschweißt und mit einer Art Wachs überzogen worden. Bei Feuchtigkeit zerfaserten sie, und es wurde immer schwerer, die Schnürsenkel in die Ösen zu fädeln. Die Schnürsenkelenden westlicher Turnschuhe hatten eine Kunststoffhülle, oder sie waren sogar mit einer metallenen »Pinke« ummantelt. Die Überlegenheit des Kapitalismus manifestierte sich für mich damals in solchen Details.) Die Sohle der Asics enthielt zur Dämpfung Gel, für mich ein Sehnsuchtsbegriff der Achtziger, denn Gel war modern (»Gibt's jetzt auch als Gel!«); es hatte eine perfekte Konsistenz und eine betörend künstliche Farbe (oder es war sogar durchsichtig, die beste Farbe von allen), es sah aus wie von einem anderen Planeten importiert. Wenn es zwei Versionen gibt, dann nimm das Gel, das hatte ich früh verstanden. Luft in den Sohlen kam mir altmodisch vor wie Fahrradreifen; solange man noch nicht auf Sprungfedern laufen konnte, war ich für Gel. Etwa 2008 machte ich dann einmal in einem Sportgeschäft eine Laufbandanalyse und erfuhr, dass ich überpronierte Füße (»Plattfüße«) hatte; ich bekam vom Verkäufer einen New-Balance-Schuh verschrieben. Beim Laufen merkte ich keinen Unterschied, aber ich betrieb damals noch Seilspringen, in der Hoffnung, dadurch leichtfüßiger zu werden, und ab etwa 20 Minuten erhitzten sich bei diesen Schuhen die Sohlen so stark, dass ich nicht mehr weiterspringen konnte. Im nächsten Jahr wechselte ich deshalb wieder zu Asics, wobei ich inzwischen erfahren hatte, dass der Name ein Akronym von *Anima sana in corpore sano* ist. Seltsamerweise reizten mich die Graecum-Schuhe von Nike nie, vielleicht dachte ich, dass man damit nur springen kann und nicht laufen.

Normalerweise interessiert mich beim Kauf eines Produkts die Unternehmensgeschichte nicht, meistens könnte ich nur vage auf das Herkunftsland tippen. Ich gehe immer davon aus, dass sich die Qualitätsunterschiede zwischen den großen Marken im globalen Kapitalismus längst weggemendelt haben und man nur für den Namen bezahlt. Wenn ein Produkt eindeutig besser wäre als ein anderes, warum sollte es dann das andere noch geben? Aber Zeitgeschichte ist auch Produktgeschichte, und so las ich Phil Knights »Shoe Dog«, die Autobiografie des Gründers von Nike, der mittlerweile umsatzstärksten Sportartikelfirma der Welt. Knight erzählt die Geschichte von Nike von 1962 bis 1980, einer Zeit, in der die Verkäufe sich jährlich verdoppelten, die Firma aber trotzdem fast nur aus Schulden bestand, weil man, um die explodierende Nachfrage befriedigen zu können, alle Einnahmen in das Wachstum steckte, anstatt Eigenkapital zurückzulegen. Knight wird nicht müde, den speziellen Spirit der chaotischen, erfolgshungrigen, sportbegeisterten Gründerväter des Unternehmens herauszustellen. (»Gibt es nicht einen Weg, sich so zu fühlen wie ein Spitzensportler, ohne einer zu sein? Die ganze Zeit zu spielen statt zu arbeiten?«) Dabei hätte bei seinen charakterlichen Mängeln eigentlich alles schiefgehen müssen. Er ist schüchtern – im Alter sogar immer mehr –, über Sport zu reden beruhigt ihn, wenn er gestresst ist. Er hat einen Vaterkomplex. Er streift sich Gummibänder über das Handgelenk und lässt sie ständig schnipsen, in Stresssituationen umarmt er sich zwanghaft selbst, und er neigt dazu, einen

Großteil des Tages gedanklich in seine Kindheit abzutauchen. Einige führende Mitarbeiter sind fettleibig und trinken zu viel. Knight leidet später sogar unter einem Burnout. (»Die vielleicht einzige Kur gegen Burn-outs, dachte ich, ist es, einfach noch härter zu arbeiten.«)

Im Rahmen seines Wirtschaftsstudiums hatte Knight eine Arbeit darüber geschrieben, ob die Marktmacht von Adidas in Amerika gebrochen werden könnte, und war zu dem Ergebnis gekommen, dass man dafür ein Qualitätsprodukt und Marketing brauche (tatsächlich?). Er hatte die Idee, japanische Laufschuhe von Onitsuka (aus dem 1977 Asics wurde) zu importieren und in Amerika zu verkaufen. Auf einer Weltreise, die er vor dem Einstieg ins Berufsleben antritt, geht er in Japan bei Onitsuka vorbei und behauptet frech, eine Importfirma zu besitzen: »Sie zeigten mir drei unterschiedliche Tiger-Modelle. Ein Trainingsschuh, den sie ›Limber Up‹ nannten. ›Hübsch‹, sagte ich. Ein Schuh für Hochspringer, der ›Spring Up‹ genannt wurde. ›Großartig‹, sagte ich. Und ein Schuh für Diskuswerfer, den sie ›Throw Up‹ nannten.« Kihachiro Onitsuka, der seine Firma 1949 gegründet hatte, um die Jugend seines Landes nach dem Krieg mit sportlichen Aktivitäten aufzurichten, fertigte die ersten Leisten für Basketballschuhe an, indem er sich heißes Wachs von buddhistischen Kerzen über die Füße goss. Später gelang es ihm, Abebe Bikila davon zu überzeugen, seine Schuhe zu benutzen, anstatt weiter barfuß zu laufen. Ein Sushi-Essen inspirierte ihn zu den Sohlen des Tigers, weil er bemerkt hatte, wie die Tintenfischtentakeln mit ihren Saugnäpfen an der Schüssel klebten.

Sofort fällt mir ein Paar gebrauchte Turnschuhe aus einem Westpaket ein, das ich um 1980 bekommen haben muss. Beim Laufen auf dem Parkettboden unserer neuen Schulturnhalle war es ein Hauptproblem, gut durch die

Kurven zu kommen. Deshalb liefen die meisten barfuß, man spuckte sich auf die Fußsohlen und verrieb sorgfältig den Speichel, die richtige Klebrigkeit zu erreichen war eine Wissenschaft. Diese Präparierung hielt nur wenige Runden, weil die Füße staubig wurden. Unsere Sportlehrer hatten für uns einen speziellen Laufstil entwickelt, wir sollten *mit dem Rücken zur Kurve* rennen, damit uns die Fliehkraft nicht aus der Kurve trug. Meine Westpaket-Laufschuhe waren eine Wunderwaffe, denn die Sohle hatte weiche Gummilamellen mit einem wunderbaren Grip. Ich weiß nicht, von welcher Marke diese Schuhe waren, ich weiß nur, dass meine Füße irgendwann zu groß für sie wurden und ich nur deshalb nicht DDR-Meister im 10-Runden-Hallen-Lauf geworden bin. Auf Knights Weltreise machte er später übrigens auch einen kurzen Abstecher nach Ostberlin, wo wir uns offenbar zufällig begegnet sind: »Ich blieb an der Ecke vom Marx-Engels-Platz stehen. Ich schaute mich um, in alle Richtungen. Nichts. Keine Bäume, keine Läden, kein Leben. [...] Ich sah drei Kinder auf der Straße spielen und ging rüber, um ein Foto zu machen. [...] Werde ich sie jemals vergessen? Oder ihre Schuhe? Sie waren aus Pappe.«

Ein Trumpf von Knight war die Zusammenarbeit mit seinem alten Leichtathletiktrainer Bill Bowerman von der Universität Oregon. Bowerman galt als ausgesprochen harter Coach, der von seinen Läufern verehrt wurde, auch wenn sie sich daran erinnern, wie er, um sie abzuhärten, in der Sauna erschien und ihnen einen heißen Schlüssel auf die Haut presste. Er selbst nannte sich lieber Lehrer, was er eigentlich auch war. Er experimentierte mit neuen Trainingsformen, der Zyklisierung von starker und geringer Belastung. Nachdem die amerikanischen Mittelstreckenläufer durch das Intervalltraining des autoritären Mihály Iglói –

der wegen der Ereignisse um den Volksaufstand in Ungarn, die seine Athleten geschockt hatten, 1956 nach der Olympiade in Melbourne nicht in die Heimat zurückkehrte, sondern mit einigen Läufern nach Amerika auswanderte – wieder in die Weltspitze gefunden hatten, führte Bowerman bei sich in Oregon das aerobe Training des neuseeländischen Trainers Arthur Lydiard ein. Der ließ enorme Strecken im langsamen Tempo laufen, aber arbeitete auch mit Hügelläufen. Bowermans Buch von 1967 über das Joggen wurde ein Millionenseller. Bowerman tüftelte an der Ausrüstung und benutzte dafür neue Materialien, sowohl für die Laufbahn als auch für leichtere Schuhe, von denen er besessen war. Er soll es zum Beispiel mit Kabeljauhaut versucht haben. Polsterung, Material und Konstruktion des oberen Teils von Sportschuhen hatten sich bis 1971 weiterentwickelt, aber seit Jahrzehnten nicht die Außensohle. Das änderte sich, als Bowerman ein Heurekaerlebnis hatte: »Als er mit seiner Frau beim Frühstück saß, fiel Bowermans Blick zufällig auf ihr Waffeleisen. Er betrachtete das gitterförmige Muster des Waffeleisens. [...] Er hatte noch einen Bottich mit Urethan in seiner Garage, der noch von den Arbeiten an der Laufbahn übrig geblieben war.« Das Ergebnis seiner Experimente waren völlig neue Sohlen mit Waffeleisenprofil.

Knights Geschäftstätigkeit begann damit, dass er Onitsuka Tiger (die heute noch populär sind) aus dem Kofferraum heraus verkaufte. Damals war noch nicht daran zu denken, dass einmal im Alltag Turnschuhe getragen werden würden. Überhaupt war Laufen kein Breitensport. »Nicht wenige machten sich einen Spaß daraus, Läufer zu verspotten. Autofahrer fuhren langsam an sie heran, hupten und riefen: ›Nimm doch ein Pferd!‹ Dann zielten sie auch noch mit einer Dose Bier oder Limonade auf sie.« Die Umsätze stiegen stetig, aber man brauchte Geld, um mehr Schuhe zu importieren und eigene Geschäfte zu eröffnen. Leider fand Knight keine Bank, die das Risiko mittragen wollte. Der Chef des freundlichen Bankangestellten, der für seine Kredite zuständig war, sah aus, als hätte er noch nie einen Sportplatz betreten, »höchstens, um das Equipment zu beschlagnahmen«.

Es ist schwer zu sagen, mit wie viel Legendenbildung Knight die entscheidenden Punkte der Firmengeschichte verschleiert oder ausschmückt. Anfang der Siebziger kommt es zur Trennung von Onitsuka. Knight behauptet, Onitsuka habe sich hinter ihrem Rücken nach anderen Vertriebsfirmen für Amerika umgesehen. Onitsuka wirft Knight vor, dass er einen eigenen Schuh produzieren ließ. Knight beklagt sich, dass Onitsukas Lieferungen oft verspätet eintrafen und unvollständig waren. Den Rechtsstreit gewann Knight, damit war Nike geboren, und auffällig ähnliche Schuhe befanden sich auf dem Markt, der Nike Cortez und der Onitsuka Tiger Corsair.

Das Buch endet 1980, also noch vor dem großen Durchbruch mit den jährlich neu gestalteten Air-Jordan-Schuhen, bei denen man das Angebot bewusst knapphielt, ein Verbot der NBA sofort für einen Werbespot ausnutzte und sogar ein Modell ohne Swoosh entwarf. Turnschuhe waren jetzt nicht mehr nur langweilige Laufschuhe von Weißen, sondern mit einer hochgradig codierten Botschaft versehene Identifikationsobjekte unterprivilegierter schwarzer Jugendlicher. Mit Michael Jordan hatte man aufs richtige Pferd gesetzt (zu Gast in seinem Haus stellt Knight erstaunt fest, dass sich dort der Zimmerservice meldet, wenn man das Telefon abhebt). Adidas bekam 1986 unverhofft von Run-D. M. C. Unterstützung, jungen Rappern aus Queens, die einen Song über ihre Adidas Superstar machten: »We make a good team my Adidas and me / We get around together, rhyme forever / And we won't be mad when worn in bad weather.« Sie trugen ihre »Adee-das« ohne Schnürsenkel, aus Solidarität mit Gefängnisinsassen, denen die Schnürsenkel abgenommen werden.

Wie konnte es passieren, dass New Yorker Rapper mit Böse-Buben-Image die Schuhe einer Firma aus dem fernen Herzogenaurach für cool erklärten und die Verkäufe in den USA in die Höhe schnellten? Sie bekamen nachträglich einen Eine-Million-Dollar-Werbevertrag von Adidas, andere Rapper und Hersteller zogen nach. Heute gehören Sportschuhe zum Lifestyle, nur noch ein geringer Prozentsatz wird zum Sporttreiben angeschafft, auch wenn zum Beispiel das Polyurethangranulat von BASF, das Adidas für die Boost-Technologie seiner Sohlen verwendet, angeblich die Energie effizienter speichert und bei jedem Schritt zurückgibt. Bei der nächsten Generation Sportschuhe werden die Sohlen aus dem 3-D-Drucker kommen und individuell angepasst sein. Ich muss zugeben, dass ich im Laden auch nach langem Überlegen immer wieder bei Retromodellen lande oder im Ausland nach alten Marken suche, wie Tisza in Ungarn oder Botas in Tschechien, wenn ich nicht gleich auf einem Markt in Sankt Petersburg für 3 Euro »Admilis« kaufe, einen chinesischen Adidas-Nachbau, bei dem die Größenangabe nicht viel bedeutet. Viele der Schuhe, die seit den späten Achtzigern designt wurden, sehen aus, als hätte man Schildkröten an den Füßen.

Weil ich immer noch neue Schuhe brauche, gehe ich eher spontan in einen kleinen Laufshop, den ich bisher nie beachtet habe. Ich erhoffe mir eine möglichst kleine Auswahl, wie eine gut einreduzierte Soße. Das Design meiner Laufschuhe ist mir vollkommen gleichgültig, sie sollen nur ihren Zweck erfüllen. Der Betreiber des Geschäfts scheint sein Hobby zum Beruf gemacht zu haben, er hat dieses

Weltabgewandte, Asketisch-Federnde, fast schon etwas Zwanghafte von ernsthaften Läufern. Auf der Website des Geschäfts bekommt man Tipps für die richtige Schnürung seiner Schuhe (besserer Fersenhalt) und für Begegnungen mit Wildschweinen. (Gefährlich sind nur die Keiler, deren Zahnreihen gegeneinander reiben, wodurch das Gebiss ständig geschärft wird: »Man erkennt die Keiler schon von Weitem gut an ihrem Pinsel, dem Haarfortsatz ihres Penis.«)

Ich muss in Socken (die zum Glück heute keine Löcher haben) mehrmals durch den Laden gehen. Meinen *Hallux valgus* sieht er gleich, auch mit Socken. Der wird auch als Grund dafür ausgemacht, dass ich bei einem früheren Schuh dachte, die Besätze des Obermaterials seien eine Fehlkonstruktion, weil die Naht an einer Stelle immer drückte. Er untersucht eingehend meine alten Laufschuhe; es würde mich nicht wundern, wenn er in der Lage wäre, aus den Abnutzungsspuren meine Laufstrecke oder Beweise für die Innenwelttheorie abzulesen. Der Abrieb der Sohle in der Mitte des Vorfußes lasse auf Spreizfußbeschwerden schließen. Ich supinierte aber nicht, der Abrieb an der Außenkante des Aufsatzbereichs der Sohle sei normal. Auch überpronieren würde ich nur wenig, trotzdem bringt er mir Schuhe mit Pronationsstütze, ein Paar Brooks aus den USA. Die würden sich auf Laufschuhe konzentrieren, nicht wie andere Firmen.

Wir testen die Schuhe nicht auf dem Laufband, wir gehen stattdessen raus, und er sieht mir beim Laufen auf dem Radweg zu, was mir vor den Gästen des Cafés nebenan natürlich peinlich ist. Es hat Jahre gedauert, bis ich in der Lage war, die 5 Minuten Weg zum Stadion zu laufen, anstatt zur Tarnung das Fahrrad zu nehmen, und wenn ich es nur schob. Es war mir nicht peinlich zu laufen, sondern den Eindruck zu erwecken, ich legte Wert darauf, fit zu sein.

Das ist vielleicht schwer zu verstehen. Dasselbe Problem hatte ich natürlich immer mit Fitnessstudios.

Den einen Arm würde ich nicht hoch genug pendeln lassen, die Wade hinten auch nicht, die Füße etwas unterschiedlich aufsetzen. Die Hüfte knicke leicht ab, und die Schultern seien krumm. Es ist mir peinlich, so viel falsch zu machen, schon um dafür Buße zu tun, kaufe ich die Schuhe. Als typischen Trittbrett-Kauf, wie ich sie meistens in der Euphorie über einen lange aufgeschobenen Kauf tätige, nehme ich ein Paar doppelwandige Laufsocken (»mit Anti-Blasen-System«) und Short Tights von TAO, einer deutschen Firma, die in Europa produziert. Mich überzeugt daran, dass man den Reißverschluss des Täschchens »arretieren« kann.

Zu Hause lese ich mir den Text auf der Brooks-Schuhschachtel durch: »These shoes are overflowing with possibilities«. Die blauen Linien auf der Schachtel und auf dem Einwickelpapier sollen bevorzugte Laufstrecken von Läufern in Seattle darstellen, wo Brooks ansässig ist. Ganz klein sind daneben Gedanken abgedruckt, die uns Läufern angeblich unterwegs durch den Kopf gehen: »Ich hab heute ein Gaspedal unter beiden Füßen!«, »Ich werde das nicht negativen Split nennen, weil es sich so positiv anfühlt!« und »Wo ist ein Dixi-Klo, wenn ich eins brauche?«

Ein Rumäne erfindet den New-York-Marathon

Und die Sonne versendet glühenden Brand,
Und von der unendlichen Mühe
Ermattet sinken die Kniee.
Friedrich Schiller, »Die Bürgschaft«, 1798

Wir sind an der Ostsee, und ich kann jeden Tag entscheiden, ob ich an der Steilküste oder am Bodden laufen will. Auf der Boddenseite geht es zunächst immer geradeaus einen rissigen Asphaltweg auf ein Windrad zu. Hunderte junger Schwalben haben sich auf dem Weg niedergelassen; wenn ich näher komme, fliegen immer die ersten auf, segeln ein Stück im Wind und landen weiter hinten. Einmal trete ich fast auf eine Kröte. Rechts und links des Wegs gibt es Entwässerungsgräben. In einem Betongeviert liegt – wie zu LPG-Zeiten – Mist unter einer Plane, die von Autoreifen beschwert wird. Die Wände dieser Verschläge sehen immer aus wie aus Elementen der Berliner Mauer zusammengesetzt. Auf dem Rückweg am Boddenufer habe ich scharfen Gegenwind, er bläst mich fast um. Der Wind wühlt das graue Boddenwasser auf, Schaumkronen bilden sich. Wenn ich am Steilufer laufe, führt der Weg an Resten einer Geschützstellung aus dem Krieg vorbei; ein Stück ist auch gemulchter Reitweg. Ich muss viele Urlauber auf Mieträdern überholen, weil sie langsamer fahren, als ich laufe, was sich seltsam anfühlt, als gerate die Ordnung der Dinge durcheinander. Ich sehe Kornblumen und Mohn. Auf einem großen Stapel Strohballen spielen Kinder. Ein Mann pflückt mit einer Stehleiter an einer wild wachsenden Hecke Brombeeren. Ein Stück des Wegs ist wegen neuer Abbrüche gesperrt; ich ignoriere das Warnschild, trete aber vorsichtiger auf und hoffe, dass die Küste noch dies eine Mal hält. Der Wind fegt mir Sandkörner in die tränenden Augen. Soll ich mir endlich eine Laufbrille besorgen? Mit »Memory Effect«, sodass sie sich nach Verformungen immer wieder in ihren Ursprungszustand zurückversetzt? Manfred Steffny empfiehlt, täglich mehrfach zu »palmieren«, was die Augen stärke und gegen das Tränen helfe. Dabei stützt man die Ellbogen auf einen Tisch und verdeckt für ein paar Minuten die Augen mit den vorher durch Reiben erwärmten Handflächen. Leidet man unter trockenen Augen, kann man sich einen Wasserfall vorstellen. Ich glaube, ich habe in meiner Schulzeit stundenlang unbewusst »palmiert«. Ich komme an einer »Bewitterungsstation« vorbei, wo Farben im Freien getestet werden, das hat mich schon als Kind fasziniert. Ich wende vor der Terrasse eines Urlaubercafés und schaue dabei dem Volk auf seine Sahnetorten. Zurück laufe ich am Ufer, ich muss über Strandholz klettern, versinke im Kies und balanciere über glatte Steine. Dutzende Vögel nisten in der Bruchkante und sind ständig auf Nahrungssuche unterwegs. Wie finden sie bei der Rückkehr jedes Mal so schnell das Loch wieder, das ihnen gehört? Ich weiß nicht einmal, ob es Schwalben sind. Der Biologe und Ultraläufer Bernd Heinrich teilt uns in seinem Buch »Laufen« immer mit, wenn er beim Joggen Rotschulterstärlinge, Streifenwaldsänger und Weißbürzelstrandläufer gesehen hat. Seine Übersetzer werden sich gefreut haben.

Am nächsten Tag bemerke ich die Katastrophe: Meine Freundin hat meine rote Laufkappe mitgewaschen, an die in zwanzig Jahren nur Schweiß und Regenwasser gekommen sind. Auf der Oberfläche hatte sich schon eine Salzschicht gebildet. Die Schnalle zum Verstellen der Größe ist längst zerbrochen, der Riemen wird von Sicherheitsnadeln gehalten, die ich noch von meinen Laufwettbewerben habe, wo sie immer den Unterlagen mit der zu großen Startnummer beiliegen (ich bilde mir dann jedes Mal ein, etwas von der Startgebühr wieder reinbekommen zu haben). Nach einer Weile rosten die Sicherheitsnadeln durch, und ich brauche neue. (Paula Radcliffe benutzte stets dieselben, Glück bringenden Sicherheitsnadeln für ihre Startnummern.) Die Kappe ist wahrscheinlich mein ältestes Kleidungsstück, das noch in Benutzung ist, und jetzt ist die wertvolle Patina zerstört. Zwanzig Jahre Freuden und Qualen steckten im Zustand dieser Kappe. Ich bin fassungslos über den Verlust, wie konnte das passieren? Meine Freundin hatte sich vor meinem Laufsachenklumpen in der Tüte geekelt, ihn nicht näher untersuchen wollen und deshalb beim Befüllen der Maschine die Kappe nicht bemerkt.

Die Kappe hat mich schon oft gerettet, wenn die Sonne so herunterknallte, dass ich froh war über den Schatten, den der Schirm bot, der ja so etwas wie eine aufs Minimum reduzierte Hutkrempe ist. Zurzeit herrscht solch eine Hitze, dass ich nach dem Laufen manchmal so erschöpft bin und so verschwitzte Hände habe, dass ich hinterher den Deckel der Mineralwasserflasche nur mit Mühe aufbekomme. Ich stelle mir dann vor, ich wäre in der Wüste und würde eine Flasche Spreequell Medium finden, aber meine Hände wären zu schwach, sie aufzuschrauben. Ich müsste sie nur an einem Stein zerschlagen, aber es gibt keinen Stein, nur Sand. Das wäre sicherlich eine dumme Situation. Ich bin immer besonders gerne an heißen Tagen gelaufen, wenn die Sonne knallte. Ich liebe das Gefühl, mich in Schweiß aufzulösen; vielleicht ist das eine Kompensation für die elenden Berliner Winter, die ja manchmal von Oktober bis Anfang Mai dauern. Ich nutze die passive Konvektion, indem ich mein Hemd über den Bauch hochrolle, wie ich es bei männlichen rumänischen Dorfbewohnern im Sommer gesehen habe, nur dass ihre Bäuche dicker waren. Kängurus lecken sich Arme und Brust, Störche lassen Kot an den Beinen runterlaufen, während Bienen zur Kühlung ihren Mageninhalt auswürgen und ihn auf dem Körper verteilen.

Das erinnert mich an ein Erlebnis, bei dem mich meine Sonnen- und Hitzeeuphorie in Tel Aviv einmal dazu verleitet hat, um die Mittagszeit laufen zu gehen. Im Gegensatz zu Spazieren in der Hitze fühlt sich das gut an, schon weil man die passende Kleidung trägt, schwitzen darf und sich aufs Duschen freuen kann. Ich war so begeistert von der kilometerlangen Strandpromenade und der brutalistischen Betonarchitektur, dass ich zu weit lief, nämlich bis nach Jaffa, wo ich sogar noch die Altstadttreppen zum Training nutzte. Der Rückweg wurde dann sehr lang. Es ist etwas völlig anderes, euphorisch ins Unbekannte aufzubrechen, als wieder dorthin zurückzukehren, wo das alte Ich auf einen wartet. Nach dem Lauf aß ich an einem Imbiss ein Hummussandwich, und am Abend wurden wir in eine Fabriketage gefahren, wo die Buchpräsentation einer Anthologie mit Erzählungen von Autoren aus Israel und Deutschland stattfinden sollte – aber mir war schlecht. Die Zuschauer trafen schon ein, der Raum war rasch gefüllt, direkt neben den hinteren Stuhlreihen befand sich die Toilette, deren Tür von innen nicht abgeschlossen werden konnte, und hierhin verschwand ich alle 5 Minuten, um mich zu übergeben und anschließend in den Zuschauerraum zu treten, als wäre nichts gewesen. Es gab Wein und Fingerfood für die Mitwirkenden, aber ich konnte nichts davon anrühren. In meiner Erzählung ging es um die Sammlung israelischer Briefmarken, die mein Großvater besessen hat. Er ärgerte sich immer, wenn seine Frau die Küche lüftete, weil dann seine Marken wegflogen, die er auf dem Küchentisch sortierte. Sie ärgerte sich wiederum über sein Sammelgebiet »Schöne Frauen«. Ich schaffte es irgendwie, die Stunde auf dem Podium durchzuhalten. Damals dachte ich, der Hummus sei schlecht gewesen, aber in Wirklichkeit hatte ich wohl beim Laufen einen Sonnenstich bekommen oder sogar einen Hitzschlag erlitten.

Wenn man im Sommer in den Süden reist, kann es sein, dass man um 5 oder 6 Uhr aufstehen müsste, damit es nicht zu heiß zum Laufen ist, oder man muss bis 23 Uhr warten, was mir natürlich leichter fällt. In Bukarest, wo es am Tag bis zu 40 Grad warm war und auf den Straßen Erste-Hilfe-Zelte für dehydrierte Rentner aufgestellt wurden, bin ich täglich um diese Zeit laufen gegangen, um den hell angestrahlten Palast herum, nach dem Pentagon das zweitgrößte Gebäude der Welt (wobei manche Rumänen behaupten, es sei das größte, wenn man die unter der Erde liegenden Stockwerke mitzähle). Auf dem riesigen Platz vor dem Palastbalkon spielten Männer Fußballtennis und nutzten die Parkplatzmarkierungen als Spielfeld – ein Sport, den ich nirgends so oft beobachtet habe wie in Rumänien. Diese Variante des Fußballs erlaubt es auch älteren, fülligen Männern noch mitzuhalten, weil man sich weniger bewegen muss. Ich lief durch große, verwilderte Parks, in denen nachts immer noch Betrieb herrschte, erstaunlich viele Kinder, die um diese Zeit noch wach waren, fuhren mir auf Dreirädern zwischen die Beine, Roma verkauften kleine Propeller mit LED-Leuchten, die man in den Nachthimmel katapultieren konnte. Die Straßenhunde lagen träge auf den Verkehrsinseln, während sich die Hofhunde in verzweifelter Wut gegen die Blechzäune warfen und kläfften. Anfangs hatte ich natürlich Angst, ausgeraubt oder von Organhändlern entführt zu werden, wie es dem Klischee von Rumänien entspricht, aber es ist mir nichts passiert, ich fühlte mich irgendwann sogar sicherer als in Berlin. Wahrscheinlicher wäre es gewesen, in einen Gully zu stürzen, deren Deckel oft an Altmetallhändler verkauft werden. Beim Laufen hörte ich Radio – ich wollte ja Rumänisch lernen –, und der einzige Sender, auf dem fast immer geredet wurde, war ein Kirchensender. Ich hörte lange orthodoxe Messen und wütende Moralpredigten von Priestern, alles in gutem Rumänisch. Einmal folgte mir ein Straßenhund fast die gesamte Strecke. Ich war damals in Bukarest, um für ein Buch über Rumänien zu recherchieren, und durchstreifte beim Laufen die ganze Stadt. Ich fand in einem Park einen alten Fallschirmspringerturm, ich lief um ein Wasserreservoir, bis eine Hundemeute auf mich zustürzte, ich lief durch Romaviertel, wo mir schnell eine große Kinderschar folgte wie Rocky Balboa.

Aus Rumänien stammte Fred Lebow, der als Fischel Lebowitz 1932 im rumänischen Arad geboren wurde und den New-York-Marathon, wenn nicht erfunden, dann zumindest über zwanzig Jahre vermarktet hat. Die Städtemarathons haben dazu beigetragen, dass das Laufen von einem Hobby für Freaks zu einer Massenbewegung geworden ist (in den Sechzigern wurden Läufer noch verspottet, in den USA konnten sie sogar verhaftet werden, wenn sie im Sommer mit freiem Oberkörper liefen oder wenn ein

Nachbar die Polizei gerufen hatte, weil in der Gegend eine verdächtige Person in kurzen Hosen gesehen worden war). Anfangs waren es nur ein paar Enthusiasten, die sich in der Bronx zum Laufen trafen, was um 1970 schwierig wurde, weil Kinder die Läufer mit Steinen bewarfen und der Verkehr immer mehr zunahm. Dann kam Lebow, ein genialer Manipulator und charmanter Getriebener. Er hatte die Idee, das Laufen in die Öffentlichkeit zu bringen und im Central Park einen Marathon zu veranstalten; das sind ziemlich genau vier Runden (eine Strecke mit überraschend vielen Hügeln). Am ersten Marathon 1970 nahmen 127 Läufer teil, es wirkte eher wie ein Happening.

Der Übergang vom Laufen als Fähigkeit, die das Überleben sichert (Jagen, also eigentlich Energieraub, Fliehen, Nachrichten überbringen), zum Joggen, dem zweckfreien, aufgeklärten Laufen, bei dem das Laufen zum Spiel wird, ist eine anthropologische Revolution. Das moderne Leben hat die meisten von uns vom Zwang der körperlichen Arbeit befreit; beim Joggen feiern wir das, indem wir unseren Körper wieder wahrnehmen. (»Der zivilisierte Mensch spürt seinen Körper nur, wenn er schmerzt. [...] Die Funktionen des Körpers lernt erst der kranke Mensch kennen«, schreibt Manfred Steffny.)

Die Erkenntnis, dass man durch langsamen Dauerlauf seine Grundlagenausdauer verbessert und seine Gesundheit stärkt (und ihr nicht etwa schadet, man dachte zum Beispiel früher, dass Frauen davon Haare auf der Brust wachsen würden), war alles andere als selbstverständlich. Laufen war jahrhundertelang mit Armut verbunden, die laufenden Boten der Adligen waren in den Augen der Bevölkerung sozusagen auf den Status von Pferden gesunken. Man dachte, dass solche Läufer nach wenigen Jahren an Auszehrung sterben mussten.

Eine Theorie besagt, dass der Leichtathletiktrainer Bill Bowerman das langsame Laufen 1962 bei Arthur Lydiard in Neuseeland kennengelernt hatte und nach Amerika brachte, eine andere nennt Ernst van Aaken (»Grundzüge und Theorie einer allgemeinen und chemischen Physiologie der Ausdauerfunktion«) als den Erfinder der Methode (wie Abebe Bikila hatte auch er einen Unfall mit Symbolgehalt; er wurde beim Laufen von einem Auto angefahren und saß viele Jahre im Rollstuhl). Herauszufinden, wer eigentlich der Erste war, der joggend durch die Straßen New Yorks gelaufen ist, dürfte so schwer sein, wie die Ursprünge des Hip-Hop oder von Graffiti zu erforschen. Es muss einen Ersten gegeben haben, und er muss exotisch ausgesehen haben, wie Karl von Drais auf der Fahrt mit seiner Laufmaschine, dem Vorläufer des Fahrrads, durch Mannheim im Jahr 1817.

Der New York Road Runners Club (dessen Vorsitzender Lebow war) hatte am Anfang etwas sympathisch Amateurhaftes; das Plakat des ersten New-York-Marathons war handgeschrieben, die Läufer trugen halb improvisierte, individuelle Laufkleidung, die auf Außenstehende wie Unterwäsche wirkte, man freute sich am ungezwungenen Zusammensein, man genoss es, als Außenseiter Gleichgesinnte zu treffen, und machte sich daran, fröhlich den öffentlichen Raum zurückzuerobern, der im 20. Jahrhundert an den Individualverkehr verloren gegangen ist.

Es ist mir unbegreiflich, mit welcher fatalistischen Selbstverständlichkeit wir es hinnehmen, dass Spazierengehen in unseren Städten zum Wildwechsel geworden ist, für den wir uns geduldig an Bettelampeln anstellen und Autoabgase einatmen. Teilnehmer von Städtemarathons sehen die Stadt auf eine Art, die nur einmal im Jahr möglich ist, weil die Straßen für sie gesperrt werden, und sie werden dabei auch noch angefeuert (in New York offiziell von zwei Millionen Menschen).

Als die Teilnehmerzahl wuchs und es schwierig wurde, die Runden zu zählen, schaffte es Lebow, den Marathon durch alle fünf Boroughs führen zu lassen, über mehrere kilometerlange Brücken. Das war gar nicht so selbstverständlich, weil New York damals eine Hochphase der Kriminalität erlebte und die Strecke auch durch Viertel führen sollte, aus denen sich der Staat praktisch zurückgezogen hatte. Lebow musste sich hier und da mit Gangs einigen, die ihren »Turf« verteidigten, also ihr Territorium. Lebow schenkte den jungen Menschen T-Shirts und Käppis und setzte sie als Streckenposten ein, was wunderbar funktionierte. Durch den Lauf wurde eine Art urbane Renaissance eingeleitet, nachbarschaftliches Engagement führte zur Identifikation mit dem Wohngebiet. Über zwanzig Jahre wuchs der New-York-Marathon unter Lebows Leitung fast exponentiell. Lebow engagierte Laufstars, suchte Sponsoren, verhandelte mit der Stadt, die mitverdienen wollte. In zahlreichen anderen Städten wurden Marathons begründet, ein Konkurrenzkampf um dieses Geschäft entbrannte. Im Nachhinein erscheint es unglaublich, dass die Idee, seine Stadt durch eine Laufveranstaltung zu promoten, anfangs so schwer durchzusetzen war.

Lebow stammte aus einer jüdischen Familie, er war eines von sieben Kindern; irgendwie hatte man die Nazizeit überstanden, aber nach dem Krieg wollte ihn die Familie mit einem seiner älteren Brüder nach Israel schicken. Sie blieben in der Tschechoslowakei hängen, gleich die erste Trennung von der Familie dauerte viele Jahre. In Amerika ging er in die Bekleidungsindustrie (er ließ teure Mode billig nachnähen) und war ein kluberfahrener Lebemann, der Projekte liebte. Eine Freundin hat ihm einmal seine

Koffer vor die Tür gestellt, weil er am Silvesterabend laufen gegangen war (da er sein Jahresziel von 2500 Meilen noch nicht geschafft hatte). Das erinnert mich an einen schlimmen Streit mit einer Freundin, wir waren noch nicht lange zusammen. Um sie zu besuchen, musste ich fliegen, und einmal stellte sich bei meiner Ankunft heraus, dass sie erkältet war. Ich hatte ein halbes Jahr verbissen für den Berlin-Marathon trainiert, wenn ich mir zwei Wochen vorher einen Schnupfen holte, wäre die ganze Mühe umsonst gewesen. Deshalb zögerte ich, sie zu küssen, was sie mir äußerst übel nahm.

Noch zu DDR-Zeiten erschien »Meilenweit bis Marathon«, zur Hälfte eine Biografie und Erläuterung der Trainingsmethodik von Waldemar Cierpinski und zur Hälfte eine sehr gut recherchierte Geschichte des Marathons; unter anderem gibt es einen Besuch bei den Nachkommen von Spiridon Louis, des ersten olympischen Marathonsiegers der Neuzeit, den der Pope nach dem Lauf in seinem Dorf mit Weihrauch empfing, weil er davon ausging, dass er die Anstrengung kaum überleben würde. Waldemar Cierpinski – der Mann mit den markanten Koteletten, der beim olympischen Marathon 1976 in Montreal den großen Favoriten Frank Shorter besiegt hat und auch 1980 in Moskau siegte (er hat übrigens, worum ich ihn beneide, sein Studium mit einer Diplomarbeit über sein eigenes Training abgeschlossen) – verrät im Buch einige sehr praxisnahe Lauftipps. Es gibt aber auch Passagen, die nur aus dem historischen Kontext heraus verstanden werden können, denn natürlich hatte das Buch offensichtlich auch eine propagandistische Funktion, Erfolge im Sport sollten die Überlegenheit des Sozialismus beweisen. Auch der Name Fred Lebow taucht im Buch auf, da er Cierpinski im Dezember 1976 nach dem Fukuoka-Marathon angesprochen hatte, um ihn für New York zu engagieren: »Ich sagte Lebow, dass ich ein glücklicher Familienvater bin, in Halle eine normale Mietwohnung habe und einen Kleinwagen ›Trabant‹ fahre. Dass meine Frau Lehrerin ist, ich eines Tages Absolvent einer Sportschule sein werde – und all das mich rundherum zufriedenstellt. Fred Lebow wollte mir meine Meinung nicht abnehmen, dass das Geld den Charakter verdirbt. Ich antwortete ihm, wer materielle Werte als Motivation hat, der wird früher oder später am Ende sein.«

Das Pathos des Amateurgedankens, das hier durchklingt (hätte er auf sein Startgeld nicht verzichten oder es spenden können?), hat eine längere Geschichte. Wettläufe hat es in der Menschheitsgeschichte immer gegeben, ob sie nun rituellen Charakter hatten, man unterwegs Kartoffeln aufsammelte oder ob ein eingeöltes Schwein eingefangen werden musste. Captain Barclay, einer der berühmtesten Pedestrians, war 1809 1000 Meilen in 1000 Stunden gegangen (anschließend ließ er sich nach 8 Stunden Schlaf wecken aus Angst, vor Erschöpfung nicht mehr aufzuwachen). Im 19. Jahrhundert, aber auch noch im frühen 20. Jahrhundert blühte das Laufen und Dauergehen in England und später in den USA als Profisport auf. Die Läufer trugen so großartige Kampfnamen wie William »Der Amerikanische Hirsch« Howitt, William »Krähenfänger« Lang, Edward »Der gewitzte Wackler« Weston (er wurde mit 88 Jahren von einem Taxi angefahren). Die manchmal über Tage gehenden Wettläufe vor großem Publikum – für Sprintrennen zahlten Veranstalter weniger, da sie schneller vorbei waren; überhaupt kam das Interesse an kürzeren Strecken erst mit den verbesserten Möglichkeiten der Zeitnahme auf – waren, wie der Name schon sagt, mit Wetten verbunden. (Bei diesen Läufen konnte es dazu kommen, dass die Athleten mit Chloroform attackiert wurden, man sich mit Nussschalen in den Schuhen wach hielt und ein Läufer sich von einem Arzt mit einem »Scarificator« auf Knopfdruck gleichzeitig sechzehn zentimetertiefe Wunden in jeden Oberschenkel schneiden ließ, um diese zu lockern.) Für das Publikum aus den ärmeren Schichten kamen sie einem erschwinglichen Unterhaltungsangebot gleich. Von diesen volkstümlichen Vergnügen, die mit Radau, Glücksspiel und Betrugsversuchen verbunden waren, grenzte sich die olympische Bewegung mit ihrem Amateurideal von Anfang an ab. Der Status wurde streng überwacht, Athleten wurden aufgrund von Kleinigkeiten zu Profis erklärt, man durfte nicht einmal als Sportlehrer arbeiten. Getrennte Rekordlisten wurden geführt. Ein Ausweg für die Sportler lag darin, sich von großen Firmen sponsern zu lassen, für Colleges zu laufen oder zur Armee zu gehen. (Die ersten international bekannten kenianischen Läufer standen oft im Dienst der Armee, der Polizei oder der Gefängnisbehörde.)

1990 wurde bei Lebow ein Hirntumor operiert; 1992 nahm er, sichtlich von der Krankheit gezeichnet, zum ersten Mal selbst an seinem Marathon teil, bisher hatte er das als Organisator (außer in den ersten beiden Jahren) nicht gekonnt. Hand in Hand mit der Norwegerin Grete Waitz, die den New-York-Marathon in den Achtzigern neunmal gewonnen hatte, lief er nach 5:32 durchs Ziel und küsste den Asphalt. Die Zuschauer waren begeistert von dieser Leistung mit großer Symbolwirkung. Zwei Jahre später starb Lebow. Tragischerweise ist auch Grete Waitz Jahre später an Krebs gestorben. Ernst van Aaken vertrat zwar vehement die Auffassung, man könne durch Laufen nach seiner Methode den Krebs besiegen, aber damit lag er leider ziemlich falsch. Eine Statue Lebows wird jedes Jahr anlässlich des Marathons von der Ostseite des Central Parks zur Westseite an die Ziellinie getragen.

Ich habe immer davon geträumt, im Central Park zu laufen, und das im August und September 2001, als ich in New York für einen Roman recherchierte, auch täglich getan. Ich fuhr mit dem Fahrstuhl ins Parterre meines Hochhauses, grüßte den Türsteher, der mich immer »Mr. Schumacher« nannte, weil er meinen Namen falsch verstanden hatte, und lief ein paar Straßen bis zum Central Park. Aus Berlin war ich es noch nicht gewöhnt, durch die Straßen zu joggen, es war so wenig üblich wie Coffee to go; es wäre mir sehr peinlich gewesen. Inzwischen ist mir Laufen weniger peinlich als Gehen, mit dem ich immer noch Schwierigkeiten habe, wenn ich dabei beobachtet werde. Es gibt keinen korrekten »Gehstil«, den man trainieren könnte. In der Jugend war es für mich eine fast nicht zu bewältigende Aufgabe, lässig zu gehen, weil ich natürlich ständig darauf achtete, ob ich lässig ging. (Im Taoismus nennt man das, worum ich mich bemühte »Wu wei«, wenn zur richtigen Zeit ohne Anstrengung des Willens die richtige Handlung hervortritt.) Ich konnte von einer Sekunde auf die andere das Gehen verlernen. Ich versuchte, die Fußspitzen nach innen zu richten und zu supinieren wie John Wayne in seinen Stiefeln, ich ging o-beinig wie Pierre Littbarski, ich schlenderte lässig federnd wie Samuel L. Jackson. Am wohlsten fühlte ich mich noch, wenn ich mich beim Breaken in eine Maschine verwandelte. Was für ein überhaupt nicht selbstverständlicher Vorgang das Gehen ist, sieht man am unbeholfenen, unharmonischen Bewegungsablauf von Robotern, denen Wissenschaftler beigebracht haben zu gehen. Franz Stampfl schreibt: »Sogar die simple Bewegung des Gehens erscheint beängstigend komplex, sobald sie im Detail beschrieben wird, und jeder, der versuchen sollte, sie auf diese Weise zu lernen, würde unweigerlich einen schwerfälligen und unnatürlichen Gang annehmen.«

In New York fühlte es sich herrlich selbstverständlich an, in Sportkleidung durch die Straßen zu joggen; man hätte mich dort allerdings auch nicht weiter beachtet, wenn ich mich als Schlaubi Schlumpf verkleidet hätte. Im Central Park schloss ich mich einem endlosen Strom von Joggern an, die diesen Ort seit Jahrzehnten umkurvten, als dienten sie einem geheimen Kult. Hinterher kaufte ich mir am Kiosk eine Flasche Wasser mit Fruchtgeschmack und ohne Inhaltsstoffe, so etwas gab es damals bei uns noch nicht. Dazu nahm ich eine kiloschwere *New York Times* mit nach Hause. Manchmal wartete ich wegen der Hitze auch bis zur Dunkelheit, um zu laufen; in der Nordkurve des Central Parks war ich dann manchmal ziemlich allein. Einmal räusperte ich mich so lautstark und spuckte, dass ein Polizist, der hier im Dunkeln gestanden hatte, mich ermahnte. Ich befand mich in der Endphase der Vorbereitung auf meinen ersten Berlin-Marathon und hatte eine Roman-Deadline, an Arbeit war aber nach dem 11. September nicht mehr zu denken. Ich hatte inzwischen umziehen müssen und wohnte in einem Gebäude der Columbia University, in einem winzigen Atelier; die Chipkarte, mit der sich die Tür öffnen ließ, hatte mir eine Bekannte in Berlin gegeben, die für die Dauer eines Stipendiums in diesem Atelier arbeiten durfte und ein paar Wochen abwesend war. Ich hatte nur übergangsweise hier schlafen wollen – meine Anwesenheit sollte möglichst niemandem auffallen –, aber nun fand ich keine andere Unterkunft mehr, alle YMCAs waren überfüllt. Der Raum quoll über von zugeschnittenem Styropor und Papierresten, Materialien, aus denen meine Bekannte das Neubaugebiet, in dem sie aufgewachsen war, als Schwanensee-Bühnenbild nachbaute. Vor meiner Tür befand sich ein großer Tisch, an dem die anderen Studenten sich tagsüber ausbreiteten. Einer arbeitete die halbe Nacht mit einem

Schleifgerät und übertönte den Lärm mit Rockmusik. Dann verschwand er, nachdem er ein gigantisches, lärmendes Gebläse über ein Ölbild gehängt hatte, um es bis zum nächsten Tag trocknen zu lassen. Ich fuhr täglich zum Büro von Air France in der Hoffnung, dass wieder Flüge gingen, das Büro blieb aber geschlossen. Ich hatte natürlich auch kein Badezimmer, ich wusch mich nach dem Laufen in einem Waschbecken auf dem Unisexklo, ohne die Tür abschließen zu können. Einmal lief ich abends im Central Park, während die New Yorker eine Lichterkette mit Kerzen machten; es erinnerte mich an Ostberlin im Herbst 1989.

Genusslaufen oder Verdrusslaufen?

Ein Mann braucht die Vergleiche, so will es die Natur!
Wir sind kräftemessend den Ahnen auf der Spur.
Rummelsnuff, »Pumper«, 2010

Wenn ich Ernst van Aaken (»Dauerbewegung als Voraussetzung der Gesundheit«) glauben darf, sollte ich beim Joggen, um positive Effekte für meine Gesundheit zu erzielen, nie so schnell laufen, dass ich außer Atem komme. Dieser eigenwillige Arzt aus der westdeutschen Provinz hat bis an sein Lebensende um die Anerkennung dafür gekämpft, dass er »die Methode des langsamen Laufens« in Deutschland schon eingeführt habe, lange bevor Jogging als Mode aus Amerika die Welt eroberte. Sein »Waldnieler Dauerlauftraining«, das er seit den späten Vierzigerjahren propagierte, bedeutete im Wesentlichen, regelmäßig, lang und vor allem langsam zu laufen (LSD-Methode: »Long Slow Distance«). Der wichtigste Effekt dabei war für van Aaken die Sauerstoffversorgung des Körpers. Sein Hauptfeind war das damals im Profibereich übliche Intervalltraining Freiburger Prägung von Woldemar Gerschler, mit dem dieser in den Dreißigerjahren Rudolf Harbig zu Mittelstreckenweltrekorden geführt hatte. Auch Emil Zátopek trainierte Intervalle, bis zu 100-mal 400 Meter hintereinander. (Außerdem lief er manchmal mit seiner Frau, einer Speerwerferin, huckepack.) Die Namen der beiden Kontrahenten: »Dr. van Aaken« und »Woldemar Gerschler« klingen, als wären es zwei Bösewichte, die in einem James-Bond-Film um die Weltherrschaft kämpfen.

Leider neige ich zum Überpacen, wie Jason Statham in »Crank«, dem ein sogenannter Beijing-Cocktail injiziert wurde, ein Gemisch aus irreversiblen Betablockern, sodass er sofort sterben würde, wenn sein Adrenalinspiegel sinkt. Selbst wenn ich mir einen regenerativen Genusslauf vornehme (manche Quellen sagen, dass es so etwas nicht geben kann, weil Laufen immer eine Belastung für den Bewegungsapparat darstellt und Mikroverletzungen in der Muskulatur auftreten), laufe ich am Ende oft doch wieder gegen die Uhr, sobald ich die Möglichkeit erkenne, mit der am Anfang gesparten Kraft eine gute Zeit zu schaffen. Wie Ijon Tichy in Stanisław Lems »Sterntagebüchern« auf seiner siebten Reise in eine Zeitschleife gerät und in seinem Raumschiff immer mehr Inkarnationen seiner selbst aus Vergangenheit und Zukunft begrüßt, wächst mit jedem Lauf das Feld von früheren Ichs, gegen die ich antrete. Manche haben einen uneinholbaren Vorsprung, anderen laufe ich in einem Pulk davon, denn ich bin noch nicht bereit, mich beim Wettlauf mit meinen früheren Versionen mit dem letzten Platz abzufinden. Der Kampf um Sekunden bei übertourigem Tempo hat mir oft Freude gemacht; es war ein gutes Gefühl, über seine Schmerzgrenze zu gehen. Vielleicht besteht hier ein Zusammenhang zu der Tatsache, dass ich auch mein Essen viel zu schnell zu mir nehme, was ich mir einfach nicht abgewöhnen kann? (Kafka glaubte an die vom amerikanischen Ernährungsreformer Horace Fletcher empfohlene Technik, sein Essen vor dem Schlucken zu einem flüssigen Brei zu zerkauen. Auch Suppe musste lange gekaut werden. Bei Kuraufenthalten setzte sich Kafka abseits, weil er die anderen Kurgäste mit seinem »Fletchern« nicht stören wollte.) Auch beim Fahrradfahren in der Stadt würde ich mich weniger über andere, die zu langsam fahren, ärgern, wenn ich es nicht immer so eilig hätte (wobei ich dann vielleicht selbst zum Ärgernis für andere werden würde). Zu lernen, *langsam* zu laufen, könnte ein Einschnitt sein, der eine charakterliche Wandlung voraussetzt. Wenn es mehr Menschen gelingen würde, hätte das vielleicht sogar gesellschaftliche Konsequenzen.

Ich kann nicht behaupten, mich dank Lauftraining irgendwann dauerhaft gesünder gefühlt zu haben; mein Eindruck war eher, dass ich mich trotz passender Kleidung im Winter nur umso häufiger erkältete. (Ottomar Krupski behauptet 1927, für die Abhärtung leiste »namentlich der Wald- und Querfeldeinlauf gute Dienste. Wer ihn regelmäßig betreibt, auch im Winter, erkältet sich nie.«) Aber ich habe natürlich keine Gegenprobe. (Wenn ich einen eineiigen Zwilling hätte, könnte man testen, wie es ihm gesundheitlich bekommt, nach van Aaken zu trainieren anstatt nach Gerschler, oder auf Gluten zu verzichten wie Novak Đoković.) Vielleicht bin ich jahrelang »falsch« gelaufen? (Es fällt schwer zu glauben, dass man etwas so Natürliches wie Laufen dauerhaft falsch machen kann.) Vielleicht habe ich weder mein Immunsystem gestärkt noch Fett abgebaut, geschweige denn Endorphine ausgeschüttet? (Woran ich aber sowieso nicht glaube. Wenn Populärwissenschaftler mich damit beeindrucken wollen, unser Gefühlsleben und unsere soziale Dynamik mit Biochemie und Hirnanatomie zu erklären, stelle ich mich gerne dumm.) Ich habe lange versucht, meine 10-Kilometer-Zeit zu verbessern, einfach indem ich als Höhepunkt der Trainingswoche möglichst schnell 10 Kilometer gerannt bin. Weil ich dabei an Grenzen stieß, habe ich mit einer Art Intervalltraining experimentiert, was noch schnelleres Laufen bedeutete. Ich hatte vom Felix-Magath-Test gelesen, den er seinen Spielern abverlangt: 10-mal 800 Meter unter 3 Minuten mit einer Runde Traben dazwischen. So ging das jedes Jahr bis zum Herbst, wenn die erste Erkältung kam und die Temposaison beendet oder die Luft zu kalt für schnelles Atmen wurde. Ich wäre gerne einmal unter 40 Minuten gekommen, es ist mir nie gelungen (und für den Weltrekord müsste ich fast doppelt so schnell sein). Wahrscheinlich bin ich gar nicht für meine Gesundheit gelaufen, für den Gedanken war ich noch zu jung. Wofür dann? Um abzunehmen? Eher wollte ich abnehmen, um schneller zu laufen. (Ich trank deshalb sogar 2 Jahre keinen Alkohol.) Um mir durch eine Leistungssteigerung vorgaukeln zu können, dass ich im letzten Jahr nicht älter geworden bin? Es war tatsächlich immer ein gutes Gefühl zu sehen, dass man fitter war als die Schüler einer Schulklasse, die sich im Stadion vor einer Leistungskontrolle oder bei einem Sportfest zwei Runden einlaufen sollten und schon dabei Gehpausen einlegten; manche kauerten sich auch hinter die Hochsprunganlage und hofften, dort vom Lehrer nicht gesehen zu werden. Pubertierende Jugendliche mögen in der Regel keinen Dauerlauf, während der Körper von Kindern nach van Aaken physiologisch dafür prädestiniert ist. Vielleicht hätte der Sportlehrer Rousseau lesen sollen. In seinem Erziehungsroman »Émile«, in dem Rousseau beschreibt, wie ein adliges Kind zu einem guten Menschen herangebildet werden könnte, bringt er dieses Kind zum Laufen, indem er beim Spazierengehen Wettrennen veranstaltet, bei denen ein Stück Kuchen der

Siegerpreis ist. Die Jugendlichen erwärmen sich im Übrigen auch nie, während ich vor dem Laufen meine Glieder klug erschüttere wie die Läufer, die Statius im 1. Jahrhundert n. Chr. beschreibt: »Drauf prüft und versucht man der Schritte / Raschheit, wie es der Sitte gemäß, und in mancherlei Weise / reizt man den trägeren Leib durch kluges Erschüttern der Glieder. / Nieder ins Knie bald senken sie sich, bald schlagen sie kräftig / gegen die schlüpfrige Brust, bald regen sie feurig die Schenkel / um nach kurzem Versuch dann jählings wieder zu halten.«

Ich frage mich natürlich, ob ich mich im Alter damit motivieren können werde, den körperlichen Verfall durch Sport im günstigsten Fall zu verlangsamen, anstatt mich noch zu verbessern? Man muss lernen, die Motivation aus der Freude an der Sache zu ziehen und nicht aus der Hoffnung auf Belohnung durch sich oder andere. (»Eines der ersten Dinge, die ich beim Laufen gelernt habe, war die Sinnlosigkeit von Leistung«, schreibt der Philosoph Mark Rowlands in »Der Läufer und der Wolf«.)

Zum Glück habe ich irgendwann einen anderen Typ Lauf für mich entdeckt, vor allem auf Reisen. Es ist eine Art urbaner Orientierungslauf, ich würde es spontan »Urban Trailrunning« nennen, wenn ich nicht gelesen hätte, dass es den Begriff bereits gibt. Weil es mich ärgert, dass ich beim Spazierengehen zu geringe Distanzen hinter mich bringe – die Welt ist viel zu groß, um sich damit zufriedenzugeben – und vom Wetter abhängig bin, weil ich nicht gerne in Alltagskleidung schwitze, weil es kaum bequemere Schuhe als Laufschuhe gibt (im Grunde ist jeder moderne Laufschuh ein orthopädischer Schuh, wenn nicht sogar eine Prothese) und weil ich ja sowieso laufen gehe und es sich anbietet, die Zeit zu nutzen, um etwas von der Stadt oder Gegend zu sehen, habe ich meine Scham irgendwann überwunden und bin in fremden Städten gelaufen, mit dem Fotoapparat in der Hand. Anfangs habe ich mir Parks gesucht oder Flussläufe (was in Osteuropa und Asien manchmal schiefging, weil dort an Flüssen der meiste Müll lag und das Wasser nicht selten fürchterlich stank). Erst viel später habe ich bemerkt, dass man zum Laufen gar keine Natur braucht; lange Magistralen, möglichst kreuzungsfrei und mit Unterführungen oder spektakulären Fußgängerbrücken, Industriegebiete, Hafenanlagen, Friedhöfe, Stadtwälle eignen sich genauso. Es lenkt einen von der Anstrengung ab, wenn es etwas zu sehen gibt: Architektur, kubistische Fabriken und Kraftwerke, Silos, Großbaustellen oder misslungene Skulpturen. Wenn ich keine Karte habe oder der Kartenausschnitt, den man am Hotelempfang vom Abreißblock bekommt, wieder viel zu klein ist, reiße ich mir den Stadtplan aus dem Branchenbuch, das manchmal auf dem Zimmer in einer Schublade neben der Gideon-Bibel liegt, den tue ich in eine Klarsichthülle und stecke ihn hinten in die Laufhose. Aber ich gucke unterwegs meistens gar nicht drauf, weil es viel reizvoller sein kann, sich ein bisschen zu verlaufen, und weil ich damit beschäftigt bin, den Boden nach Gelegenheiten abzusuchen, ein paar Schritte auf weicherem Untergrund zu laufen.

Ich bilde mir ein, dass man als Läufer verkleidet – ähnlich wie wenn man in einer Manduka ein Baby herumträgt – eine gewisse Narrenfreiheit genießt, wenn man in halböffentlichen Räumen auftaucht, Parlaments- oder Museumstreppen hochrennt, die Abkürzung durch den Parterrebereich einer Mall nimmt oder ein Stück auf der Straße läuft, weil einem der Bürgersteig zu eng oder zu voll ist. Meine Vision ist, dass Läufer auf der ganzen Welt die Straßen zurückerobern, und das nicht nur bei Städtemarathons. Der Wiener Professor für Verkehrsplanung Hermann Knoflacher hat 1975 ein »Gehzeug« erfunden, das sich Fußgänger umhängen können und mit dem sie den Platz eines Automobils einnehmen, was nur dem absurd vorkommt, der die heute im Straßenverkehr übliche, ungerechte Verteilung der Ressource Raum nicht absurd findet. Für Jogger könnte es entsprechend ein »Laufzeug« geben; darin könnte man auf der Straße joggen, wenn der Bürgersteig zu voll ist – wie ich es an einigen Stellen in meiner Gegend schon mache, weil dort Streugutkisten, Trafohäuschen, Mietfahrräder, Zwillings-Kinderwagen und Touristenschlangen vor den Eisläden kein Durchkommen mehr erlauben. Läufer und Radfahrer sind die Avantgarde eines urbanen Bewusstseinswandels. Das ist auch eine Erklärung für die Aggressionen, die sie bei manchen Autofahrern hervorrufen, die eine Gefahr für ihre Privilegien wittern und wütend hupen, wenn man mit dem Rad auf der Straße fährt, anstatt die mit glitschigem Laub bedeckte Radweg-Buckelpiste zu benutzen, die nach Silvester tagelang nicht von Scherben gereinigt wird, oder wenn man in der Tempo-30-Zone auf der Straße läuft, weil der Bürgersteig überfüllt ist.

Wenn jemand sich an einem stört, ist man als Läufer ja schnell wieder weg. Wenn ich laufe, lasse ich mir nicht von »Querungsanlagen mit Sprunginsel« vorschreiben, wo ich eine Straße überquere, und nehme auch keine Rücksicht auf rote Ampeln (außer natürlich, wenn dort Kinder stehen). Wenn ich doch an einer Ampel warten muss, nutze ich die Zeit zum Dehnen des Zwillingswadenmuskels, wobei ich immer Angst habe, den Ampelmast umzukippen. In Erfurt hat mich einmal am Sonntagmorgen gegen 9 Uhr – es war kein Mensch auf der Straße und es fuhr kein einziges Auto – eine Frau, als ich an einer Ampel bei Rot über die Straße joggte, aufgeklärt: »Ist rot!« Manche Menschen quält es, wenn andere sich nicht an die Regeln halten, auch wenn sie sinnlos sind. Das Krabbenkorb-Prinzip: Die Krabben könnten aus dem Korb entkommen, ziehen sich aber stattdessen gegenseitig wieder rein, wenn eine abzuhauen versucht.

Es ist jetzt Ende August, und ich bin auf Einladung des Goethe-Instituts für zwei Wochen in Helsinki. Hier hat sich mein urbanes Laufen wieder bewährt; die Stadt ist wie gemacht fürs Joggen, es gibt Rundstrecken um Binnengewässer, große Parks und viele steile Hügel – eigentlich sind es Felsen –, die hier und da den Asphalt durchbrechen; man kann sich kaum beherrschen, sie nicht alle hochzuklettern und zu jodeln. Vor allem gibt es viel Küste, Strände mitten in der Stadt und ausgedehnte Hafenanlagen mit weit in die Bucht ragenden Molen. Am Ende einer davon habe ich eine öffentliche Saunahütte entdeckt; man heizt mit herumliegendem Bauholz und kann zwischen den Gängen ins Wasser springen. Ich umrunde in Helsinki jeden Tag andere Halbinseln. Manchmal ist man plötzlich ganz allein, leise plätschern die Wellen der Ostsee ans Ufer. Eine Insel dient als Freiluftmuseum für wunderschöne, historische Holzhäuser, auf einer befindet sich ein stiller Friedhof, auf einer anderen der Zoo, wo ich ein Faultier beobacht habe, dessen subversive Überlebensstrategie, sich wenig und langsam zu bewegen, um Energie zu sparen, anstatt wie unsere Vorfahren die Bäume zu verlassen, um zu jagen und gejagt zu werden, vielen Menschen heute so sympathisch ist, dass seine Popularität schon die des Einhorns übertrifft, dicht gefolgt vom Blobfisch, der kaum Muskelgewebe hat, weil das nur Energie kosten würde.

Es gibt auch einen Park in der Stadt, der den Charakter eines Walds hat. Die halbe Stadt scheint hier zu joggen, und ich laufe eine Weile hinter einem jungen Mann mit Kinderwagen, der in meinem Tempo läuft. (Werden mich irgendwann Spaziergänger überholen?) Ich biege ab und laufe über einen großen Felsen, wie über den Rücken eines schlafenden Dinosauriers. Waldläufe schulen die Koordination. Auch wenn Otto Peltzer zum Waldlauf in seinem Trainingsbuch eine andere Meinung äußerte: »Weicher Boden verdirbt den Schritt, indem er ihm die Elastizität nimmt.« (Es ist erstaunlich, zu welchen Leistungen Athleten in früheren Zeiten fähig waren, obwohl sie in so gut wie allen technischen Fragen vollkommen falsch lagen und die Trainingslehre eher auf Gerüchten basierte. Sie waren Naturtalente und Bewegungsgenies.) Bei Lasse Virén (der schon 1971 in Kenia trainiert hat) konnte man beobachten, dass sein Blick beim Laufen im Stadion immer wieder kurz zu seinen Füßen wanderte, weil er es vom Training im Wald gewohnt war, auf Wurzeln und Steine zu achten. Auf die Frage, warum er Läufer geworden sei, antwortete er einmal: »Because there really wasn't anything else to do in Myrskylä.«

Mir scheint es ein positiver Indikator für eine Gesellschaft zu sein, wenn man in Städten so vielen Läufern und Radfahrern begegnet wie in Helsinki. Vielleicht ist die These gewagt, aber es könnte einen Zusammenhang von lebendiger Zivilgesellschaft, Demokratie und urbanem Joggen geben (umgekehrt habe ich festgestellt, dass es von Stadt zu Stadt variiert, ob sich Frauen verschreckt umdrehen, wenn man sich ihnen von hinten schwer atmend nähert). Obwohl sich zum Laufen Wald und Natur anzubieten scheinen, ist Joggen für mich eine urbane Kultur. In der Pilotfolge von »Ausgerechnet Alaska« joggt der New Yorker Arzt Dr. Fleischman, der gegen seinen Willen in eine Kleinstadt in Alaska versetzt wurde, durch den Ort. Er staunt zwar über die majestätische Bergkulisse, aber er ist der Einzige, der sich daran beim Laufen erfreut. Sein Festhalten am gewohnten, urbanen Verhalten, das auf die Einwohner exotisch wirkt, soll seine Entwurzelung illustrieren. Ich war in Städten, die sich hervorragend zum Laufen geeignet hätten, wo ich aber nur wenigen Läufern begegnet bin (höchstens sah ich dort durch die Scheiben von Fitnesscentern Läufer auf Laufbändern). Waren Arbeitsleben und Alltag hier so hart, dass man keine Kraft mehr für Sport hatte? Oder war die urbane Kultur so wenig entwickelt, dass die Toleranz der Mehrheit für das Verhalten von Minderheiten fehlte? (»An der Akzeptanz der Läufer, nämlich derjenigen, die etwas scheinbar Irrationales tun, kann man den Grad der Intelligenz erkennen«, schreibt Werner Sonntag in »Herausforderung Marathon«.) In Helsinki ist es üblich, mit einer Handbewegung seine Laufrichtung anzuzeigen, wenn man an Kreuzungen aufeinandertrifft. Eigentlich müsste sich so eine sinnvolle Gepflogenheit in Zeiten der Globalisierung längst weltweit ausgebreitet haben.

Laufen ist ein paradoxer Luxus, der Fortschritt hat uns Zivilisationskrankheiten beschert, die auf Bewegungsmangel und falscher Ernährung beruhen. Wer läuft, demonstriert, dass er über seinen Körper verfügen kann und ihn (anders als zum Beispiel ein Gerüstbauer) nicht zum Geldverdienen braucht. Man kann sich bewegen, um gesund zu bleiben, und muss seine Gesundheit nicht durch harte oder monotone körperliche Arbeit ruinieren. Gerade in ihren Anfängen war die moderne Laufbewegung etwas für die Mittelschicht. (Die anderen spielten Golf oder stemmten Gewichte.) Dabei waren die Tugenden von Langstreckenläufern: Ausdauer, Hartnäckigkeit, Mut, ursprünglich eher mit der Arbeiterklasse verbunden, die undankbare, monotone Aufgaben erfüllen musste, während man für den Sprint Stil, Lebhaftigkeit und Reaktionsschnelligkeit brauchte, Eigenschaften, die den führenden Schichten erstrebenswert schienen.

In Helsinki fahren die Autofahrer defensiv, an Zebrastreifen wird immer gehalten, auch wenn ich noch unschlüssig bin, ob ich die Straße überhaupt überqueren will. 400 Kilometer östlich, in Petersburg, schien mir aggressives Autofahren für viele (vor allem Männer) ein Frustventil zu sein; Rücksichtslosigkeit wurde mit individueller Freiheit verwechselt, an der es sonst fehlte. Wo öffentlicher Raum nach dem Recht des Stärkeren verteilt wird, haben es Radfahrer und Jogger schwer, dürfen sich aber auch als Vorkämpfer fühlen. Ebenso, wo öffentlicher Raum latent vom Staat oder einer Wirtschaftselite beansprucht wird und einen zahllose staatliche oder private Ordnungshüter in verschiedensten Uniformen misstrauisch beobachten, wenn man sich nicht möglichst unauffällig verhält. Dazu kommen vielleicht auch traditionelle Vorlieben für Sportarten wie Hantelnstemmen oder Armdrücken, die langsame Muskelfasern aufbauen und mit denen an einem ganz anderen Körperideal modelliert wird als beim Laufen. Es geht gar nicht darum, schlank zu sein, ausdauernd zu laufen oder gesund zu bleiben, sondern mit Muskelmasse zu imponieren oder einzuschüchtern, weil man enorme Lasten heben oder einen Mann niederringen kann (anstatt vor ihm wegzulaufen, was viel vernünftiger wäre). Fortschrittlicher und urbaner kommt mir da Helsinki vor, wo ich in zwei Wochen Laufen, Reiten, Stehpaddeln, Radfahren, Skaten, Hammerwerfen, Kugelstoßen, Wasserski, Tennis, Tischtennis, Fußball, Kanu, Boxen, Klettern, Minigolf, Basketball und Fahrradpolo gesehen habe, alles beim Vorbeilaufen.

Auf Reisen muss ich keine persönlichen Bestleistungen unterbieten; die neue Umgebung ist viel zu interessant, um mich nur auf mein Tempo zu konzentrieren. Ich laufe länger, langsamer und mit mehr Freude. Auf einem Lauf habe ich mich verlaufen und bin anstatt um die Seurasaarenselkä-

Bucht um die Laajalahti-Bucht gelaufen (die ich eigentlich für eine Fahrradtour vorgesehen hatte), zunächst ohne es zu merken. Es ging durch den Wald, ich hatte die Orientierung verloren und wurde langsam nervös. (»Ein weiteres Charakteristikum des Waldlaufs ist die Approximativ-Länge«, schreibt Philipp Hainz.) Ich stelle mir dann immer vor, was die Forscher, die mich in 4000 Jahren finden werden wie Ötzi, aus meiner körperlichen Verfassung und meiner Aufmachung über unsere Lebensweise schließen werden. Ich war froh, auf eine Autobahn zu stoßen, aber die Ortsangaben auf den Ausfahrtschildern sagten mir nichts. Ich kam durch eine Siedlung mit braun gekachelten Plattenbauten, die auffällig denen in der DDR ähnelten, aber sie standen im Wald, von den Balkons aus sah man das Meer, und es gab keine Anzeichen von sozialer Brennpunktbildung (wofür man bei uns ja gerne die Architektur verantwortlich macht). Schließlich landete ich auf einem Steg, der durch ein Sumpfgebiet führte, bis ich an einem hölzernen Turm ankam, auf dem Männer mit Teleobjektiven ausharrten, um im Brackwasser der Bucht Vögel zu fotografieren. Ein Radfahrer, der kein Englisch sprach, erklärte mir auf seinem uralten, handygroßen Navi unsere Position, wobei wir uns, wie sich später herausstellte, völlig missverstanden. Erst nach 2 Stunden wurde mir klar, wo ich mich befand und an welcher Stelle ich falsch gelaufen war. Es ging gut, auch wenn ich bei so langen Läufen immer unter starken Schmerzen in den Beinen leide und deshalb ja auch nicht mehr Marathon laufe. Liegt es an den Schuhen? Am Tempo? Am Alter? Trinke ich zu wenig? Oder sogar zu viel? Trainiere ich zu lange Strecken? Oder zu kurze? Ist ein Bein kürzer? Oder sind die Plattfüße schuld? Mache ich zu große oder zu kleine Schritte? Knickt meine Hüfte ab? Das habe ich in meinen Marathon-Jahren nie herausgefunden; mit der Erschöpfung konnte ich leben, aber die Schmerzen schienen mir ungewöhnlich stark. Außerdem litt ich unter dem Stress, möglichst kurz vor dem Start noch eine Toilette zu finden, weil ich mich wegen meiner schüchternen Blase nicht ohne »Schamwände« neben andere ins Gebüsch stellen kann. Einmal musste ich beim Marathon schon nach 3 Kilometern hinter einem Baum verschwinden und verlor fast 5 Minuten, während das Feld vorüberzog; es war, als laufe mein Leben im Zeitraffer weiter, und ich musste es hilflos mit ansehen.

Zurück in die Stadt ging es über eine große Autobahnbrücke und an einem geometrisch reizvollen Kraftwerk vorbei. Während mich zu Hause meine Trainingsrunde manchmal langweilt, musste ich mich in Helsinki zwingen, nach ungefähr 40 Minuten auf meine Vernunft zu hören und umzukehren, weil ich eigentlich noch weiterkommen und mehr sehen wollte; es war keine Überwindung, so lange zu laufen, und am nächsten Morgen hatte ich wieder Lust (zu Hause mache ich, um meine Knie zu schonen, meistens einen Tag Pause).

Ausgerechnet aus Finnland, wo ich so genussvoll gelaufen bin, stammte Paavo Nurmi, einer der Pioniere des Verdrusslaufens, der als einer der größten olympischen Athleten aller Zeiten gilt. Heute wissen nur Insider, wie der Kenianer heißt, der gerade den Marathon-Weltrekord hält; die Massen verehren keine Läufer mehr, das war in den Zwanzigerjahren, und nicht erst da, vollkommen anders, läuferische Leistungen erregten weltweit Aufsehen, und Läufer waren Idole. Als Otto Peltzer 1926 in Berlin Paavo Nurmi über 1500 Meter schlug und dabei Weltrekord lief (im Moment seiner Attacke auf Nurmi hörte er einen Berliner sagen: »Kiek mal an, der Peltzer will noch mitmanschen!«), erschienen am selben Abend mehrere Extrablätter im Land, die die Nachricht verbreiteten. In den Zwanzigerjahren, der Zeit des finnischen Laufwunders, war Paavo Nurmi der bekannteste einer ganzen Reihe finnischer Weltklasseläufer, für die der Begriff »Flying Finns« geprägt wurde. (Dass es zudem ein finnisches Speerwurfwunder gab, darf nicht vergessen werden. Bei den Olympischen Spielen in Antwerpen 1920 belegten die Finnen in dieser Disziplin die ersten vier Plätze, es gab aber nur drei finnische Flaggen, die gehisst werden konnten.) Von 1921 bis 1949 hielten Finnen den 10 000-Meter-Weltrekord und von 1912 bis 1942 den 5000-Meter-Weltrekord. In den Siebzigern gab es noch einmal ein Aufflackern dieser Tradition, ein Grund dafür könnte sein, dass der Verband von 1967 bis 1969 die neuseeländische Trainerlegende Arthur Lydiard engagiert hatte. Lasse Virén erklärt das »Sisu« genannte, typisch finnische Durchhaltevermögen allerdings mit der Notwendigkeit, sich gegen die beiden übermächtigen Nachbarn Schweden und Russland zu behaupten.

Von Helsinki aus fahre ich nach Turku, um mir Nurmis Geburtshaus anzusehen, das man an seinem Geburtstag oder auf Vereinbarung besichtigen kann. Die historische Wohnanlage inmitten von Hochhäusern aus neuerer Zeit besteht aus mehreren einstöckigen, hölzernen Reihenhäusern, wobei einige davon schon einmal abgerissen waren und neu errichtet worden sind. Die Nurmis wohnten im hinteren, billigeren Teil der Anlage, direkt neben dem Gemeinschaftsplumpsklo. Zwischen den Häusern gibt es heute Rasen, Bäume und Spielplätze. Die Wohnung – ein Zimmer, Küche, Flur – wirkt überraschend gemütlich, für einen Junggesellen wäre sie ideal, aber die Nurmis waren zu siebt, und nach dem frühen Tod von Paavo Nurmis Vater musste die Küche an eine noch ärmere Familie vermietet werden. (Paavo musste mit zwölf die Schule abbrechen und arbeiten, um seine Familie zu ernähren.) Das Mobiliar stammt größtenteils nicht mehr von den Nurmis, aber aus der Zeit. Zwei schmale Kinderbetten sind in Wirklichkeit Betten für Erwachsene, die man am Fußende ausziehen und verlängern kann. Nurmi schlief auf einem Pukkisänky, einem »Bockbett«, zwei Holzböcke mit Kerben, in die man Pfähle legte, zwischen denen als Matratze ein Leintuch befestigt war. Dieses »Bett« scheint sinnbildlich für seine Selbstdisziplin zu stehen, zu der ihn seine ärmliche Herkunft zwang. Nurmi hat sich als Jugendlicher für Hannes Kolehmainen begeistert, der bei den Olympischen Spielen 1912 in Amsterdam (das finnische Team war damals noch Teil der russischen Mannschaft) mit seinem knappen Sieg im 5000-Meter-Lauf über den Franzosen Jean Bouin (beide unterboten dabei deutlich den Weltrekord) Finnland »auf die Weltkarte« geholt hatte. Kolehmainens ältere Brüder, die ihn per Post coachten, verdienten zu diesem Zeitpunkt ihr Geld in Amerika als Profiläufer, ähnlich wie heute viele Läufer aus Kenia. Weil er, warum auch immer, verhindern wollte, dass er zu viel Luft einatmete, lief Jean Bouin mit einem Zahnstocher zwischen den Kauleisten, auf den sich bei Straßenrennen die Zuschauer stürzten, wenn er ihn wegwarf. Kolehmainens ständiges Lächeln mit halb geöffnetem Mund diente ebenfalls der Regulierung der Atmung. Nurmi trat einem Sportklub bei und arbeitete als Laufbursche für eine Bäckerei, eine Tätigkeit, die er zum Training nutzte (so wie für Rocky im Schlachthaus Schweinehälften zum Boxsack werden). Als er zur Armee musste, kam ihm das gelegen; er war froh über das gute Essen und die Trainingsmöglichkeiten. Bei einem Gewaltmarsch mit Gepäck und Ausrüstung verblüffte Nurmi durch seine überlegene Leistung.

Bei meinem Armeedienst liefen wir, wenn wir Pech hatten und der sportliche Unteroffizier Dienst hatte, beim Frühsport um 6 Uhr morgens in schwarzen Pappturnschuhen 20 Minuten übers Kasernengelände; es kam uns vor wie reine Schikane. Bei Geländeübungen gab es den gefürchteten Gasmaskenlauf über 1000 Meter, nach dem man die Maske auf keinen Fall herunterreißen durfte, weil einem sonst angeblich die Lunge platzen würde. Langstreckenlauf ist keine militärische Übung, lange Strecken werden im Marsch zurückgelegt, weil schließlich alle gemeinsam ankommen sollen. Wenn ich in meiner Freizeit gelaufen wäre, hätte das den Verdacht geweckt, dass ich nicht ausgelastet war, und ich wäre zum Kloputzen eingeteilt worden. Die älteren Diensthalbjahre zeichnete ein ausgeprägter Embonpoint aus, denn sie sprachen reichlich der Frühwurst und dem Vesperkuchen zu und pflegten eine weitgehend liegende Lebensweise.

Bei den Olympischen Spielen 1920 und 1924 (an denen Deutschland noch nicht teilnehmen durfte) gewann Nurmi neun Goldmedaillen. (Nur das erste Finale über 5000 Meter ging in die Hose, er wurde hinter Joseph Guillemot nur Zweiter, was ihn sein Leben lang wurmte. Zudem kotzte ihm Guillemot im Ziel des 10 000-Meter-Finales, in dem er hinter Nurmi Zweiter wurde, auf die Füße. Er hatte zu spät von der Vorverlegung des Rennens erfahren und reichlich getafelt.) Nurmis Markenzeichen war die Stoppuhr, die er auch im Wettkampf immer in der Hand hielt, um seine Rundenzeiten zu kontrollieren. Armbanduhren setzten sich erst nach dem Ersten Weltkrieg auch bei Herren durch (vorher galten sie als feminin, Männer benutzten Taschenuhren). Um Niederlagen wie die gegen Guillemot in Zukunft auszuschließen, schätzte Nurmi im Vorfeld des Wettkampfs die Zeit ab, die er für einen Sieg brauchen würde, trainierte gezielt dafür und lief im Rennen stur nach Plan, scheinbar ohne die Gegner zu beachten. Auch Jean Bouin war seinen Stundenweltrekord 1913 in so regelmäßigem

Tempo gelaufen, dass man ihn »l'homme-chronomètre« taufte; die Taktik stammte von den Radrennfahrern. Es ist erstaunlich, dass man ein gleichmäßiges Tempo damals so bemerkenswert fand. Die Knechtung des Menschen durch die Maschine, deren Höhepunkt die Verwandlung des Menschen *in* eine Maschine sein würde, war ein Thema der Zeit; man muss nur an die berühmte Fließbandszene aus Chaplins »Modern Times« denken. Offenbar war Nurmis Zeitgenossen ein Läufer, der Runde für Runde einem Zeitplan folgte, unheimlich. Zwischenzeiten wurden damals normalerweise zugerufen (manchmal konnte der Trainer hier schummeln, um seinen Athleten herauszufordern).

Auch bei uns war nur der Sportlehrer Herr über die Zeitnahme. Er hatte sogar schon eine digitale Stoppuhr, die an einer Schnur um seinen Hals hing. Meine Eltern ließen sich irgendwann überzeugen, im Sportkaufhaus eine Stoppuhr anzuschaffen, ein Modell »Made in URSS«. Es war lange mein liebstes Spielzeug, ich stoppte alle Vorgänge des täglichen Lebens, vom Pinkeln bis zum Treppensteigen, ich zerlegte meinen Alltag in eine Taktstraße. Ich stoppte sogar, ob die Uhr vom Testbild richtig ging. Als ich später zu laufen begann, hatte ich allerdings anfangs nur eine alte Armbanduhr zur Verfügung, sodass ich immer die volle Minute abwarten musste, bis ich loslaufen konnte, und mir dann die Startzeit und die Zwischenzeiten merkte, um sie anschließend ins Lauftagebuch einzutragen. Seitdem kaufe ich immer dasselbe Modell von Casio, das leider immer weiterentwickelt wird. Die eigentliche Schwachstelle, nämlich dass die Stifte des angeblich bakterienresistenten Armbands irgendwann herausbrechen, bleibt von den Verbesserungen unberührt; das Armband zu ersetzen würde mehr kosten als eine neue Uhr. Der Siegeszug der japanischen Quarzuhren mit Digitalanzeige in den Siebzigerjahren hätte in der

»Quarzkrise« fast zum Niedergang der traditionellen Uhrenindustrie geführt, aber er hat auch die Zeitnahme demokratisiert, eine Uhr, mit der man die Zeit stoppen kann, ist ein Pfennigartikel geworden.

Nurmi gilt als der erste Läufer mit methodischem Training und einer Lebensweise, die alles dem Erfolg unterordnete. Bis dahin hatte man keineswegs täglich trainiert (zu viel Ausdauersport galt damals noch als riskant für das Herz); man hatte »Stilläufe« trainiert, bei denen die Bewegungen übertrieben korrekt ausgeführt wurden (was heute im Rahmen des Läufer-ABCs wieder empfohlen wird), und an der Athletik mit Turnkeulen gearbeitet. Der für einen Läufer ungewöhnlich athletische Jean Bouin kletterte auf Bäume, warf Steine und schleppte Baumstämme. Er war ein Anhänger der »Méthode Naturelle« von Georges Hébert. Er hatte aber auch eine seltsame Theorie zur Fußpflege: Man solle seine Füße nie mit Wasser waschen, sondern immer nur feucht abtupfen, um ihre Robustheit nicht zu gefährden. Großer Wert wurde auf die richtige Diät (zum Beispiel Grahambrot und dreimal täglich Fleisch) und »Knetkur« genannte Massagen gelegt. Philipp Hainz nennt es »Mechanotherapie«: »Auch im Mittelalter wurde die Massage nicht vergessen. Sie wurde in den Badestuben von Reibknechten und Reibmägden ausgeübt.« In alten Trainingsbüchern bekommt man Hinweise, wie man als »Selbstmassant« vorgehen muss. Viele Läufer haben auch andere leichtathletische Übungen trainiert – Speerwerfen, Kugelstoßen oder sogar Stabhochsprung –; man dachte, dass man damit die athletischen Grundlagen für das Laufen schuf.

Nurmi übertrug die Prinzipien des Taylorismus vom Fließband auf den Sport, indem er die Aufgabe analysierte, sie in Teilschritte zerlegte und systematisch trainierte. Außerdem nutzte er jede Möglichkeit, seinen Körper zu optimieren: Als Finne saunierte er natürlich, er beschäftigte einen eigenen Masseur, er experimentierte mit vegetarischer Kost und machte kuriose Gymnastikübungen, wovon es Fotos in Kaila Toivos Buch »Paavo Nurmi – Elämä, tulokset ja harjoitusmenentelmät« (»Paavo Nurmi – Leben, Erfolge und Trainingsmethoden«) gibt, das 1925 erschien. Dort ist er, dem Zeitgeist entsprechend, nur mit Lendenschurz bekleidet zu sehen. Mit seinem sehnigen Körper und den kuriosen Verrenkungen erinnert er an Karl Valentin. Ganz nackt zeigt ihn die berühmte Skulptur, die Wäinö Aaltonen schon zu Nurmis Lebzeiten im Jahr 1925 anfertigte und die vor dem Olympiastadion in Helsinki steht. Interessanterweise ist er hier Vorfußläufer, während Renée Sintenis ihn 1926, nachdem sie sein Berliner Rennen gegen Otto Peltzer im Stadion verfolgt hatte (auch Bertolt Brecht war anwesend), als Fersenläufer darstellte.

Nachdem ich in Turku fast den Zug verpasst hätte, weil sich der Weg zum Bahnhof, den Nurmi unzählige Male eine beladene Karre hochgeschoben hat, als sehr steil erwies, treffe ich mich in Helsinki mit dem finnischen Autor Karo Hämäläinen, der einen Roman über Nurmi geschrieben hat (»Yksin« – »Allein«). Der Titel gefällt mir, weil auch ich lieber allein laufe. Das ist für mich wie beim Reisen, man macht einfach keine Erfahrungen in der Gruppe, es fehlt der Nervenkitzel, auf sich allein gestellt zu sein. Während wir auf einer Terrasse in der Sonne sitzen, werden in der ganzen Gegend Hindernisse für einen Tough-Viking-Contest aufgebaut (was sind »Bulgarian Bags«?), der am Wochenende stattfinden soll. (Den Wettbewerb werde ich mir ansehen und mich bei den Aufgaben für Brachiatoren, also Schwingkletterer, unangenehm an das Sturmbahnlaufen beim Wehrdienst erinnert fühlen. Zwei Läuferinnen tun sich schwer an der Eskaladierwand, weil sie den Trick nicht kennen, wie man sie seitlich anspringt und zuerst nicht das Schwungbein, sondern das Sprungbein hochreißt.) Karo läuft viel ambitionierter als ich, Ultramarathon und Trail-Serien in Lappland; er erzählt mir von einem Marathon, den er demnächst als Zugläufer für eine 3:45er-Zeit laufen will, was er als Training betrachtet (»Ein langer Lauf…«). Beim Berlin-Marathon tragen die Zugläufer solche tropfenförmigen Beachflags auf dem Rücken, wie sie seit einigen Jahren ärgerlicherweise immer häufiger vor Geschäften als Werbeträger den Bürgersteig verstopfen. Karo zeigt mir auf der Karte eine Treppe, die den Malminkartanonhuippu hochführt, einen Hügel, der der höchste Punkt Helsinkis ist. Es sind 426 Stufen, die von Spezialisten in unter einer Minute geschafft werden. Treppenläufe trainieren Muskulatur, Herz und Kreislauf, aber keineswegs die Tempohärte, wie man denken könnte, es ist eher ein verkapptes Sprinttraining. Karo zeigt mir auch den Verlauf seiner 20-Kilometer-Runde durch die Stadt und um eine Bucht. Auf der ganzen Strecke gebe es nur eine Ampel. Durch die Innenstadt Helsinkis kommt man ja kreuzungsfrei auf der Trasse einer alten Straßenbahnlinie, die für Fußgänger und Fahrradverkehr freigegeben wurde.

Karo sagt, für ihn sei Laufen Freiheit. Wir sind uns uneinig, auf welcher der beiden Skulpturen Nurmis Laufstil korrekter dargestellt ist. (Otto Peltzer schreibt in »Umkämpftes Leben«, dass er sich im Kölner Stadion auf den Rasen gelegt habe, um genau zu beobachten, ob Nurmi mit der Ferse zuerst aufkomme.) In den Filmausschnitten, die man bei YouTube findet, scheint Nurmi mir eher Vor- oder Mittelfußläufer zu sein. Man kann ihn dort zum Beispiel in alten Wochenschau-Aufnahmen auf seiner Tour durch die USA sehen, wo er in über fünfzig Rennen meist überlegen gesiegt hat, unter anderem gegen »Indian Runners«.

Die Frage des richtigen Auftretens beim Laufen wird heute immer noch heiß diskutiert – obwohl man Lauftechnik nur ganzheitlich betrachten kann und der Fußaufsatz sich aus dem Stil ergibt, nicht umgekehrt. In vielen Laufbüchern aus Nurmis Zeit gibt es Bildsequenzen, die den Bewegungsablauf berühmter Läufer in Einzelbildern zeigen. Solche Serienfotografien waren um 1870 erfunden worden. Erst 1878 gelang mit ihrer Hilfe der Nachweis, dass Pferde beim Galopp eine Flugphase haben. Bis dahin waren galoppierende Pferden auf den beliebten Pferdebildern häufig unkorrekt dargestellt worden; die Pferde schwebten und rissen dabei ihre Beine hoch wie Hasen.

Der Schweiger Nurmi blieb seinen Zeitgenossen immer ein Rätsel. Angeblich ging Nurmi tanzen und betrachtete auch das als Training (das hatte ihm Kolehmainen empfohlen). Ich kenne diese Phasen, wenn man im Alltag heimlich trainiert, weil man ja eigentlich immer im Training ist. Auf dem Spielplatz beim Trampolinspringen mit den Kindern, oder wenn ich die Wippe mit den Händen nach unten drücken muss; Wadendehnen an Bordsteinkanten beim Warten an der Ampel, Stretchen beim Schuhezubinden, mit einem weiten Ausfallschritt einen DUPLO-Stein vom Boden aufheben. Ich habe schon überlegt, mit Absicht Sachen fallen zu lassen, um mich noch öfter zum Bücken zu zwingen. Ich könnte das Schuheanziehen auch als Balanceübung nutzen, wie GutsMuths empfiehlt: »Herr Villaume wünscht in seiner Abhandlung über die Bildung des Körpers, dass man den Kindern nie erlauben möchte, die Stiefel im Sitzen, oder unter Haltung an einem Gegenstande auszuziehen. Ich stimme ihm nicht nur völlig bei, sondern glaube auch, dass kein einziges Kleidungsstück im Sitzen oder Aufstützen angelegt werden sollte. Die körperliche Gelenkigkeit gewinnt dadurch überaus.« Ich schlurfe in Adiletten durch die Wohnung, um »die Waden frei« zu bekommen; ich balanciere beim Zähneputzen einbeinig barfuß auf einer Wärmflasche, um die vielen kleinen Muskeln im Fuß zu aktivieren; ich stehe in der S-Bahn wie auf einem Kippelbrett, ohne mich festzuhalten, auch in der Kurve; am Hauptbahnhof benutze ich die Treppe, anstatt mich an der Rolltreppe anzustellen; aber auch Ausruhen auf dem Sofa ist kein Ausruhen mehr, sondern »Regenerieren« und fühlt sich wichtig für die Leistung an. Entsprechend gereizt reagiert man, wenn man wegen Nichtigkeiten aufstehen muss und die Belastungs- und Entlastungsplanung durcheinandergerät. Beim Mittagsschlaf meine ich förmlich zu spüren, wie meine entzündeten Muskelfasern von körpereigenen Heinzelmännchen, die nur im Schlaf aktiv werden und denen noch kein Wissenschaftler auf die Spur gekommen ist, repariert werden.

Bei der Armee soll Nurmi hinter Lokomotiven hergerannt sein, wodurch er seinen Kniehub und die große Schrittlänge entwickelt habe. Angeblich hat er im Leben nur einmal gelächelt, als er, der überlegene Sieger der Hitzeschlacht von Colombes, seine Kontrahenten reihenweise in Ohnmacht fallen sah. Womit hat er gedopt? Gesperrt wurde er vom IOC nicht für Doping, das damals höchstens ein moralisches Problem war – Thomas Hicks, der Marathon-Olympiasieger von 1904, ließ sich unterwegs Eiklar, Brandy und Strychnin reichen – und für das Nurmi sogar Werbung machte, sondern weil er mit Laufen Geld verdient haben soll beziehungsweise zu viele Spesen zusammenkamen. Im Alter soll er verbittert und unzufrieden mit seiner Lebensleistung gewesen sein; er meinte im Gegensatz zu großen Künstlern nichts erreicht zu haben (obwohl er als Bauherr zu einem der reichsten Finnen geworden war). Hätte er vielleicht doch rechtzeitig Genussläufer werden sollen, anstatt Verdrussläufer zu bleiben und sich sein Leben lang zu ärgern, dass er nicht noch schnellere Rekorde gelaufen ist? Genusslaufen hat heute verschiedene Namen: Chi-Running, Gentle-Running (dabei atmet man nur durch die Nase, um nicht zu schnell zu werden), spirituelles Laufen, Natural Running, Slow Jogging (lächelnd, mit kleinen Schritten auf dem Ballen, im Tempo eines Fußgängers). Man orientiert sich wieder an Naturvölkern, für die Laufen Alltag ist, staunt über die läuferischen Leistungen der mexikanischen Tarahumara-Indianer, bewundert die Leichtfüßigkeit der ostafrikanischen Läufer. Ansätze zu einer Abkehr vom entfremdeten Laufen gab es schon zu Nurmis Zeit in Schweden. 1925 schrieb der schwedische Trainer Carl Silfverstrand in seinem »Illustrierten Lehrbuch der Leichtathletik«, die Bewegung müsse sanft begonnen werden wie das Streicheln einer Mädchenwange (werde dann aber gradweise beschleunigt zu wuchtiger Steigerung und »endet scharf wie ein Peitschenschlag«). Gunder Hägg, dessen Trainer Anfang der Dreißigerjahre das Fahrtspiel erfunden hatte, bei dem man mit selbst gewähltem, variierendem Tempo frei durchs Gelände läuft, schreibt: »Ich wollte so weich und so leicht laufen, wie ich es bei den Lappen gesehen hatte. […] Die größte Finesse beim Lauf wie bei jeder Sportart überhaupt ist die Kunst, sich locker und leicht zu halten, wenn man am härtesten arbeitet.« Das Gegenteil davon wäre ein auf Druck und Angst beruhendes Training, mit dem zum Beispiel australische Schwimmer in den Fünfzigern dazu gebracht wurden, härter zu trainieren, indem man ihnen mit Hypnose suggerierte, sie würden von einem Haifisch verfolgt (mit dem Effekt, dass sie nach der Hälfte der Strecke aus dem Becken flüchteten).

Nurmi hat auch gesagt, dass die Industrienationen zu viel Bequemlichkeit produzieren, um in Zukunft noch Spitzenläufer hervorzubringen (womöglich war er neidisch auf die jüngeren Generationen in Finnland, die es leichter hatten). Ein in unserem Denken fest verankertes darwinistisches Narrativ: Spitzenleistungen kann man nur durch negative Motivation erreichen, also Existenzangst und die winzige Chance, der Armut zu entkommen, oder weil man seelische Verletzungen aus der Kindheit kompensieren muss. Nur solche Motive scheinen uns stark genug, damit jemand im Training oder im Beruf die nötigen Opfer bringt. Während die späten Römer sich vor Übersättigung kaum noch dazu aufraffen konnten, sich zuzuprosten. (In »Asterix bei den Olympischen Spielen« sagen die Spartaner, die zusehen müssen, wie die nebenan einquartierten Römer jeden Tag tafeln: »Wir wollen auch dekadent sein!«) Braucht man eine schlimme Kindheit, Vater und Lehrer, die einen geschlagen haben, wie im Fall von Haile Gebrselassie und anderer afrikanischer Läufer, um sich im Training erbarmungslos zu quälen, weil man sich ein Leben lang nach Liebe und Anerkennung sehnt, die einem als Kind versagt geblieben sind? Oder kann man durch »intrinsische« Motivation Ähnliches oder sogar mehr erreichen? Ich weiß es nicht, aber ich hätte kein Problem damit, wenn mein Land in Zukunft keine einzige Olympiamedaille mehr gewinnen würde und wenn das im Gegenzug bedeuten würde, dass kein Kind mehr gedemütigt, in Armut oder ohne liebevolle Zuwendung aufwachsen muss.

Versuch über den geglückten Lauf

Man braucht ja nur die Verfassung der meisten Teilnehmer in Betracht zu ziehen, in dem Augenblick, wo sie als gequälter Märtyrer einer sportlichen Blödsinnsidee durchs Ziel wanken und fast in allen Fällen bewußtlos zusammenbrechen, dann kommt jeder vernünftige Mensch von selbst zur Verurteilung des Marathonlaufes. […] Die Kraft unseres Volkes ist zu wertvoll, als dass sie von den Besten auf diese Weise preisgegeben werden darf.

Karl Ritter von Halt, »Leichtathletik«, 1922

Zurück aus Helsinki, stehe ich an einem Sonntagmorgen, zu einer Zeit, wenn andere in die Kirche gehen, zum ersten Mal als Zuschauer an der Strecke des Berlin-Marathons, weil ich wegen der günstigen Wetterprognose damit rechne, dass Eliud Kipchoge Weltrekord laufen wird; wobei die ideale Temperatur dafür wohl bei um die 5 Grad läge, am besten mit etwas Nieselregen. Berlins langweiliges Profil macht die Strecke so schnell, dass Weltrekorde in naher Zukunft vermutlich nur noch hier gelaufen werden. Als ich komme, ist die Straße abgesperrt, man kann aber noch drüberhuschen, denn zunächst fahren nur vereinzelte Rollstuhlfahrer vorbei. Eine Dreimannkapelle spielt Swing-Klassiker. Ich erinnere mich, einmal als Kind bei der Friedensfahrt so auf das Peloton gewartet und »Schneller, Propeller!« gerufen zu haben. Soll ich »Run, Eliud, run!« rufen, oder würde das Kipchoge nur ablenken? Als er schließlich im Windschatten der Tempomacher auftaucht – er liegt schon bei Kilometer 10 alleine in Führung –, kann ich für ein paar Sekunden seinen Laufstil bewundern. Er scheint kaum den Boden zu berühren. Bei einem guten Läufer sieht Laufen anstrengungslos aus, als würde er zügig joggen. Ich würde gerne neben Kipchoge herlaufen, um den Anblick länger zu genießen, aber seinem Tempo könnte ich keine Stadionrunde folgen (es ist noch schlimmer: Selbst beim 50-Kilometer-Gehen könnte ich mit meiner Laufgeschwindigkeit nicht mithalten!). Kipchoge ist nun schon ein ferner Nachkomme der Afrikaner, die in den Sechzigern und Siebzigern das internationale Renngeschehen revolutionierten. Einer der spektakulärsten Läufer war der Nandi Henry Rono, dem noch die unteren Schneidezähne fehlten. Man entfernte sie, weil man glaubte, im Krankheitsfall so dem Patienten bei Kinnbackenkrämpfen Nahrung zuführen zu können.

Bei YouTube gibt es eine Aufnahme, die Kipchoge in Eldoret beim Stadiontraining mit einer Trainingsgruppe zeigt; sie laufen u. a. acht 1600-Meter-Einheiten in 4:37 und schneller, und das in einer Höhe von über 2000 Metern und auf einer Bahn mit dem gleichen roten Sand wie auf den Straßen draußen. Das konzentrierte Schweigen und das leise Tapp-Tapp der Füße, wenn die Gruppe an der Kamera vorbeiläuft, empfinde ich als meditativ. Am Ende der Einheit gucken alle auf die Uhr, obwohl gerne behauptet wird, Kenianer liefen nur nach Gefühl. Es scheint so zu sein, dass man sich so einer Trainingsgruppe einfach anschließen kann, wenn man denn in der Lage ist, das Tempo mitzulaufen. Was mir besonders auffällt: In den Zwischenrunden, wenn ungefähr 2 Minuten gegangen wird, machen diese Ausnahmeathleten die Innenbahn frei, worauf bei uns viele Freizeitläufer im Stadion nie kommen würden!

Langsam tröpfeln die Verfolger ein, die man kaum so nennen kann, da sie ja abgehängt sind (auch wenn es gut für die Motivation sein kann, wenn man sich sagt, dass man die vor einem Laufenden in Wirklichkeit vor sich hertreibt). Dann kommen hochambitionierte Freizeitläufer aus aller Welt, die weit unter 3 Stunden bleiben, obwohl sie vom Körperbau und vom Laufstil her gar nicht so aussehen. Einige haben etwas Exzentrisches, mit Biker-Bart und langen Haaren wirken sie wie drahtige Lauf-Hippies. Ich würde behaupten, dass sich jeder der 40 000 Läufer anders bewegt (nicht umsonst erkennt man als Kind seine Eltern schon am Schritt, wenn sie die Treppe im Hausflur hochlaufen). Und jeder ist anders gekleidet. Jeder hat seine eigenen Trainings-, Ernährungs- und Ausrüstungsgeheimnisse, und wenn er mit nacktem Oberkörper und Armstrümpfen läuft. Sicherlich könnte man hier Tausende längere Gespräche über diese Themen führen, Läufer reden gern über ihre Erfahrungen, finden aber nur selten jemanden, der ihnen zuhört (vielleicht, weil es nach kurzer Zeit unweigerlich um Verletzungen geht).

Ich halte Ausschau, ob ich einen meiner Kollegen sehe, von dem ich weiß, dass er mitläuft, allerdings ohne Startnummer, weil er nicht einsieht, dass er für eine Anmeldung, die noch dazu rechtzeitig erfolgen müsste, Geld ausgeben sollte. Es kommt noch besser: Er denkt auch nicht daran, extra zum Start zu fahren; er läuft, da die Strecke an seiner Wohnung vorbeiführt, einfach von zu Hause aus los, um dort auch wieder das Ziel zu erreichen. Eine Zuschauerin neben mir wartet auf ihren mitlaufenden Ehemann und feuert in der Zwischenzeit andere Männer an: »Come on, Steve!«, »Go, Kim!«, »Johann, du siehst super aus!« Eine Weile frage ich mich, ob ihr Mann wohl davon weiß, wie viele seiner Konkurrenten sie kennt, bis mir klar wird, dass der Name jedes Läufers über seiner Startnummer abgedruckt ist. Dunkel erinnere ich mich, dass ich beim Berlin-Marathon auch von Unbekannten mit meinem Vornamen angefeuert worden bin und dass mir das weitergeholfen hat; vielleicht habe ich sogar eine Gänsehaut bekommen, während ich mich eigentlich wie Jesus auf seinem letzten Gang fühlte. Man muss beim Marathon in der Lage sein, seine soziale Reserviertheit wenigstens zeitweise abzulegen und den Enthusiasmus der anderen, auch wenn man sie gar nicht kennt, in Energie umzuwandeln. Manche Läufer bleiben an einem »Stimmungsnest« vor deutschen Sambagruppen, an denen man unter normalen Umständen mit tief ins Gesicht gezogenem Hut vorbeigehen würde, stehen, um ein paar Tanzschritte zu machen. Die Schmerzen pressen Ironie und Distanziertheit aus einem heraus, bis man seinen Frieden mit der Menschheit macht.

Inzwischen kommen schon verkleidete Läufer an uns vorbei: mehrmals Asterix und Obelix, ein Mann mit Fernsehturmkugel als Kopf, zwei Männer, die eine Leiter tragen. (Es gibt Rekorde für einen Marathon mit Hula-Hoop-Reifen, als Milchprodukt verkleidet, mit Gasmaske, auf Stelzen. Die Rekorde für Gemüse halten bei Männern und Frauen Möhren.) Ich stehe unschlüssig mit dem Fahrrad und meinem Sohn im Kindersitz auf der falschen Seite der Straße; der Strom der Läufer reißt nicht ab, er wird im Gegenteil immer dichter, und wir kommen zu spät zum Mittagessen, meine Freundin wird sauer sein. Wir sind sozusagen eingekesselt von einem Ring aus Marathonläufern. Eine Frau rennt nach einer Weile entnervt mit Rollkoffer quer über die Straße und wird sofort wüst beschimpft. Schließlich fahre ich 10 Minuten bis zur nächsten U-Bahn-Station, um die Unterführung zu benutzen. Jetzt sehen die Läufer schon abgekämpfter aus. Otto Peltzer schreibt in seinem »Trainingsbuch«: »Am allerschädlichsten sind die beliebten Straßenläufe quer durch N. Y. usw.; sicher haben diese Läufe die Aufmerksamkeit der Bevölkerung auf den Laufsport gelenkt. Ob sie jedoch wirklich zur Werbung für den Leichtathletiksport beigetragen haben, erscheint sehr zweifelhaft, denn die müden, staubigen Gestalten haben eher abstoßend gewirkt. Gerade die Straßenläufe können einen guten Läufer vollkommen ruinieren.« Zu Hause sehe ich Eliud Kipchoges Zieleinlauf und Weltrekord im Fernsehen, kommentiert von Dieter Baumann, an den ich immer denken muss, wenn ich eine neue Zahnpastatube öffne und nicht weiß, wohin mit dem kleinen Stück Silberfolie, mit dem sie verschlossen ist; meistens landet dieser Mikromüll zunächst in meiner Hosentasche. Ich bilde mir ein, dass Zahnpastatuben erst auf diese Art verschlossen werden, seit der Nandrolon-Affäre, als Baumann ein Dopingmittel in seine Zahnpasta gespritzt worden war.

Beim Zusehen habe ich Lust bekommen, es doch noch einmal zu versuchen, möglichst ohne jeden Ehrgeiz, nur um die Atmosphäre mitzuerleben. Ich erinnere mich wieder an meinen ersten Marathon, als auf dem Hinweg immer mehr Läufer mit Startnummer die U-Bahn bestiegen, man spürte eine Verbundenheit. Die Vorbereitungen im Startbereich, wo viele sich ganz ungeniert die Schamgegend mit Vaseline einrieben oder sich noch einmal ins Gebüsch hockten unter den Blicken eventueller Beobachter im Bundeskanzleramt. Der Lauf verlief dann euphorisch, nachdem ich in einem Startblock weit hinten gestartet war und mein

Tempo äußerst vorsichtig dosierte, um es ständig zu steigern und bis zum Ziel Slalom um andere Läufer zu laufen, ohne einem Mann mit dem Hammer zu begegnen. Dafür lief ich im zweiten Jahr, obwohl ich letztlich schneller war, wie auf Messern; zwischenzeitlich stellte ich mir vor, auf Skiern zu gleiten, um nicht anzuhalten. Ich erinnere mich auch an den Stress am Morgen, weil ich wegen der Aufregung immer Verstopfung hatte. (»Eilt mit großen Haufen«, heißt es in Paul Gerhardts »Fröhlich soll mein Herze springen«.) Einmal hatte ich deshalb am Vorabend eine Tüte Backpflaumen gegessen und die halbe Nacht mit Leibschneiden wach gelegen, aber auch, weil mein Nachbar von oben wieder Techno hörte. Am Abend vor meinem dritten Marathon erhielt ich eine Abschieds-SMS von der Frau, mit der ich damals gerne zusammengeblieben wäre. Ich erinnerte mich wieder an das Gedränge im Ziel, wenn es plötzlich nicht mehr weiterging und man eine halbe Stunde brauchte, um bei seinen Sachen zu sein. Wie ich mich auf den Bauch legen musste, um meine Schuhe aufzubinden, weil ich beim Bücken sofort Krämpfe bekam. Zu Hause ging es die Treppen nur rückwärts hoch. Für die Startnummer hatte man ein Passepartout bekommen, auf dem stand: »Marathonläufer haben ein Lebensziel schon erreicht.«

Wenn ich im Spätsommer mein Gewicht endlich reduziert habe und eine längere Serie von Trainingsläufen möglich geworden ist, ohne dass mich Erkältungen zurückgeworfen haben, macht Laufen wieder solchen Spaß, dass ich mir bei den 10 Kilometern bescheidene Ziele setze. Zeitweise finde ich das heroische Einzelkämpfergefühl, wenn man der Herde davonläuft, sogar attraktiver als Fußball zu spielen. Vor meinem inneren Auge sehe ich dabei wie Kipchoge aus, auch wenn mir völlig klar ist, dass ich verglichen mit ihm die Eleganz einer ruckelnden Waschmaschine habe (aber auch er ist nicht schneller als ein Blauwal oder eine Springmaus). Aber es hilft, sich selbst so zu sehen, man wird ja – anders als beim Fußball – nicht aus seinen Träumen gerissen, sobald man den Ball zugespielt bekommen hat und ihn gleich wieder verliert. Außerdem ist es immer noch so, dass die meisten Menschen, denen man beim Laufen begegnet, nicht laufen, gegen sie ist man durchaus eine Antilope.

Vor ein paar Jahren, als ich abends noch manchmal ziellos durch die Sender streifte, blieb ich einmal auf 3sat, diesem dünn besiedelten Flecken in der Peripherie der Programmlandschaft, vor »Warschau Frankenstein« hängen, einer Doku, in der dem Kölner Künstler Boris Sieverts bei der Arbeit zugesehen wurde, die darin bestand, eine Reiseroute für eine Wanderung durch die Randgebiete von Warschau zusammenzustellen, wobei Randgebiete hier typologisch gemeint ist, nicht geografisch, denn Ränder kann es auch im Zentrum geben, in Warschau ganz besonders. Ich war schon deshalb interessiert, weil ich mich an einen seltsamen Kurztrip nach Warschau erinnerte, mit meiner schwangeren Freundin. Wir waren zu Ostern dort, es war eiskalt und windig, der Schnee fegte über die Straßen, auf denen kaum ein Mensch zu sehen war, selbst Burger King hatte geschlossen; die Ampeln machten tapfer weiter, obwohl keine Autos fuhren, es fehlten eigentlich nur die Zombies, um das Bild zu komplettieren. (Das Beste an Zombies ist ja, dass sie nicht Auto fahren und nach einer Zombiekatastrophe Millionen Autos für immer unbenutzt rumstehen.) Ich ging trotzdem laufen und fotografierte in den großen, verschneiten Parks interessant gestaltete Lüftungsschächte, die vielleicht zur Metro gehörten.

Boris Sieverts, der in Köln ein »Büro für Städtereisen« betreibt, war in Warschau in einem modern und steril eingerichteten Studio mit Blick über die amorphe Innenstadt untergebracht, wo er am Beginn seiner Mission, die mit Unterbrechungen ein Jahr dauern würde, einen riesigen, aus Einzelteilen zusammengeklebten Stadtplan studierte, als handle es sich um eine Schatzkarte. Er suchte nach auffälligen Strukturen, dem Nebeneinander verschiedener »Körnungen«, die auf fehlende Stadtplanung oder auf sich überlagernde historische Schichten hinweisen konnten. Am Stadtrand fielen ihm ungewöhnlich lange, gerade Kanten auf, an denen die Bebauung abrupt endete, oder ein Teppich sehr schmaler, lang gestreckter Felder, die durch wiederholte Teilung von Familienbesitz entstanden waren und die, wenn sie jetzt nach und nach bebaut wurden, einen polnischen »Barcode Urbanism« ergaben. Was ihn auf der Karte oder auf Google Earth reizte, sah er sich auf langen Wanderungen zu Fuß und mit dem Fahrrad an, wobei er im Niemandsland aus Stadtrand, neuen Siedlungen, verwitterter Infrastruktur, Brachen, Feldern, Parkplätzen oder dem Weichselufer voller Begeisterung Dinge entdeckte, die andere abstoßend gefunden oder schlicht nicht bemerkt hätten. Besonders viel war an Orten zu entdecken, die selbst für den Blick der Bewohner, die täglich daran vorbeigingen, gar nicht existierten. Sieverts fotografierte das Netzwerk improvisierter oder zu verschiedenen Zeiten angelegter Wege und nachträglich gepflasterter Trampelpfade, das zwischen den Hochhausblöcken entstanden war, solche Pfade hätten »etwas Absolutes«, weil es für sie immer einen Grund gebe, irgendein Ziel, auf das sie zuführten, eine Pforte in einem Zaun, eine Unterführung oder eine Verkaufsbaracke, man konnte sich darauf verlassen und ihnen folgen. Er suchte nach Verbindungsstücken zwischen Wegstrecken, die er für seine Tour schon eingeplant hatte, wobei er immer die Wirkung auf die Besucher im Blick hatte, die am Ende mit ihm diese Tour machen würden. Ein zweistöckiger, von außen wenig einladend wirkender Bau mit Betonfassade, in dem sich überraschenderweise ein prunkvoll-kitschiges Restaurant befand, konnte zum Beispiel als Schleuse von der Ebene des Gestrüpps auf seiner Rückseite auf die Ebene der Schnellstraße, die man vom oberen Stockwerk aus erreichte, dienen. Die Besucher der Tour würden diesen Bau, wenn sie sich ihm von hinten näherten, hässlich finden, dessen war sich Sieverts schon sicher, aber sie würden, indem sie hindurchgingen, den Raum ganz anders erfahren, und um diesen Widerspruch ging es ihm. Im Lauf eines Jahres plante Boris Sieverts auf diese Weise akribisch Meter für Meter einer zweitägigen Tour mit einer Zelt-Übernachtung zwischen Bäumen und Sträuchern am Rand eines Neubaugebiets.

Warschau sei eine Stadt, die wie Frankenstein zusammengenäht wurde, die Narben seien noch sichtbar, aber für ihn habe es trotzdem seine Anmut, genau wie das Monster. Der Raum, in dem sich das öffentliche Leben abspielt, ist nicht groß, die Wohnbezirke außerhalb besucht niemand, man reist auch nicht zwischen ihnen hin und her. Gerade solche Orte sind es aber, die Sieverts interessieren, weil sie da sind, aber nicht im Bewusstsein. Die Tour führte durch Schrebergärten, über Schnellstraßen, durch Plattenbauviertel, man balancierte ein Stück über Fernwärmerohre und durchquerte ein Einkaufscenter am Stadtrand. Was auf den ersten Blick ein Niemandsland war, das Ergebnis von sozialistischem Massenwohnungsbau und postsozialistisch privatisierter suburbaner Besiedlung, entpuppte sich, wenn man seine Vorurteile einmal ablegte – wodurch Erfahrung ja erst möglich wird –, als Stadttext, den man lesen konnte und der mehr erzählte als die emblematischen Gebäude oder Plätze, mit denen Städte in Broschüren um Besucher oder Bewohner warben. Man müsse zunächst einmal akzeptieren, dass die Gebäude in solchen Gebieten »einfach herumstehen«, dann könne man den Raum dazwischen erfahren. Dass die Gruppe, die Sieverts seinen Pfad entlangführte, am Abend des ersten Tages etwas erschöpft war, war für ihn durchaus wünschenswert, denn diese Erschöpfung könne »auch dazu führen, dass ich mich der Bilder, die ich unterwegs sehe, nicht mehr erwehren kann, dass ich, um Energie zu sparen, aufhöre, sie einzuteilen in die Schubladen, die ich vielleicht habe«.

Mir war diese Kunst sofort einleuchtend und sympathisch, vielleicht ein bisschen, weil ich aus Ostdeutschland stamme, einer ganzen Region, die »existiert hat, aber nicht im Bewusstsein«, nicht einmal unbedingt der Bevölkerung, die gewohnt war, ihre eigene Lebenswelt abzuwerten, und schon gar nicht im Bewusstsein vieler Besucher, die sie als grau und deprimierend empfanden, was sie allerdings oftmals schon gewusst hatten, ohne je dort gewesen zu sein. Vielleicht aus einer Art Solidarität haben mich auf Reisen »graue und langweilige« Orte in der Peripherie immer besonders gereizt. Man wurde hier eher überrascht als im Zentrum oder in der pittoresken Altstadt; die Lebensspuren wurden nicht verwischt, die Trampelpfade, die nachträglich betonierten Schwellen, die überwucherten Müllberge, die alten Spielplätze und historisch gewordenen Plakate an den Wänden, die überklebten Namen an den Klingelbrettern, die Autowracks, liegen gebliebenes Baumaterial, die alten Obstbäume in aufgegebenen Gärten.

Ein paar Jahre nach meinem nächtlichen Fernseherlebnis durfte ich mir für eine Veranstaltung in Köln einen Künstler als Bühnenpartner wünschen, und ich bat darum, Boris Sieverts anzufragen, der tatsächlich mitmachte. Er schlug vor, mit Google Earth einen Rundflug über das Plattenbaugebiet am Rand von Ostberlin, in dem ich aufgewachsen bin, zu unternehmen, die Bilder wurden auf die riesige Leinwand der Theaterbühne projiziert. Ich hatte mein Viertel bis dahin noch nie aus der Vogelperspektive gesehen, und es war interessant, wie Boris die grafische Struktur der Wege, der Vegetation, der Wohnblöcke, der Bahnschienen las. Ich konnte ihm davon erzählen, was ich an diesen Orten als Kind erlebt hatte, an welchen Stellen durch Fehlplanung Windkanäle entstanden waren, in die wir uns mit ausgebreiteten Anoraks stellten, um abzuheben, wohin die Trampelpfade führten, wo wir Höhlen und Baumhäuser gebaut hatten, wo wir Fußspuren im frischen Asphalt hinterlassen hatten, wo jahrelang Baumaterialien rumgelegen hatten, die uns als Versteck dienten.

Nachdem ich nun länger darüber nachgedacht habe, was für mich ein geglückter Lauf ist, scheint mir, dass die Kunst von Boris Sieverts dafür ein Vorbild sein könnte. Für einen geglückten Lauf braucht man nicht nur körperliche, sondern vor allem geistige Voraussetzungen. Er lässt sich nicht wiederholen, er lässt sich auch nicht planen, er entsteht, wenn man dazu bereit ist, und das bin ich beim Laufen zuverlässiger als beim Gehen. Manchmal studiere ich vor dem Loslaufen Stadtpläne und suche mir auffällige Erscheinungen, um sie laufend zu erkunden, zum Beispiel in Leipzig das Wohnensemble um den Siegfriedplatz, das aus der Luft gesehen kreisrund ist; eine kilometerlange Mole im Hafen von Constanța, eine besonders lange Fußgängerbrücke, einen Kanal, der durch ein Industriegebiet fließt. Es ergibt sich dann aber meistens, dass ich unterwegs zu improvisieren beginne, weil mich ein Trampelpfad reizt, oder im Gegenteil, ich möchte eine Weile geradeaus auf Asphalt laufen, ohne über den Weg nachdenken zu müssen, oder ein Hügel lockt (anders als auf dem Fahrrad braucht man beim Laufen keine Gangschaltung, man kann sein Tempo an Steigungen stufenlos anpassen) und belohnt einen mit einer überraschenden Aussicht über riesige Schienenanlagen, über die als Krönung auch noch ein Steg führt (wie in Köln am inneren Grüngürtel). Könnte ich das auch beim Spazierengehen erleben? Die Reichweite wäre viel kleiner, und ich würde das Erschöpfungsgefühl vermissen, das, wie Boris Sieverts sagt, dazu führt, dass man sich gegen die Bilder nicht mehr wehrt. Außerdem fehlt natürlich die Befriedigung, etwas für meinen Körper zu tun, beim Spazierengehen habe ich eher das Gefühl, ihn abzunutzen wie die Sohlen meiner Schuhe. Laufen ist ein Ausnahmezustand, der sich gesund anfühlt, ein paradoxer Vorgang, weil man entschleunigt und innerlich zur Ruhe kommt, während man sich gleichzeitig aktiviert. Der gleichmäßige Rhythmus von Beinen, Armen, Herzschlag, Atem beim langsamen Laufen, die Versorgung des Gehirns mit Sauerstoff, der schnelle Wechsel der Szenerie; die Freude daran, zu so einer Bewegungsform überhaupt fähig zu sein, wenn man doch im Alltag ohne vorheriges Aufwärmen vor Schmerzen in Sehnen und Gelenken kaum in der Lage ist, 50 Meter zur Straßenbahn zu rennen, oder sich wegen der verkürzten Muskeln nur noch mühsam die Schuhe zubinden kann (ich überlege deshalb schon, ob ich zu Slippern übergehen sollte).

Auf Reisen in Städte, die allgemein (und oft auch von ihren Bewohnern) als hässlich empfunden werden, sind mir in den ersten Tagen manchmal Zweifel gekommen, und ich fragte mich, warum ich nicht wie andere nach Venedig oder Kopenhagen gefahren war. Aber ich konnte darauf vertrauen, dass es einen magischen Moment geben würde, wenn sich etwas wie ein Schleier von den Augen hob und man zu sehen begann und plötzlich eine tiefe Freude empfand, hier zu sein; nicht selten geschah das während eines Laufs. Gerade auf Reisen tauchen im Gedächtnis unwillkürlich Bilder von anderen Reisen auf, was zu Hause kaum passiert. Ich denke dann wieder an den Lauf zu Arthur's Seat im Holyrood Park in Edinburgh, ein Stück Gebirge mitten in der Stadt. Oben war es so windig, dass man sich zwischen die Felsen kauern musste.

Mein letzter Lauf in Bukarest fällt mir ein, als ich mich entschloss, ein abgefallenes Stück Stuckornament von der Palastmauer einzustecken und unter meinem Hemd zum Hotel zu tragen, weil ich es nach Berlin schmuggeln wollte.

Die Tage in Kaliningrad, wo gerade ein Zelluloselager brannte und die ganze Stadt im Nebel lag. Ich lief immer um den ehemaligen Schlossteich, Graf Lehndorfs Schilderungen von den letzten Kriegstagen in dieser Stadt im Kopf. Zähe russische Männer badeten in der Entengrütze, einer war beim Kopfsprung auf einem Betonelement gelandet, das sich unter der Wasseroberfläche versteckt hatte. Er blutete an der Stirn, als ich ihn nach einer Runde wiedersah, hatte er sich das Blut abgewaschen und badete ungerührt weiter.

In Sofia die Läufe in der verwilderten Borisowa Gradina, wo die Wasserbecken seit Jahren leer waren und sich in den Gebüschen Statuen von Dichtern und Politikern aus der Zeit des Sozialismus versteckten wie Exhibitionisten.

In Odessa der Weg am Meer nach Arcadia, vor einem biologischen Institut lagerte jeden Tag eine Gruppe müder Straßenhunde, zwischen denen ich einfach durchlief, sie störten sich nicht daran. Ich konnte zu dieser Stunde jagen gehen, während sie praktisch bewegungsunfähig waren.

Im marokkanischen Essaouira am Atlantik über Felsen und endlose, menschenleere Strände, im Wasser eine alte Kanone von einem Schiff. Zurück laufe ich noch über den Fischmarkt und kaufe einem Blinden ein aus einer Muschel gebautes Blasinstrument ab.

In Peking beobachte ich, wie hinter den Hotels das Personal antritt und Morgengymnastik zum Teambuilding macht. Seit Tagen herrscht Smog, man sieht die oberen Stockwerke der Hochhäuser kaum, trotzdem laufe ich, obwohl ich mit einer Bronchitis angereist bin (Haile hätte abgesagt). Vor den Geschäften liegen Megafone auf dem Boden und tröten in Endlosschleife Werbebotschaften, die ich zum Glück nicht verstehen muss.

In Sarajevo das dicht verzweigte Wegenetz, das den Talkessel hochführt, in dem die Altstadt liegt. Oben ist die Stadt ein Dorf mit alten Obstbäumen. Ich laufe immer höher, bis ich die gelbliche Smogschicht, die über der Stadt schwebt, unter mir gelassen habe. Die Schneefelder, die man hier und da zu sehen meint, sind Grabsteine.

In Lillehammer verlaufe ich mich im Wald und treffe einen Wanderer, der kein Englisch kann, aber als er »Hoppbakke« sagt, verstehe ich intuitiv, dass damit die Sprungschanze gemeint sein muss, auf der ich dann Treppentraining mache und staune, welchen Mut Skispringer haben, um aus dieser Höhe hinabzusausen.

In Astana, der neuen Hauptstadt von Kasachstan, der künstlich aufgestaute Fluss, auf dem Plastikblumen schwimmen, die kilometerlangen, menschenleeren Wege am Ufer, ein Viertel mit Einfamilienhäusern und Gemüsegärten im Rücken einer Gruppe Hochhaustürme mit bläulich schimmernden Glasfassaden, die sich nachts in riesige Bildschirme verwandeln. Einmal gerate ich auf einer endlosen, noch im Bau befindlichen Straße, die zum neuen Bahnhof führt, in einen Sandsturm.

In Petersburg geht es über Brücken von Insel zu Insel, bis ich – ich traue meinen Augen kaum – vollkommen zufällig vor der Tuchfabrik »Rotes Banner« stehe, die der Berliner Architekt Erich Mendelsohn in den Zwanzigerjahren gebaut hat. Ein Juwel der Architekturmoderne mit den geschwungenen Formen eines Ozeandampfers, das hier langsam verrottet.

In Leukerbad laufe ich den Berg hoch zum Gemmipass; noch nie habe ich so etwas gemacht. Oben ist es kalt, und ich habe eine Hungerattacke und nicht an Geld gedacht. In der Hütte schenkt man mir den besten Snickers meines Lebens. Ich habe danach tagelang Muskelkater, ein Gefühl, das ich gar nicht mehr kannte.

In Constanța am Schwarzen Meer laufe ich auf einer Mole mit Betonwellenbrechern, die vom Hafen aus kilometerweit ins Wasser ragt. Eine Hundemeute stürzt kläffend auf mich zu, zum Glück befinde ich mich 2 Meter über ihnen, sonst hätte ich mich ins Wasser retten müssen.

In Minsk fotografiere ich von einer Brücke aus das konstruktivistische Muster der Straßenbahngleise unter mir, als mich ein Mathematikprofessor mit Alkoholfahne anspricht, ob ich ein Spion sei, und in einen Imbiss mitschleppt, wo er Fischbrote und zwei Plastikbecher voll Wodka bestellt. »Ich muss noch laufen«, wehre ich ab. »Wieso? Wer ist denn hinter dir her?« Als mich auf dem Rückweg auch noch ein Hund ankläfft, beruhigt mich die Besitzerin: »Der bellt bloß pro forma.«

In der Oasenstadt Chiwa im Nordwesten Usbekistans laufe ich um die Stadtmauer, in die mit der Zeit immer mehr aus Ziegeln gemauerte Grabmale eingelassen wurden. Marktstände werden gerade abgebaut, im Parterre eines Lehmhauses befindet sich ein herrlich duftender Schafstall. Ich stoße auf einen zugewucherten Vergnügungspark für Kinder mit seltsam verunglückten Micky-Maus-Figuren aus glasfaserverstärktem Kunststoff.

In Budapest hängen in den Parks aus Plastikflaschen gebastelte Futterbehälter für Vögel in den Büschen. Ich mache einen Schlenker zum Hochhausturm der Semmelweis-Universität, einem Gebäude aus den Siebzigern, und betrete neugierig das Foyer. Die schöne Retro-Inneneinrichtung könnte man nach Berlin importieren; Sonnenlicht fällt durch die Buntglasfenster, der runde Hörsaal, dessen Dach ich von außen gesehen hatte, macht mir Lust, hier Medizin zu studieren.

Immer wieder bin ich beim Laufen unterwegs glücklich gewesen, und es ist nie um »hässlich« oder »schön« gegangen, sondern um Intensitäten, das Vergnügen, seine Vorurteile abzulegen und sich auf die Realität einzulassen, anstatt sie zu bewerten. Dann wurde aus hundert verschieden ausgebauten Balkons einer Plattenbaufront ein komplexes Gemälde, wie aufeinandergestapelte Schrebergärten, deren Details man stundenlang studieren konnte. Kraftwerke mit Schornsteinen, Förderbändern und Kohlehaufen wurden zu kubistischen Kompositionen. Die Vegetation auf Baustellensandbergen wurde zum Botanischen Garten. Beschriftete Gullydeckel, die noch aus der Zeit des vorletzten Regimes stammten, wollten fotografiert werden. Die mächtigen Betonpfeiler, über denen sich das Dach einer Autobahntrasse aufspannte, die die Stadt in zwei Hälften teilte (wie in Halle), waren eine beeindruckende, brutalistische Skulptur. Eine Kreuzung, auf die man so geschickt zulief, dass man im richtigen Moment, ohne abbremsen zu müssen, bei Rot drüberhuschen konnte, gab einem das Gefühl, ein Indianer zu sein, der auf der Jagd lautlos eine Lichtung überquert. Und dann lief man wieder zurück ins Zentrum und geriet in eine Traube Menschen, die in Abendgarderobe vor einem Opernhaus auf den Einlass warteten. Und wenn es anschließend nicht gelingen wollte, das Erlebte in Worte zu fassen, war es wahrscheinlich ein geglückter Lauf.

Laufen und Schreiben

Dieses Asthma ist in seine Kunst eingegangen, wenn nicht seine Kunst es geschaffen hat. Seine Syntax bildet rhythmisch auf Schritt und Tritt diese seine Erstickungsangst nach.
Walter Benjamin, »Zum Bilde Prousts«, 1929

Auf Lesereisen nehme ich mir immer vor, in Museen zu gehen, Botanische Gärten zu besuchen, mir die großen Neubaugebiete in der Peripherie anzusehen oder wenigstens einen Spaziergang durch die Altstadt zu machen, aber dann verbringe ich den Nachmittag im Hotelbett, trinke Früchtetee (weil es leider keinen Kräutertee gibt) und kämpfe mit meinem Reizdarm. (Vielleicht hätte ich den Apfel aus der Schale an der Rezeption vor dem Verzehr waschen sollen? August von Kotzebue schrieb 1792 in »Vom Adel«: »Ein aufgetriebener Darm löscht der Seele göttliches Licht aus.«) So spät wie möglich schleppe ich mich *ganz zermorscht* zur Lesung, wie zur Schlachtbank, versuche während der Veranstaltung nicht ohnmächtig zu werden, und trinke hinterher ein Glas Rotwein zur unvernünftigerweise bestellten Pizza Diavolo, worauf ich im Hotel erschöpft ins

Bett sinke und nicht einschlafen kann, weil der Kühlschrank der Minibar so laut brummt, während der Gast nebenan, dessen Kopf von meinem nur die dünne Wand aus Pappe trennt, mich nachts immer wieder weckt, wenn er seine verschleimten Raucherbronchien freihustet. Morgens um 7 Uhr hämmert dann die Reinigungskraft mit dem Staubsaugerkopf gegen die Tür, um wenig später in mein Zimmer zu platzen, weil ich das »Bitte nicht stören«-Schild aufzuhängen vergessen habe.

Noch schlimmer ist es auf der Frankfurter Buchmesse, weil man dort für seine Anwesenheit nicht einmal bezahlt wird und den Tag in einem riesigen Bakterien-Inkubator verbringt, der Messehalle, wo es zu Mittag trockene Laugenbrezeln, kalten Kartoffelsalat und aufgewärmte Brühwurst gibt (aber eigentlich ist man schon von den vielen Butterkeksen satt, die man überall an den Ständen angeboten bekommt). In diesem Jahr in Frankfurt will ich um jeden Preis gesund bleiben und bin deshalb allen Abendveranstaltungen aus dem Weg gegangen, um stattdessen morgens im Volkspark Niddatal laufen zu gehen. Nach einer Viertelstunde durch eine traurig verbaute Zone am Westbahnhof führt der Weg durch eine Laubenkolonie (ich schaue genau hin, wie hier kompostiert wird und wie die Bäume beschnitten sind) und mündet in den Volkspark, dessen weite Rasenflächen und Wäldchen mit alten Bäumen ich bis zur Römerstadt durchquere, wo ich mir vor ein paar Jahren einmal die Ausstellung im Ernst-May-Haus angesehen habe inklusive Frankfurter Küche, eine der besten Erinnerungen an Frankfurt/Main. Die Wohnanlage ist in den Zwanzigern entstanden und gehörte zum Siedlungsprojekt des »Neuen Frankfurt«, zwei Dinge begeisterten mich damals besonders: dass jedes Reihenhaus einen Garten mit einer »Bleichwiese« für Bettwäsche hatte und dass man bei den Leitern, die auf die

Dächer führten, die Holme zusammenschieben und abschließen konnte. Der wilde Wein an den Mauern, die die etwas erhöht liegende Siedlung wie eine Wehranlage von den Schrebergärten an der Nidda trennen, sieht im Sonnenlicht unwirklich rot aus, die reine Farbtherapie. Im Park begegnen mir mindestens drei Väter, die mit ihren Kindern joggen, warum sollte man es den Kleinen auch nicht zutrauen? Einmal laufe ich über einen Teppich knackender Eicheln. Ich überhole eine Frau, die mit kleinen Hanteln in den Händen läuft. Vielleicht hat sie Angst, sonst zu schnell zu werden? Schon Münchhausen ist einem Boten begegnet, der unterwegs von Wien nach Konstantinopel, weil er außer Dienst war, zu solchen Hilfsmitteln griff: »Durch die Gewichte an meinen Beinen habe ich meine Schnelligkeit, die jetzt nicht nötig ist, ein wenig mindern wollen.« Der Abreiß-Stadtplan von der Rezeption, den ich mir hinten in die Hose geschoben habe, ist völlig durchweicht, ich habe ihn aber auch nur für den Hinweg gebraucht, zurück kann ich mich am bleistiftförmigen Messeturm orientieren. Ich laufe länger als geplant, da ich die Strecke noch nicht kenne, macht mir das keine Mühe, außerdem ist es wundervoll sonnig, und die Messehallenbakterien sind weit weg. Ich nutze die Gelegenheit, einmal genau auf meine Lauftechnik zu achten, schließlich habe ich so viel zu diesem Thema in der Laufbibel gelesen, dabei fällt mir etwas Ungeheuerliches auf. Doch dazu muss ich etwas ausholen.

Es gibt eine Auto-Bibel, eine Koch-Bibel, eine Fitness-Bibel, eine Stretching-Bibel, eine Campingbus-Bibel, um nur einige zu nennen. Der Zusatz »Bibel« im Titel eines Buchs soll vielleicht für einen Vollständigkeitsanspruch stehen; es wird suggeriert, dass man auf jede Frage zum Thema eine Antwort findet, und wenn nicht hier, dann zumindest auch nirgends sonst. Allerdings steht »Bibel« auch für »dick«, man braucht lange für eine Bibel, und die wenigsten wagen sich an eine lineare Lektüre. So geht es mir mit der Laufbibel, ich bin noch bei den ersten 100 von 440 Seiten, auf denen man orthopädisches Hintergrundwissen mitgeteilt bekommt und Kraft- und Dehnübungen erklärt werden, mit denen man seine Technik verbessern könnte, die man aber nie machen wird, weswegen man auch nicht aussieht wie die Models auf den Fotos, die sie vorführen. Was das Dehnen betrifft, gibt es ja auch ganz unterschiedliche Auffassungen (vorher, hinterher oder gar nicht?), und ich warte einfach, bis sich die Experten einig geworden sind. Wenn ich Gymnastik betreibe, dann eher, um, wie GutsMuths schreibt, »die unschuldige, heitere und lebhafte Physiognomie mit den Zügen der männlichen Entschlossenheit und Furchtlosigkeit zu würzen«.

Ich dachte eigentlich immer, dass Laufen ein Sport ist, bei dem man sich um Stil und Technik nicht kümmern muss, weil die Evolution uns zu Läufern gemacht hat und man sich auf die Natur verlassen kann. Anders als beim Skifahren, beim Stabhochsprung oder gar beim Diskuswerfen (für das viele verschiedene Bewegungsphasen zu trainieren sind, die sich, grob gesagt, in Anschwung-, Umschwung-, Umsprung-, Übergangs- und Abwurfphase unterteilen) braucht man, so dachte ich jedenfalls, zum Laufen keinen Lehrer und keine Lehrbücher. Lese ich die Laufbibel, fühle ich mich allerdings wie in meiner ersten Gitarrenstunde, in der ich stolz vorführte, was ich mir an Akkorden und Tonleitern schon selbst beigebracht hatte, woraufhin die Lehrerin sagte: »Das vergisst du am besten gleich wieder alles« und mich zwang, die Gitarre so zu halten, dass es mir vor anderen peinlich gewesen wäre (ich hatte nicht geahnt, dass es möglich war, mit einer Gitarre peinlich auszusehen). Muss ich auch ein zweites Mal Laufen lernen?

Seit ich so viel über das Laufen lese, achte ich manchmal bewusst auf meine Technik und interessiere mich für meinen Laufstil. Mein Stil hat mit meinen körperlichen Voraussetzungen zu tun und entsteht eigentlich durch Abweichungen von der idealen Technik. Ein guter Stil ist unsichtbar beziehungsweise sieht anstrengungslos aus. Bisher bestand meine Technik darin, mich nach vorne zu bewegen statt nach oben und unten (»vertikale Oszillation«) und die Füße möglichst wenig anzuheben. Ich weiß (zum Glück) gar nicht, wie ich aussehe beim Laufen, es wäre vielleicht ein Schock und würde mir die Motivation rauben, wie wenn ich über Urlaubsfotos stolpere, auf denen ich einen älteren, nicht austrainiert wirkenden Mann mit bleicher, behaarter Haut am Strand mit seinen Kindern spielen sehe. Der Anblick hat nichts mit dem Bild zu tun, das ich von mir selbst habe.

Ein Highlight bei Olympia ist für mich immer der abschließende 1500-Meter-Lauf der Zehnkämpfer. Für jede Disziplin muss der Körper sich spezialisieren: Hochspringer sind groß und schlank und deshalb als Gewichtheber oder als Steuermann beim Rudern ungeeignet, man kann im Radsport nicht sowohl Bergfahrer, Zeitfahrer als auch Sprinter sein, der Körper der Zehnkämpfer ist ein Kompromiss zwischen den Anforderungen von zehn Disziplinen, was dazu führt, dass sie in keiner Einzeldisziplin mit den Spezialisten mithalten könnten. (Fußball ist auch deshalb so populär, weil man hier für Spieler mit ganz unterschiedlichem Körperbau Verwendung findet.) Beim 1500-Meter-Lauf, den fast alle Zehnkämpfer hassen, sehen sie aus wie schwerfällige Jogger, die viel zu muskulös sind, sodass man, wenn man mitliefe, sich für den Neid auf ihre Statur rächen könnte, indem man eine Weile »an ihrem Hinterrad lutscht«, um dann leichtfüßig vorbeizuziehen, so schnell, dass sie jeden Gedanken an Verfolgung verwerfen (und vielleicht sogar aus dem Rennen aussteigen). Noch dazu laufen sie ja nicht um den Sieg, sondern um Punkte, sie wollen lediglich eine angestrebte Zeit erreichen; es ist also gar kein richtiges Wettrennen, ein Ausreißer siegt mit einer halben Runde Vorsprung und verbessert sich dadurch im Gesamtklassement vom 20. auf den 18. Platz, während sich einer der Letzten im Rennen am meisten freut, weil er den Zehnkampf gewonnen hat. Wenn sie nach diesem erbärmlichen Joggen, das bei Olympia seltsam deplatziert wirkt, im Ziel zusammenbrechen, kommt einem das unangemessen vor, wir Freizeitsportler wälzen uns doch auch nicht nach vier Stadionrunden auf dem Rasen. Das Zusammenbrechen im Ziel, das heute den Schauwert von Sportveranstaltungen erhöht, weil man ja sehen will, dass jemand an seine Grenzen gegangen ist (»Mit totaler Verausgabung gewinnt man immer die Herzen der Leute«, schreibt Phil Knight), ist den Sportlern früher durchaus übel genommen worden. Otto Peltzer wurde von Funktionären und der deutschen Sportpresse dafür kritisiert, dass er nach dem 800-Meter-Halbfinale der Olympischen Spiele 1928 in Amsterdam erschöpft auf den Rasen sank. Für Frauen galt das erst recht. In »Umkämpftes Leben« schreibt Peltzer: »Noch bei den deutschen Meisterschaften 1927 hatte man sich zur Empörung der Fachwelt nicht dazu entschließen können, die 800-m-Strecke für Frauen als Meisterschaftskonkurrenz auszuschreiben. Man stand in Deutschland auf dem Standpunkt, dass die Frauen solche langen Strecken nicht ohne gesundheitliche Schäden überstehen könnten und dass die Gesichtsverzerrung der Läuferinnen im Endkampf ein unerfreulicher Anblick für die Zuschauer sei.« Frauen wurde auch unterstellt, sie sähen sich beim Laufen unterwegs Schaufenster an. Das ist eine moderne Version der Geschichte von Atalante, wie Ovid sie erzählt. Wenn Hippomenes gegen Atalante im Lauf unterliegt, darf sie ihm den Kopf abschneiden und ihn aufgespießt im Stadion präsentieren, andernfalls muss sie Hippomenes heiraten. Er besiegt sie, weil er drei goldene Äpfel fallen lässt, nach denen sie sich bückt: »Staunend stutzte die Maid; nach dem glänzenden Apfel verlangend, lenkte sie ab von der Bahn und hob das rollende Gold auf.«

Ernüchternd ist es aber, wenn ich mir die Zeiten der Zehnkampf-Dinosaurier ansehe: Kévin Mayer ist die 1500 Meter in seinem Weltrekordzehnkampf in 4:36 gelaufen, eine für mich völlig utopische Zeit, und das in einem Stil, der in nichts an einen wirklichen 1500-Meter-Läufer erinnert! Ich kann mir also ausmalen, wie ich selbst beim Laufen aussehe, auch wenn ich mir ausnahmsweise einmal leichtfüßig vorkomme (weil die Playlist auf dem Heimweg zufällig »Running« von Stereo MC's spielt). Das muss ich mir auch klarmachen, wenn ich mich auf der Bahn quälend langsam an einen zehnjährigen Schüler heranarbeite, der so läuft, als sei es ihm zu peinlich sich anzustrengen. In Bukarest hat mich einmal eine Frau überholt, die auf Stöckelschuhen zur Bushaltestelle rannte. Auf 10 Kilometer hätte ich sie wahrscheinlich wieder abgehängt, allerdings nicht, wenn ich auch Stöckelschuhe getragen hätte.

Wie sehr »Propioperzeption« und Realität auseinanderfallen, weiß ich vom Fußball. Ich habe mal eine Videoaufnahme eines brutalen Fouls an mir gesehen, eine Grätsche, als ich von links in den Strafraum »durchbrechen« wollte. Im Film sah ich nur, dass ich über ein fremdes Bein stolperte, anstatt einfach drüberzuspringen; von einer Flugphase wie in den Zeitlupen beim Fernsehfußball war nichts zu erkennen, ich kippte nur vornüber auf den Rasen, nicht mal mein Scheitern hatte Schauwert. Ich denke allerdings, dass die Profis wegen der besseren Zeitlupentechnik und der zahlreichen Kameraperspektiven inzwischen auch spektakulärer abheben. Und noch während sie fallen, stehen sie wieder auf, das bewundere ich im Alter immer mehr. Ich wünschte, ich könnte so aufstehen, nachdem ich eine Weile mit meinen Kindern auf dem Fußboden mit DUPLO-Steinen gespielt habe. Wenn ausgerechnet dann der Paketbote klingelt, schaffe ich es vor Schmerzen nicht rechtzeitig hoch, bevor er wieder gegangen ist.

Manchmal läuft man ein paar Schritte auf die Glaswand einer Bushaltestelle zu, oder man kann seitlich in den Scheiben eines Kaufhauses etwas länger seine Bewegungen studieren (und über seinen Bauch erschrecken), aber man tut es heimlich, man will ja nicht eitel wirken. Obwohl sich Balletttänzer im Training ja auch die ganze Zeit zusehen, Pumper im Fitnessstudio sowieso, die dürfen das. Ich muss allein mit Introspektion herausbekommen, wie ich laufe, ob der Kniehub ausreicht, ob ich die Beine ordentlich nach hinten strecke, ob mein Rumpf stabil und unbeweglich wie eine Zielscheibe ist, damit es keine Probleme mit der Kreuzkoordination gibt; ob ich im hinteren Teil des Armzyklus mit den Ellbogen ein »Läuferdreieck« bilde, ob ich aus Gewohnheit oder aus Erschöpfung »sitze« beim Laufen, weil meine Hüfte »abknickt«; ob mein Rücken gerade ist (man muss sich vorstellen, eine Schnur ziehe einen am Kopf in die Höhe, während die Hüfte von einer anderen Schnur nach vorn gezogen wird, dabei läuft man leicht vorgebeugt, als gebe man jemandem einen Kuss), aber auch kein Hohlkreuz bildet; ob ich die Füße möglichst sanft aufsetze, ob die Schritte nach vorn nicht zu lang werden (»Vokuhila-System«), weil ich in den »Unterschenkelvorschwung« verfalle, sodass ich beim Aufsetzen bremse (und die »intrazyklische Geschwindigkeitsvariation« zu groß ist); ob ich mit dem Zwerchfell atme und nicht mit dem Brustkorb, ob mein Unterkiefer locker und der Blick geradeaus ein paar Meter vor mir auf den Boden gerichtet ist. Schließlich müssen die Hände entspannt sein und der Daumen nach oben zeigen und auf dem Zeigefinger aufliegen. Der australische Trainer Percy Cerutty, der seine Schützlinge gerne bergauf durch den Dünensand jagte – er hatte den Begriff »stotan« erfunden, eine Wortbildung aus »stoisch« und »spartanisch« –, behauptete, das Laufen beginne beim Daumen, denn unsere Arme seien eigentlich »Vorderbeine«, und von hier müsse die Kraft ausgehen, wie bei den Tieren. Einen Zwischenspurt »startet« man, indem man den Daumen auf die seitliche Fläche der Zeigefingerkuppe legt und fest zudrückt, es fühlt sich an, als würde man nach vorne gerissen.

Wenn man sich mit der Geschichte der Laufliteratur beschäftigt, wird man bemerken, dass zu verschiedenen Zeiten völlig verschiedene Dinge empfohlen wurden, die zum Teil im krassen Widerspruch zueinander stehen (was ein bisschen meine Skepsis gegenüber heute aktuellen Lehrmeinungen begründet). Im frühen 20. Jahrhundert wurde zum Beispiel noch mit »Rennkorken« gelaufen: Korkstücke, die in die Hände passten und von einer dünnen Gummischnur, die über den Handrücken lief, festgehalten wurden. Ottomar Krupski schreibt 1927: »Rennkorken sieht man besonders auf den langen Strecken immer weniger, was gar nicht zu bedauern ist, denn alles Künstliche soll dem einfachen Lauf fernbleiben. Zu Beginn dieses Jahrhunderts trugen alle Langstreckler Rennkorken oder als Ersatz ein Taschentuch mit Knoten. Man belegte die Notwendigkeit dieses Hilfsmittels mit der Behauptung, dass beim Endkampf infolge Zusammenkrampfens der Finger die Adern in den Armen zusammengepreßt würden, so daß das Herz nunmehr den gesamten Blutstrom in die Beine senden könne.« Es ist mir leider noch nicht gelungen, ein Bild eines solchen Rennkorkens zu finden, ich habe aber Fotos von Sprintern, die Taschentücher in den Fäusten halten. Einen Rennkorken hätte ich gerne für meine Sammlung kurioser Objekte, darunter ein perlmuttbesetzter Stab zum Umblättern von Zeitungen, ein Haken zum Aufknöpfen von Korsagen, ein Botanisierbesteck. Eine »Rennkugel«, wie sie angeblich türkische Botenläufer im Mittelalter benutzt haben, darf eigentlich auch nicht fehlen: »In dem Munde halten sie eine durchlöcherte silberne Kugel, umb dadurch desto bequemer Luft zu schöpffen.« (E. G. Happel)

Ich könnte mir auch vorstellen, dass die Entwicklung noch nicht am Ende ist. Im Sport wurden immer wieder neue Techniken erfunden, die zu besseren Ergebnissen führten: der Tiefstart, der Fosburyflop, der V-Stil beim Skispringen, die Rollwende oder die lange Tauchphase nach dem Start beim Schwimmen, das Skaten beim Skilanglauf. Heute erscheint es unvorstellbar, dass so etwas Selbstverständliches wie der Tiefstart erst 1887 entwickelt wurde. Das Verdienst wird dem amerikanischen Trainer Michael C. Murphy zugeschrieben. Den Ersten seiner Läufer, der den »Crouching Start« praktizierte, lachte man noch aus. Die Erfindung hat sich nicht sehr schnell rumgesprochen, das Startfoto des 100-Meter-Laufs bei den ersten Olympischen Spielen der Neuzeit 1896 zeigt die unterschiedlichsten Techniken, gekreuzte Arme, geballte Fäuste, der »Sheffield-Start«, bei dem der Arm auf der Standbeinseite nach vorne gestreckt und die Hand zur Faust geballt wird, während der andere Arm auf Schulterhöhe nach hinten gestreckt wird; ein Läufer benutzt sogar Stöckchen, um sich im Bücken abzustützen, nur der Amerikaner Thomas Burke kauert im Tiefstart, um das Rennen dann auch zu gewinnen.

Warum sollte man also nicht auch eine bessere Art zu laufen erfinden können? Als Schüler schien es mir zum Beispiel unsinnig, dass man immer mit einer Hand nach vorne schwang und mit der anderen nach hinten, dadurch hob sich die Wirkung doch auf? Ich experimentierte mit der »Schmidt-Pace«, bei der ich beide Fäuste gleichzeitig nach vorne riss und den Körper dadurch hauruckartig »anschob«. Der Sportlehrer sah das nicht gern, ich musste wieder wie die anderen laufen. Dabei wandte ich aber heimlich die Technik der Indianer an, die ich von Karl May kannte. In »Winnetou« hatte ich gelesen: »Kaum hatte Winnetou sie bemerkt, so schlug er dem Capitano die Büchse, welche zum Glück nur einläufig gewesen war, aus der Hand, schleuderte den Karabiner weit in das Wasser hinüber und sprang in Sätzen, welche denen eines gehetzten Panthers glichen, stromaufwärts. Ich wußte, dass er in dieser Weise volle zehn Minuten lang mit dem schnellsten Renner um die Wette zu laufen vermochte; er hatte mich diese Sprünge gelehrt, bei denen man, nicht laufend, sondern sich in weiten Sätzen durch die Luft werfend, den Schwerpunkt immer nur auf das eine Bein legt, welches gleichsam als Spannfeder dient, und dann, wenn dieses müde wird und zu zittern beginnt, auf das andere überwechselt.«

Den meisten meiner Mitschüler musste dieses Wissen unbekannt sein (unsere Karl-May-Bände stammten aus dem Westen, in der DDR wurde Karl May erst ab 1982 veröffentlicht). Ich belastete abwechselnd immer nur ein Bein und nutzte es als Spannfeder, während sich das andere ausruhen durfte. Leider nahm mich der Lehrer aus dem Rennen, weil er behauptete, ich würde schon wieder im Unterricht rumalbern. Ich musste ihm für den Rest der Stunde die Startklappe hinterhertragen. So geht es den Entdeckern und Erfindern, sie werden von den Menschen ausgelacht oder verkannt, bis man sich eines Tages reumütig an sie erinnert und sie als Pioniere ehrt.

Beim Lauf in Frankfurt ist mir nun nach zwanzig Jahren Laufen aufgefallen, dass ich die Hände kaum merklich seitlich kreisen lasse, als würde ich mich an einem imaginären Seil vorwärtsziehen. Ich versuchte, das zu korrigieren und die Arme gleichmäßig vor und zurück zu bewegen; es fühlte sich an, als würde dadurch mein Rumpf ins Schlingern geraten, weil eine Unwucht entstand. Vielleicht hatte sich mein Körper an die kreisenden Hände gewöhnt und darauf eingestellt, den seitlichen Schwung zu kompensieren? Es kann auch daran liegen, dass ich meistens in der rechten Hand mein Schlüsselbund halte und die Hand dadurch seit Jahren etwas schwerer ist. (Andererseits haben meine Vorfahren, die Antilopenjäger, ja auch einen Speer mitgeschleppt, bei mir ist es eben das Schlüsselbund. Ganz zu schweigen von den Griechen, die beim Hoplitodromos, dem Waffenlauf, zwar nackt waren, aber einen großen Schild trugen.) Oder die Bewegung stammt daher, dass ich so viele Jahre im Stadion gelaufen bin, immer in dieselbe Richtung. Ich habe in der ganzen Zeit nur einmal einen Exzentriker erlebt, der in die andere Richtung lief. (Wie es sich von Zeit zu Zeit empfiehlt. Man soll auch auf Landstraßen manchmal die Seite wechseln, weil der Asphalt ja immer etwas geneigt ist und man dadurch schräg läuft. Auch rückwärtslaufen wäre gut, schon um neue Verbindungen zwischen den Synapsen zu schalten. Auch wenn in »Der Laufsport« steht: »Das Rückwärtslaufen und das Sacklaufen sind mehr Volksbelustigungen als Sportzweige.«) Es gibt zwar keine Vorschrift, in welche Richtung man im Stadion zu laufen hat, aber man würde sich doch unbeliebt machen, wenn man den anderen entgegenkäme, obwohl einem selbst dann ja viel mehr andere entgegenkämen und man eher Grund hätte, sich zu beschweren. Der Mensch läuft entgegen dem Uhrzeigersinn, und niemand weiß, warum (in

Oxford lief man allerdings noch bis 1948 im Uhrzeigersinn, um das linke Bein zu stärken). Beim ersten Besuch an meiner neuen Schule, an der ich das Abitur machen würde, bot sich mir ein unglaubliches Bild: Alle Schüler liefen in der Hofpause immer in eine Richtung (entgegen dem Uhrzeigersinn), sie taten das offenbar schon seit Generationen, irgendjemand hatte vor vielen Jahren damit begonnen. Seitdem reihte man sich als Neuankömmling demütig ein und stellte keine Fragen, und auch ich schloss mich für vier Jahre dem Strom an und ging in der Pause auf dem Hof im Kreis. Es gab kein Aufbäumen meines Überlebensinstinkts wie beim Helden aus »Midnight Express«, der in den Verliesen der Irrenabteilung des türkischen Gefängnisses (in dem er für Haschischschmuggel lebenslänglich einsitzt), wo alle immer eine Säule umkreisen, in die falsche Richtung läuft und Rempeleien provoziert. (»There will be trouble, if you walk this way. A good turk always walks to the right. Just a couple of minutes. To the right is good!«)

Vielleicht haben sich meine Hände beim Stadionlauf angewöhnt, von außen nach innen zu schwingen, damit ich nicht aus der Kurve fliege? Und auf der Straße behalte ich das bei? Korrekt zu laufen fühlte sich unbequem an, so wie ich beim Tippen den linken Daumen nach innen biege, um die Shifttaste zu drücken, anstatt mit dem rechten Ringfinger die rechte Shifttaste zu drücken, wenn die linke Hand einen Buchstaben tippen muss; es wäre ökonomischer, die Umstellung würde aber Willenskraft und Disziplin erfordern. Ein Stilist bin ich also weder beim Tippen noch beim Laufen. Obwohl ich wenigstens geräuschlos und ohne zu schlappen die Füße aufsetze und fast lautlos tippe. Im Gegensatz zu Kollegen, die hektisch auf die Laptoptastatur eindreschen wie auf eine mechanische Schreibmaschine. Es ist eine Qual, neben solchen Kollegen im ICE zu sitzen.

Auf der Rückfahrt von Frankfurt/Main fühle ich mich erfrischt vom Morgenlauf und kann das Geburtstagsgeschenk meiner Freundin ausprobieren, ein Paar Boot Bananas, das ich von ihr bekommen habe, weil sie meine stinkenden Laufschuhe in der Garderobe stören (ehrlich gesagt, würde ich mich nachts auch nicht mit ihrer Yogamatte zudecken). Ich hatte mich schon kundig gemacht, wie dieses Problem zu beheben war: Man kann Stoffsäckchen mit Katzenstreu verwenden, man kann über Nacht einen Esslöffel Backpulver in den Schuhen verteilen, was angeblich die Bakterien tötet (die am Geruch schuld sind), man kann die Schuhe über Nacht in der Tiefkühltruhe einfrieren oder einfach mit Schuhen duschen. Das brauchte ich nun nicht mehr, süßlich roch es im ICE aus meiner Tasche nach Bananen.

Beim Laufen gibt es nur einen idealen Stil, der für alle gilt und den niemand je ganz beherrschen wird, es gibt nur größtmögliche Annäherungen. Mein individueller Stil kann nur eine Abweichung von diesem Ideal sein und kostet mich in jedem Fall Energie. Der Stil beim Schreiben lebt dagegen von Verletzungen der Norm, von altmodischen Begriffen, an denen man festhält; Wortwiederholungen, im Alltag aufgespießten und genüsslich wiedergegebenen Floskeln; überlangen Komposita, übertrieben minutiöser Genauigkeit und zwangloser Ungenauigkeit; Satzungetümen, Abschweifungen und plötzlichen Brüchen. Ein »idealer Stil« wäre ziemlich uninteressant, es gibt so viele großartige Stile wie großartige Autoren. Die wichtigste Ressource bei der Bemühung um einen originellen Stil scheint mir die eigene, problematische Persönlichkeit zu sein. In den meisten Berufen muss man als Person in den Hintergrund treten, aber beim Schreiben genießt man das Privileg, gerade seine Mängel zum Markenzeichen machen zu können. Talent haben viele, aber mit seinen Marotten, den Idiosynkrasien und Ticks, den Schwächen und dem Scheitern kann man vielleicht noch herausstechen. In Murakamis Laufbuch las ich: »Die Mittel und Wege, die ein Autor zur Kompensierung seiner Schwächen anwendet, können ein Teil seiner Individualität werden und ihn auszeichnen.« Knapper formuliert: Kunst sind kultivierte Macken. Man muss sich ja eher dafür entschuldigen, wenn man keine Knackse, Krisen und Abstürze vorzuweisen hat, keine unglückliche Kindheit, keine Suchtlaufbahn, wenn man monogam lebt und seine Honorare spart, anstatt sie zu verfeiern; eigentlich darf man auch nicht gesund sein, das gehört sich nicht für einen Künstler.

Beim Laufen brauche ich allerdings kein Publikum, das sich mit meinen Mängeln identifiziert; es geht nicht darum, dass mir jemand zusieht und die eigentümliche Art, wie ich laufe, unterhaltsam findet (es ist sogar so, dass das Ergebnis niemanden interessiert, wovon man beim Schreiben auch besser ausgeht). Als im 19. Jahrhundert der Beruf des Botschaften übermittelnden Läufers ausstarb, weil das Postsystem ausgebaut war und das Eisenbahnnetz sich entwickelte, mussten die letzten »Prästipediateure« und Geschwindläufer mit ihren Künsten auf Jahrmärkten um Publikum kämpfen, und um mit anderen Attraktionen mithalten zu können, liefen sie mit Handicaps. Sie liefen rückwärts oder im Walzerschritt, im Kostüm oder mit einem Korb auf dem Rücken, in dem ein als altes Mütterchen verkleidetes Kind Faxen machte, manche trieben sich auch selbst mit einer Peitsche an (warum tut das eigentlich heute kein Läufer mehr?). Sogar wenn ich so eigentümlich laufen würde, wäre wahrscheinlich kein größeres Publikum mehr bereit, dafür Geld zu bezahlen; ich laufe nicht für Publikum, ich muss also beim Laufen nicht auffallen und kann meine Energie sparen, indem ich Stilfehler vermeide. Emil Zátopek, der sich unterwegs gebärdete wie ein Lauf-Laokoon, bleibt eine große Ausnahme (seine Beinarbeit war übrigens vorbildlich). Individualität ist nicht gefragt, ich muss mich beim Laufen einem Ideal annähern, das ein Ergebnis der Evolution ist. Mein Körper und die ökonomischste Art, ihn über lange Strecken zu bewegen, sind eine Gemeinschaftsproduktion unserer Vorfahren. Trotzdem läuft jeder Mensch anders, auch jeder Spitzensportler, und das macht viel vom Reiz aus, ihnen zuzusehen: Lasse Virén, der aus den Fußgelenken beschleunigen konnte, Steve Prefontaines leidenschaftliches Attackieren, Sebastian Coe (unglaublicher Kick beim Schlussspurt!), der barfüßige Bruce Tulloh, der kleine Kenenisa Bekele oder der groß gewachsene Paul Tergat. (Kann man wie beim Fußball vom Stil eines Läufers auf seinen Trainer schließen?)

Ich kenne viele Autoren, die laufen, ob es überdurchschnittlich viele sind, kann ich nicht sagen, ich würde es aber vermuten, was schon daran liegt, dass man als Schreibtischarbeiter, der ständig sein Innerstes befragt, körperlichen Ausgleich braucht und sich als Freischaffender seine Zeit besser einteilen kann. (Die beste Erholung vom Schreiben ist natürlich Schreiben.) Trotzdem gibt es nur wenig Literatur, die das Laufen zum Thema hat. Ein Grund könnte sein, dass sich beim Laufen vieles notorisch wiederholt, und das widerspricht unserer Vorstellung von Literatur, die von etwas Neuem und Ungewöhnlichem handeln soll. Laufen wäre eher ein Thema für eine Literatur, die weniger vom Sujet lebt als von der Variation. Man könnte sich daran freuen, wie die Erfahrungen, die jeder beim Laufen macht, in neuen Worten beschrieben werden. Das Glück oder die Leere im Ziel sind immer wieder ein Thema. Die Gedankenwanderungen unterwegs, wie abwechselnd Geist und Körper die Führung übernehmen. Man kann Laufen wie eine Art Reiseliteratur betrachten und die Strecke beschreiben, selbst wenn man jahrelang dieselbe Strecke läuft. Sie verändert sich immer, schon weil man selbst sich verändert. (Horst Preisler, der nach der Zahl der gelaufenen Marathons langjährige Weltrekordhalter, sprach unterwegs Eindrücke und Zwischenzeiten in ein Diktafon.)

Besonders interessiert es mich aber, wenn Worte für die manchmal unerträglichen Schmerzen gefunden werden. Murakami schreibt: »Es fühlt sich an, als hätte man meine sämtlichen Muskeln mit einem rostigen Hobel bearbeitet.« Oder er stellt bei seinem ersten 100-Kilometer-Lauf fest: »Meine Muskeln waren jetzt so hart wie eine Woche altes Mensabrot.« Auch wenn es in der Mensa meiner Uni nie Brot gab, leuchtet mir das Bild ein, und ich freue mich über die Formulierung. An eine andere Beschreibung von Schmerzen in den Beinen musste ich bei vielen langen Läufen denken, sie stammt aus Hans-Christian Andersens Märchen »Die kleine Meerjungfrau«. Die Meerjungfrau, die den großen Wunsch hat, unbedingt an Land zu gehen, lässt sich von der bösen Hexe die Zunge abschneiden und bekommt im Tausch dafür einen Zaubertrank, nach dessen Genuss sie mit »niedlichen weißen Beinen« aufwacht. Allerdings: »Bei jedem Schritt, den sie tat, war es ihr, wie die Hexe im Voraus gesagt hatte, als träte sie auf spitze Nadeln und scharfe Messer, aber das ertrug sie gern; an des Prinzen Hand stieg sie so leicht wie eine Seifenblase, und er sowie alle wunderten sich über ihren lieblichen, schwebenden Gang.« So muss es im Wettkampf sein, denn der Gegner taxiert einen ja, um den richtigen Moment für eine Attacke oder für den Schlussspurt abzupassen; er darf nicht merken, dass man bei jedem Schritt auf spitzen Nadeln und scharfen Messern läuft, der liebliche und schwebende Gang, den man hat, soll ihn über den Grad der Erschöpfung täuschen.

Ein einzigartiger literarischer Text stammt vom japanischen Marathonläufer Kokichi Tsuburaya. Es ist der Abschiedsbrief, den Tsuburaya vor seinem Suizid verfasst hat. 1964 war er bei den Olympischen Spielen in Tokio kurz davor gewesen, hinter Abebe Bikila Zweiter zu werden, aber auf den letzten Metern wurde er noch von einem Briten überholt, sodass er vor heimischem Publikum »nur« Bronze gewann. Vier Jahre später zerschnitt er sich im Wohnheim der Sportakademie der Selbstverteidigungsstreitkräfte, denen er angehörte, mit einer Rasierklinge die Halsschlagader. In seinem Abschiedsbrief listet er etliche Angehörige auf, bei denen er sich bedankt, hauptsächlich für Gerichte, die sie ihm zubereitet haben:

»Mein lieber Vater, meine liebe Mutter: Ich danke euch für die drei Tage eingelegten Yamswurzeln. Sie waren köstlich. Ich danke euch für die getrockneten Kaki. Und für den Reiskuchen. Auch sie waren köstlich.

Mein lieber Bruder Toshio, und meine liebe Schwester: ich danke euch für die Sushi. Sie waren köstlich. [...]

Mein lieber Vater und meine liebe Mutter, Kokichi ist zu müde, weiterzulaufen. Ich bitte euch, mir zu verzeihen. Ihr habt nie aufgehört, euch im Herzen um mich zu sorgen und euch um mich zu kümmern.

Lieber Vater, liebe Mutter, Kokichi hätte gerne an eurer Seite gelebt.«

Kenzaburô Ôe interpretiert diesen Brief in einem Essay als Dokument einer bestimmten Epoche der japanischen Gesellschaft, eigentlich auch als einen Abschied von dieser Epoche. Die familiäre Hierarchie, die aus den vielen Namen abzulesen ist; die Speisen, die weder in die Hungerzeit des Krieges gehören noch in die Zeit der Fülle, die erst später anbrach; die Sprache, die sich längst verändert habe. Bei den Spielen von 1968 hatte Tsuburaya besser abschneiden wollen als 1964 und vier Jahre unendlich hart trainiert. Unter den Erwartungen von Familie und Nation ist er zerbrochen. Es entspricht natürlich unserem Bild von japanischer Selbstdisziplin und Opferbereitschaft, sich lieber umzubringen als zu enttäuschen. Dass er sich dafür bei seinen Eltern entschuldigt, ist anrührend und traurig. Für Ôe wären, wie er schreibt, der Brief und die nackte Angst in Tsuburayas Augen, im Moment, als der Brite ihm auf den Fersen ist, ein Sujet für eine Erzählung.

Laufen und Schreiben sind zweifellos die beiden Dinge, die ich freiwillig am regelmäßigsten tue. Dabei könnte ich die Frage, warum ich eigentlich damit angefangen habe, in beiden Fällen nur mit einem Buch beantworten. Ein Vorteil am Schreiben als Beruf ist, dass Schriftsteller nicht in Rente gehen; ich hoffe im Gegenteil, mich noch in einem Alter zu verbessern, wenn man als Läufer längst langsamer geworden ist und wenn Popmusiker anfangen, ihre alten Platten noch einmal unplugged einzuspielen. Zudem schreibe ich glücklicherweise aus »intrinsischer« Motivation (weswegen Auftraggeber ja auch oft genug von einem erwarten, dass man auf eine angemessene Bezahlung verzichtet). Genauso müsste man laufen, nur aus einem inneren Antrieb und nicht wegen irgendeiner Anerkennung. Murakami schreibt: »Das Wichtigste für einen Langstreckenläufer ist es, nach dem Lauf stolz (oder etwas Ähnliches) auf sich zu sein. Im Beruf des Schriftstellers gibt es weder Sieg noch Niederlage. Verkaufszahlen, Literaturpreise oder Kritikerlob sind vielleicht äußere Zeichen schriftstellerischen Erfolges, aber nichts davon zählt. Entscheidend ist nur, ob das Geschriebene das Ziel erreicht, das man sich als Autor gesetzt hat.«

Der Gedanke, dass ich aus Altersgründen irgendwann nicht mehr laufen können werde, macht mir Angst, langsam und unmerklich wird der Körper zur Zwangsjacke. (Man sollte es umdeuten, wie Murakami schreibt, denn nur, weil wir noch leben, wird uns »die Ehre des körperlichen Verfalls zuteil«.) Ich lese mir in den Ergebnislisten des Berlin-Marathons immer durch, wie viele Läufer es in der M75 und der M80 gegeben hat, und ich hoffe, dass es, bis ich so alt bin, ganz normal sein wird, noch mit 90 zu laufen. Anders als viele Menschen – auch Ärzte – denken, führt Laufen nicht zu Arthrose, sondern scheint ihr durch die zyklische Belastung der Gelenke sogar vorzubeugen. »Wenn ich heute nach dreieinhalbfachem Lauf um die Erde meinen Organismus mit dem Innenleben meines ›Trabants‹ vergleiche, so schneidet der Mensch – da die Reparaturen am Auto im Laufe der Jahre kaum noch zu zählen sind – ungleich besser ab«, schreibt Waldemar Cierpinski. Murakami behauptet, er brauche das Laufen, um sich vom Gift zu reinigen, das er zum Schreiben seiner Bücher in seinen Körper lassen muss. Auch wenn es besser klingt, so etwas zu behaupten, und das Schreiben wie eine Art schweres Schicksal aussehen lässt, fürchte ich doch, ich könnte auch ohne Laufen schreiben, aber warum sollte ich mich dazu zwingen? Dass es möglich ist, versteht sich von selbst, es gab schließlich schon große Literatur, bevor gelaufen wurde. Kann man sich Dostojewski in Short Tights vorstellen? (Man kann sich auch nicht vorstellen, dass Kafka dem *Spiegel* ein Interview gegeben oder Beckett auf der Buchmesse eine Signierstunde abgehalten hätte.) Wenn man Laufen weiter fasst und auch Wandern und exzessives Spazierengehen dazu zählt, könnte vielleicht etwas dran sein. Dickens legte jede Nacht viele Kilometer durch London zurück, der englische Dichter William Wordsworth soll nach einer Schätzung von Thomas De Quincey 180 000 Meilen spazieren gegangen sein, vorwiegend im Lake District. Das Emanzipationsbedürfnis zahlreicher Heldinnen in den Romanen der großen englischen

Autorinnen des 19. Jahrhunderts zeigt sich nicht selten darin, dass sie weite Spaziergänge durch die Landschaft unternehmen. Vielleicht hatte Rousseaus lebenslange Liebe zum ziellosen Wandern in der freien Natur mit der therapeutischen Wirkung des Laufens zu tun, die heute unbestritten ist? Wäre Rousseau heute Marathonläufer? »Ein Mensch, der nach seiner Jugendzeit mit dem Laufen beginnt, tut dies meist unbewußt, um damit einen Prozeß der Selbsttherapie in Gang zu setzen«, schreibt Dr. Alexander Weber, auf dessen Initiative 1988 das Deutsche Lauftherapiezentrum gegründet wurde. Sicher ist, dass ich ohne Mittagsschlaf nicht schreiben könnte. Wieder Murakami: »Ein weiteres Mittel, um gesund zu bleiben, ist der Mittagsschlaf.« Ich finde, man müsste eigentlich in sein CV schreiben, dass man täglich Mittagsschlaf macht, weil das mehr zur Leistungsfähigkeit beiträgt als manche Weiterbildungsmaßnahme und mancher Auslandsaufenthalt. Selbst das Training wirkt nicht ohne reichlich Schlaf. Auch sonst helfen einem beim Laufen und beim Schreiben ähnliche Qualitäten, zum Beispiel Geduld und die Fokussierung auf ein weit in der Zukunft liegendes Ziel, das man imaginiert (eine Rekordzeit, ein Marathon, wieder in Form zu kommen nach einer Verletzung oder einer Operation, weniger auffallend zu altern als seine Mitschüler, denen man beim nächsten Klassentreffen wiederbegegnen wird), genau wie man sich ein Buch vorstellen kann, bevor man es überhaupt begonnen hat. (Das fertige Buch hat mich leider immer enttäuscht, man schlägt es auf und entdeckt sofort einen Druckfehler oder eine ärgerliche Floskel, die man beim Redigieren übersehen hatte.) Auch die ständige Selbstbefragung und -beobachtung beim Schreiben wiederholt sich beim Laufen, nur dass sie sich hier auf den Körper beschränkt, was ich als Erholung empfinde.

Wie viel Talent zum Laufen gehört, ist noch umstritten. Es gibt Parameter, die erblich sind: der VO2max-Wert, der Aufbau der Muskelfasern, Größe, Gewicht, Körperbau, nicht zuletzt das Geschlecht; allerdings spielt auch der Wille eine entscheidende Rolle. Wenn behauptet wird, ich hätte Talent zum Schreiben, empfinde ich das immer als Missachtung meiner Leistung, die viel größer einzuschätzen ist, gerade weil ich meine, kaum Talent zu haben. Vielleicht ist es mir deshalb suspekt, wenn Autoren behaupten, »schon immer« geschrieben zu haben, also auch als Schüler. Bei mir hat es Jahre gedauert, einen Text von mehr als einer Seite zu schreiben, weil ich nicht wusste, was ich sagen sollte. Natürlich habe ich diesen Mangel rationalisiert: Man muss mit dem Scheitern beginnen, redete ich mir ein. Nicht umsonst war Beckett, der sich immer äußerst kurz gefasst hat, mein Lieblingsautor. Schreiben ist für mich kein zum Beruf gemachtes Hobby, sondern eine Praxis, die sich erst nach vielen Jahren auszahlt und bei der Talent eher in Sackgassen führt. Genauso abwertend finde ich es, wenn man bei den Läufern aus Kenia nach einem angeborenen Vorteil sucht, der ihre Überlegenheit erklären soll, anstatt ihre Leistung anzuerkennen.

Wenn ich zwei Tage nicht gelaufen bin, bilde ich mir ein, körperlich abzubauen, ich kann den Muskelschwund förmlich spüren und staune, dass ich überhaupt noch die Treppen hochkomme. Die Form scheint sofort weg, das zusätzliche Hämoglobin hat sich aufgelöst wie Brausepulver, die Gelenke sind trocken *wie eine Woche altes Mensabrot*, ich fühle mich *zermorscht*. Richtig da war die Form sowieso nie. Miroslav Klose hat einmal auf einer Pressekonferenz auf die Frage, ob er »bei 100 Prozent« sei, geantwortet, er sei noch nie bei 100 Prozent gewesen. So geht es mir auch, seit zwanzig Jahren bin ich im Aufbautraining, sowohl beim Laufen als auch beim Schreiben. Sobald ich nicht schreibe, kann ich mir auch nicht vorstellen, schreiben zu können, ich kann dann nicht einmal denken, was sich bei Interviews oder, noch schlimmer, auf Podien als fatal erweisen kann. »Man muss täglich schreiben und darf nie aussetzen, damit der Organismus die Informationen speichert, die man dazu braucht«, steht bei Murakami – das ist natürlich nicht einfach, wenn man kleine Kinder hat und Geld verdienen muss, um sich sein Schreiben leisten zu können.

Manche behaupten, wer einen Marathon gelaufen ist, schaffe in Zukunft alles, was er sich vornehme. Bei mir hat das nicht funktioniert, ich kann mich wochenlang nicht überwinden, mein Bad zu putzen oder die leeren Flaschen zur Kaufhalle zu bringen, während ich in der gleichen Zeit 50 Kilometer in der Woche laufe und mich dabei teilweise bis zur Erschöpfung verausgabe. Ich kann über Monate stur einem Trainingsplan folgen und am Ende eines schnellen Laufs über 10 Kilometer einen Endspurt ansetzen, der mich weit in die Sauerstoffschuld treibt (bis »der Odem kurz wird«, wie GutsMuths es ausdrückt), aber ich schaffe es nicht, zu Verabredungen pünktlich zu kommen oder ein Bild an der Wand anzubringen, das seit Jahren provisorisch auf dem Regal steht (und dort schon mehrere Umzüge mitgemacht hat). Vielleicht quäle ich mich beim Laufen so, weil ich in der Zeit eigentlich etwas anderes tun müsste? Weil ich weiß, dass das Training Prokrastination ist und es dann wenigstens hart sein soll? Vielleicht laufe ich aber auch, weil ich mir einbilde, dass die Mehrheit der Menschen meint, ich würde mich mit dem Schreiben vor »richtiger Arbeit« drücken? Muss ich deshalb beim Laufen beweisen, dass ich mich körperlich sogar noch mehr verausgaben kann als sie? Die meisten Texte schreibe ich, weil ich mich vor einem Auftragstext drücke; dann fliehe ich sozusagen in einen Text, als würde ich die Schule schwänzen. Warum

Laufen meine Willenskraft nie trainiert hat, wie es mir versprochen wurde, wüsste ich gerne. Murakami schreibt: »Aber eigentlich glaube ich nicht, dass man einzig durch Willenskraft alles erreichen kann. [...] Offen gesagt habe ich sogar den Verdacht, dass zwischen meinem täglichen Lauftraining und meiner – starken oder schwachen – Willenskraft nur ein geringer Zusammenhang besteht, wenn überhaupt einer.« Es ist wichtig zu betonen, dass Laufen kein Mittel ist, sich für den Beruf zu optimieren, es muss ein zweckfreier Eskapismus bleiben. Ich optimiere mich ja sowieso schon ständig, nur nicht im Sinne meiner Verwendbarkeit auf dem Arbeitsmarkt; ich kann zum Beispiel mit dem Hausschlüssel inzwischen, ohne lange zu stochern, direkt ins Schloss treffen wie der Torero mit dem Dolch ins Herz eines Stiers.

»Anfangs war es mir auch ein bisschen peinlich, wenn mich die Nachbarn rennen sahen. Es war die gleiche Verlegenheit, die mich überkam, wenn irgendwo hinter meinem Namen in Klammern (Schriftsteller) stand«, schreibt Murakami. Ich sage natürlich auch lieber »Autor« oder, als sei das weniger peinlich, »Autor/Journalist«, manchmal auch »Publizist« (am schlimmsten klingt »Dichter«). Wie traurig, einen Beruf auszuüben, der einem peinlich ist! Andererseits gibt es viele Berufe, die den Menschen, die sie ausüben, peinlich sein sollten und es wohl meist nicht sind (Waffenhändler, Formel-1-Fahrer, Lebensmittelindustrie-Lobbyist, Abmahnungsanwalt). Die Liste der Dinge, die mir peinlich sind, ist lang:

- In der Öffentlichkeit eine Notiz machen.
- Beim Eintippen der Geheimzahl die Tasten verdecken (ich möchte niemandem hinter mir in der Reihe unterstellen, dass er sich heimlich die Zahlen merkt).

- Aus der S-Bahn aussteigen, weil ich in die falsche Richtung gefahren bin, und sofort den gerade einfahrenden Gegenzug nehmen; lieber nehme ich den übernächsten und warte, bis alle Menschen weg sind, die mein Missgeschick beobachtet haben könnten.
- Einen Plastikbeutel an den Henkeln tragen, statt die Öffnung mit der Hand zu umfassen.
- Das Geräusch, wenn man auf öffentlichen Toiletten Klopapier von der Rolle abreißt.
- Direkt hinter anderen, die zur selben Wohnungsparty wollen, die Treppe hochgehen.
- Einen Anruf entgegennehmen, während im Hintergrund der Fernseher läuft.
- Sport mit ordentlich hochgezogenen Socken.
- In der S-Bahn Gedichte lesen.
- Beim Bäcker ein halbes Brot kaufen.
- Ein Sweatshirt der eigenen Uni tragen.
- Mich im Museum vorbeugen, um auf dem Schild an der Wand den Namen des Künstlers zu lesen.
- Im ICE selbst geschmierte Stullen essen.

Diese Liste ist längst nicht vollständig, aber Laufen steht inzwischen nicht mehr drauf, während Schreiben mir womöglich immer peinlich sein wird.

Vom Schreiben kenne ich die Angst, dass alles schiefgehen wird, dass das Manuskript, das ich verfasst habe, sich beim Wiederlesen als schwach erweist; dass ich missverstanden oder ungerecht kritisiert werde; dass mir nie wieder etwas einfällt. Vielleicht ist es eine unbewusste Strategie, sich alles noch viel schlimmer vorzustellen, um weniger enttäuscht zu sein? Unterwegs zum Triathlon rechnet Murakami immer mit dem Schlimmsten, zum Beispiel, dass ihn ein Schwarm Hornissen angreift: »Oder meine Frau, die an der Ziellinie auf mich wartete, hatte einige meiner düstersten Geheimnisse (da könnte es welche geben) aufgedeckt.« Wäre das wirklich schon das Schlimmste? Vielleicht wäre es ja noch schlimmer, wenn es gar keine Geheimnisse aufzudecken gäbe? Oder seine Frau kennt die Geheimnisse schon? Oder ihre eigenen Geheimnisse sind nicht weniger düster? Oder sie wartet gar nicht mehr an der Ziellinie, weil sie das ewige Warten satthatte und nach Hause gegangen ist? Oder sie hat beim Warten gemerkt, dass sie auch ganz gut ohne ihren Mann auskommt, und ist gleich für immer verschwunden? Oder sie hat Lust bekommen, selbst zu laufen, und hat ihn unterwegs überholt? »To be chicked«, ist der umstrittene Fachbegriff dafür.

Die ewige Wiederkunft des Gleichen

Krumm ist der Pfad der Ewigkeit.
Friedrich Nietzsche, »Also sprach Zarathustra«, 1883

Bisher hatte ich meine neue Stirnlampe nur benutzt, um beim späten Ins-Bett-Gehen Frau und Kinder nicht zu wecken, die Lampe verfügt zu diesem Zweck über ein zusätzliches rotes Licht (das es auch erlaubt, sich beim Laufen im Dunkeln mit einer Karte zu orientieren, weil sich die Pupillen nicht zusammenziehen und man schneller zwischen Lesen und Schauen wechseln kann). Mit der Stirnlampe konnte ich sogar noch ein wenig im Bett lesen, mit meiner zwischen die Zähne geklemmten Fahrradlampe habe ich nie lange durchgehalten. Bei der Anschaffung der Stirnlampe im Outdoorgeschäft habe ich keine Kosten gescheut; die Lampe war schließlich für mein Lauftraining gedacht, anders als im Beruf kann man bei seinem Hobby in Sachen Ausrüstung keine Kompromisse machen. Noch teurer wäre nur ein Modell mit Rücklicht und mit einem zusätzlichen Bauchgurt gewesen, damit man auch in der Gruppe mit Stirnlampe laufen kann, ohne sich gegenseitig zu blenden, sofern die Lauffreunde dasselbe Modell benutzen. Die Gefahr bestand, dass ich in diesem Geschäft auch anderen praktischen Gadgets nicht würde widerstehen können, es gab zum Beispiel wind- und wasserfeste »Sturm-Zündhölzer«, den ovalen »Edelrid-Wurfbeutel«, mit dem ich bei Flussüberquerungen meine Wertgegenstände vorausschicken konnte, und »Coghlans Bärenglocke«, falls ich einmal in den Wäldern Kanadas laufen sollte.

Nach der Umstellung auf die Winterzeit laufe ich nun im Oderbruch bei Berlin zum ersten Mal im Dunkeln mit Stirnlampe, wie ein Speläologe, und freue mich über dieses praktische Ausrüstungsstück, das ich von mir selbst geschenkt bekommen habe, ohne dass ich dafür auf Weihnachten warten musste. Mit der stärksten der drei Helligkeitsstufen leuchtet die Lampe ungefähr 80 Meter weit; es fühlt sich an, als hätte ich einen Motorradscheinwerfer auf dem Kopf, ja, als sei ich ein Motorrad. Ich kann jetzt also im Sommer mit dem Laufen warten, bis es dunkel ist und die Luft sich abgekühlt hat, und im Winter muss ich nicht mehr den ganzen Tag nervös auf die Uhr sehen, weil schon gegen 4 Uhr die Zeit zum Laufen knapp wird (außerdem konnte ich mit der Lampe endlich unter Betten, Sofa und Regalen nach lange verschollenen Puzzleteilen suchen).

Es nieselt, die Tropfen rasen als helle Lichtflecken auf mich zu, als stände ich unter Beschuss. Manchmal liegt ein totes Wildschwein am Wegrand, oder ein Wolf lauert, aber das sind nur optische Täuschungen. Ich laufe auf einem Feldweg, der stellenweise steil auf und ab führt, wobei die längeren, flachen Anstiege oft fast mühevoller sind. Früher musste ich hier ständig die optimale Linie suchen, weil der Weg unbefestigt und entsprechend uneben war, ein gutes Training für die Koordination. Aber der Weg ist vor ein paar Jahren asphaltiert worden, was für mich ein Schock gewesen ist. Es gab überhaupt keinen Grund, diesen Weg zu versiegeln, weder für Fahrradtouristen noch für Autoverkehr, es fahren hier nur hin und wieder Erntefahrzeuge. Zum Glück, denn ich habe mich schon manches Mal in die Büsche schlagen müssen. Man weiß es dann zu schätzen, wenn Pflanzen mit großflächigen Blättern zur Verfügung stehen. Wie haben das die Menschen vor der Erfindung des Klopapiers gemacht? (Rabelais diskutiert in seinem Romanzyklus »Gargantua und Pantagruel« die Vorteile verschiedener Materialien und kommt zu dem Schluss: »Es geht kein Arschwisch in der Welt über ein wohl geflaumet junges Gänslein«, die Wollust über die Sanftheit des Flaums und die temperierte Wärme steige einem bis ins Gehirn.)

Ich nehme an, es mussten einfach irgendwelche EU-Fördermittel ausgegeben werden; am liebsten hätte ich über diesen Fall von Flächenfraß eine investigative Michael-Moore-Doku gedreht. Ein charakteristisches Element ländlicher Gegenden verschwindet auf diese Weise fast unbemerkt: Feldwege mit Spurrinnen, zwischen denen ein Streifen Grünes wächst, der Ziegelbruch, mit dem solche Wege von Zeit zu Zeit befestigt wurden, Pfützen, die sich im Herbst bilden, staubiger Sand im Sommer – irgendwann muss man in die Ukraine fahren, um so etwas noch genießen zu können. Jetzt stehen an einem Baumstamm in einer Senke ein Blumengesteck und eine Laterne mit einem Teelicht, weil sich hier ein Jugendlicher zu Tode gefahren hat.

Ein Schwarm schnatternder Wildgänse kreist in kraftsparender V-Formation über der Flusslandschaft; Nachzügler schließen sich ihnen an, bei der Ausdauerleistung, die ihnen auf ihrem langen Weg nach Afrika bevorsteht, geht es um mehr als etwas Gesundheitssport. (Die Küstenseeschwalbe brütet in der Arktis und verbringt den Winter in der Antarktis, eine Strecke von 30 000 Kilometern, die sie jedes Jahr zurücklegt.) Im Sommer hat mich hier einmal ein Waschbär angefaucht, der auf dem Acker saß. Eine Brücke über einen Entwässerungsgraben ist monatelang erneuert worden, in den Beton der alten Brücke hatten die Bauarbeiter, die sie errichtet haben, mein Geburtsjahr eingeritzt. Die Felder sind inzwischen abgeerntet, man sieht zwar fast nie einen Bauern, aber die Arbeit in der Landwirtschaft wird trotzdem irgendwie erledigt (vielleicht suchen die Bauern dafür ihre Frauen?). Ich denke an die Mühe, die mir die Strecke in diesem Sommer an heißen Tagen manchmal bereitet hat, wenn der Fluss kaum noch Wasser führte und ich bei völliger Windstille auf der Deichkrone lief und der nächste Kilometerstein nicht kommen wollte. Aber Hitze liegt mir immer noch mehr als Kälte. Werde ich den Winter diesmal durchhalten, ohne wieder 5 bis 7 Kilo zuzunehmen? (Es soll helfen, morgens Obst anzugucken, um im Lauf des Tages gesündere Ernährungsentscheidungen zu treffen.) Noch muss ich den Halsmuff nicht über Mund und Nase ziehen. Ich verstehe nicht, was sich die Evolution dabei gedacht hat, uns so ein empfindliches Körperteil wie unseren Hals zu bescheren. Mit Neid blicke ich auf Sokrates, von dessen robuster Konstitution es in Platons »Symposium« heißt: »Als der Frost so heftig war, als man sich nur denken kann, und die andern entweder gar nicht hinausgingen, oder wer es etwa tat, wunderwieviel Anzug und Schuhe unterband und die Füße einhüllte in Filz und Pelz, da ging dieser hinaus in eben solcher Kleidung, wie er sie immer zu tragen pflegt, und ging unbeschuht weit leichter über das Eis hin als die anderen in Schuhen.«

Seit Anfang des Jahres habe ich ein paar Kilo abgenommen; mein Maßstab ist mein Ledergürtel, den ich seit ungefähr 25 Jahren benutze, allerdings hat sich das Material an manchen Stellen so in die Länge gezogen, dass ich mich wahrscheinlich selbst betrüge. (Als er mir einmal gerissen ist, habe ich ihn von einem Russisch sprechenden Schuster aus Armenien reparieren lassen.) Meine Form ist noch einmal besser als im Sommer, ich würde natürlich nie behaupten, dass sie »gut« ist, Läufer fühlen sich immer außer Form. Wie viele Wochen bleiben mir wohl bis zur jährlichen Herbst-Bronchitis mit wochenlangem nächtlichen Reizhusten, die alles wieder zunichtemachen wird?

Ich habe mir einen regenerativen Genusslauf vorgenommen, seltsamerweise muss ich mir das ja vornehmen, sonst werde ich zu schnell. Eine Gelegenheit, auf die Technik zu achten. »Natural Runners«, die sogar barfuß laufen, behaupten, man müsse an seiner Technik arbeiten, die Leistung komme dann von selbst. Das ist ein interessanter Paradigmenwechsel, denn schon im 19. Jahrhundert, also in der Lauf-Urzeit, als es noch kein systematisches Training gab, hat man mehr Wert auf einen schönen Laufstil gelegt als auf Trainingsreize. Damals galten Ausdauer und die Fähigkeit, Schmerzen auszuhalten, als Frage des Charakters. Allerdings hatte man seltsame Vorstellungen vom Stil. Auf längeren Strecken hielten zum Beispiel Athleten die Arme nach unten gestreckt, dicht am Körper.

In James Joyces erstem Roman, »Ein Porträt des Künstlers als junger Mann«, sieht man den Helden Stephen, den wir im ersten Kapitel als sensiblen, nachdenklichen Internatsschüler kennengelernt haben, angeleitet von einem Trainer, beim Lauftraining im Park: »Dann begänne Stephens Lauf herum im Park. Mike Flynn stünde an dem Eingang zum Bahnhof, die Uhr in der Hand, während Stephen um die Bahn lief, in dem Stil, den Mike Flynn favorisierte, den Kopf hoch erhoben, die Knie hochgezogen und die Hände zu beiden Seiten strack nach unten gestreckt.« Eine andere kuriose Anschauung aus dieser Zeit, die sich aber lange gehalten hat, war es, dass Trinken dem Läufer schade: »Es werden daher die Anstrengungen des Rennens bei geringer Flüssigkeitsaufnahme besser ertragen als bei einem stärkeren Wassergehalt des Blutes. Daher wird vielfach bei scharfem Training die sog. ›Trockendiät‹ empfohlen, deren Grundsatz es ist, dem Körper möglichst wenig Flüssigkeit zuzuführen und auch Speisen zu vermeiden, welche viel Flüssigkeit enthalten.« (Philipp Hainz) Frühe Formen des Trainings bauten auf die Erfahrungen aus dem Training von Rennpferden; in erster Linie ging es um Gewichtsabnahme, Trainer ließen die Athleten zur Ader, verabreichten Brech- und Abführmittel und setzten »Schwitzmärsche« aufs Programm, die dick in Wolle gepackt absolviert wurden. Ihre Methoden hielten sie, wenn möglich, geheim. (Geradezu tragisch ist es, dass wir von den Trainingsmethoden der Griechen praktisch nichts wissen. Erfahrungen aus 1200 Jahren Wettkampfsport sind für uns verloren. Wir wissen nicht einmal, wie der Start der Rennen genau ablief. Bekannt ist immerhin, dass die Trainer »Alipten« hießen, weil sie ihre Schützlinge salbten, um das Ausbrechen des Schweißes zu verhindern, und dass »Paidotriben« die Ringkämpfe der Jugendlichen im »Gymnasion«, der »Nackturnhalle«, überwachten und die Kämpfenden, wenn nötig, mit einem Stock voneinander trennten.)

Die Stadionsaison geht jetzt langsam zu Ende, für Tempoläufe ist es zu kalt, und im Stadion laufe ich eigentlich nur, wenn ich die Zeit nehmen und die genaue Streckenlänge wissen will. Ich werde einen Teufel tun, beim Laufen in der Natur ein Smartphone mit GPS mitzuführen und anschließend meine Laufdaten mit denen anderer Läufer zu vergleichen. Das hat für mich so viel mit Laufen zu tun wie Daddeln an der Playstation oder am Handy mit den Bedürfnissen der kindlichen Seele. Irgendwann wird, wer so »technikfeindlich« denkt, zur Avantgarde gehört haben. Manche Jahre bin ich nicht mehr viel im Stadion gelaufen und habe nur beim Spazierengehen die anderen Läufer durch den Zaun der Anlage beobachtet und ein bisschen Neid empfunden; ich vermisste den Geruch der Tartanbahn und das fast schon professionelle Gefühl beim Rundenlaufen. Dieses Jahr hat mich der Ehrgeiz wieder gepackt, ich habe ein paar Monate lang meine 10-Kilometer-Zeit gedrückt und mich jedes Mal, wenn es gelang, ein paar Tage gefreut. Ich habe allerdings auch immer ein schlechtes Gewissen, wenn ich auf Zeit laufe, weil es dem Geist des Genusslaufens widerspricht und nach übertriebenem Altersehrgeiz aussieht. (Mike Spino berichtet von dem »Schuldgefühl, zu allem fähig zu sein«, das sich bei ihm nach einem besonders gelungenen Lauf einstellte. Ich kenne diese Schuldgefühle vom Fußball, wenn ich einem Spieler, der eigentlich besser ist als ich, den Ball abnehme.) Außerdem vermute ich, dass es nicht gut für meine Knochen ist und wahrscheinlich nicht viel zu meiner Gesundheit beiträgt, jedenfalls nehme ich davon nicht ab. Seit vielen Jahren liegt am Rand der Bahn ein Gedenk-Gesteck für irgendeinen Läufer, der sich hier einmal übernommen hat, und ich weiß ja nicht, ob ich einen unentdeckten Herzfehler habe. Aber wenn ich eine gute Zeit gelaufen bin, gibt mir das mindestens für einen Tag die Gewissheit, keine Erkältung auszubrüten. Leider verbessere ich meine persönlichen Bestleistungen nicht mehr, aber zum Glück gibt es ja Jahresbestleistungen, die werde ich immer schaffen, ich muss dafür nur wenigstens einmal im Jahr die Strecke laufen. Wenn man keine Rekorde mehr schafft, kann man immer noch den Ehrgeiz haben, durch Ausdauertraining seinen Ruhepuls zu senken; meiner liegt nach all den Jahren unverändert bei 70, das ärgert mich. Lasse Virén hat 32, Miguel Indurain angeblich 28.

Im Kreis zu laufen ist vielen zu langweilig, sie wollen sich nicht freiwillig in ein Hamsterrad sperren lassen. Vor allem Männer höre ich gern verkünden, sie bräuchten einen Gegner oder einen Ball, um sich zum Laufen zu motivieren. Und allein im Kreis zu laufen scheint der Gipfel der Sinnlosigkeit. Wir halten den, der sich ohne Grund bewegt, für dumm. Der begnadete »Stehgeiger« erntet beim Fußball mehr Ruhm als die fleißige »Pferdelunge«. Ich erinnere mich an ein Spiel bei der WM '98, in dem sich der kolumbianische Regisseur Carlos Valderrama fast ausschließlich im Mittelkreis aufhielt, immer genau dort, wo etwas Schatten war. (Inzwischen wurde ihm in seiner Geburtsstadt Santa Marta bereits ein Denkmal errichtet, das sich gar nicht mehr bewegt und immer in der Sonne steht.) Es scheint dem Geist des Laufens zu widersprechen, immer wieder am Ausgangspunkt vorbeizukommen, so kann man keine Botschaften übermitteln oder Tiere jagen, man wird nie der Erste sein, der sich das Aas sichert, und man kann vor niemandem weglaufen (vor allem wenn derjenige die Abkürzung durch die Mitte nimmt). Ich schätze es aber, meine Leistung kontrollieren zu können. Man läuft irgendwann auf die Sekunde genau dieselben Rundenzeiten. (Wenn ich ungewollt schneller werde, dann meistens aus Angst, das Tempo nicht zu halten.) Der Vorteil ist außerdem, dass man sich um die Strecke keine Gedanken machen muss; es gibt keine Kreuzungen, keine Berge, keine Sackgassen, kein Kopfsteinpflaster, keine Autos, keine Hunde. In Iaşi im Nordosten Rumäniens bin ich deshalb immer im Stadion gelaufen, um 7 Uhr morgens, um der größten Hitze zuvorzukommen. In den kleineren Straßen des Viertels löste man eine Kettenreaktion kläffender Hofhunde aus.

Im Stadion kann man sich nicht verlaufen, und wenn es einem doch passiert, dann muss man nur weiterlaufen und findet wieder zurück, wie eine elektrische Eisenbahn. Es kommt vor, dass auf dem Rasen ein Fußballspiel läuft, man hört bei Fouls die Knochen aufeinanderkrachen, der Täter tätschelt seinem Opfer kurz den Kopf und trottet davon; in jedem anderen Zusammenhang wäre das Körperverletzung. Sobald die Fußballer nicht nach dem Ball rennen, sondern zum Beispiel einen Ball holen müssen, der ins Aus gerollt ist, bewegen sie sich schwerfällig wie alte Männer. Es ist erstaunlich, wie unfit man trotz regelmäßigen Fußballtrainings aussehen kann; die Beleibtesten sind dabei oft die besten Techniker, sie ruhen sich auf ihrem Talent aus. Als was für ein, im Vergleich zur Leichtathletik, unedles Treiben der Fußball früher galt, erfährt man aus einer Bemerkung von Ludwig Haymann in Otto Peltzers Anthologie »Vergangenheit und Zukunft der deutschen Leichtathletik« von 1925: »Wenn der Laie am Sonntagnachmittag seinen Spaziergang macht über die Wiesen vor der Stadt, sieht er ungebildete und rohe Kerle, die in einem ihm unverständlichen Gewimmel auf dem Rasen herumlaufen, und nach Spielschluß noch vor dem Anziehen sich eine Zigarette anzünden und dann am Arme oft höchst zweifelhafter Weiblichkeit dem nächsten Bierlokale zusteuern.«

Manchmal ist es so heiß, dass ich mich bei jeder Runde auf die Stellen freue, wo die Pappeln etwas Schatten werfen. Meine beste Zeit über 20 Kilometer bin ich hier mit Liebeskummer bei einem heftigen Sommergewitter gelaufen. Jetzt, im Herbst, weht Laub über die Bahn, Krähen baden in den Pfützen, die sich in den Wurfkreisen der Kugelstoßanlagen gebildet haben. Im Winter liegt sogar manchmal Schnee, was die Koordination trainiert. Im Sommer wird man von den schlecht eingestellten Sprinklern nass gespritzt, die mit ihrem Strahl ein Stück der Laufbahn abdecken; wenn man Glück hat, kommt man trocken durch, manchmal kriegt man aber die volle Ladung von vorne ab. Bei Wind hat man auf einer Geraden Rückenwind und auf der anderen Gegenwind, was sich auf die 200-Meter-Zwischenzeiten auswirkt. Natürlich gucke ich nach jeder *halben* Runde auf die Uhr, aber immerhin noch nicht alle 100 Meter. Bei Eliud Kipchoges von Nike gesponsertem Versuch, auf der Rennstrecke von Monza einen Marathon unter Idealbedingungen unter 2 Stunden zu laufen, folgte er einer von einem Begleitfahrzeug aus auf den Boden gelaserten roten Linie.

Ich laufe immer auf der Innenbahn, da eine Runde dort 400 Meter lang ist (die genauen 400 Meter ergeben sich, wenn man einen Abstand von 30 Zentimetern zur Linie hält). Ich muss dann immer an die Knobelaufgabe aus der Mathe-AG denken, ob eine Maus unter einem Seil durchpasst, das um den Äquator gelegt wurde, wenn man das Seil um einen Meter verlängert. Einmal riet mir ein Sportlehrer, der die Zwischenzeiten seiner Schüler kontrollierte, in der Kurve noch näher an der Linie zu bleiben, um keine überflüssigen Meter zu laufen. Das war das einzige Mal im Leben, dass ich beim Laufen gecoacht worden bin!

Dass eine Runde 400 Meter misst, war natürlich nicht immer so, bei Rennen in der Halle – die auch Paavo Nurmi in Amerika bestritt, zum Beispiel im Madison Square Garden – waren die Runden viel kürzer, ein Vorteil für Kurvenspezialisten. Bei den Griechen war ein »Stadion« eine Strecke von 600 Fuß, was natürlich kein einheitliches Maß war, weshalb die Stadionrunden verschieden lang ausfielen. Das stellte aber kein Problem dar, denn es ging ja um den Kampf Mann gegen Mann und nicht um abstrakte Rekordzeiten wie bei uns. Es wäre sogar sinnlos gewesen, sich mit einem Vorsprung auf der Schlussgeraden noch unnötig anzustrengen.

Herakles, der die Olympischen Spiele begründet haben soll, war der erste *Paradoxonike*, also ein »Sieger gegen jede Wahrscheinlichkeit«, weil er am selben Tag im Ringen und im Pankration gewonnen hat. Der Pankration war eine Kombination aus Ringen und Boxen, bei der es lediglich verboten war, dem Gegner die Finger zu brechen oder die Augen auszustechen. Die Verletzungen waren eine Gelegenheit für die Ärzte, etwas über die menschliche Anatomie zu lernen. Herakles soll das Stadion in Olympia errichtet und die Länge der Bahn abgemessen haben. (Isidor von Sevilla schreibt in seiner Enzyklopädie im 7. Jahrhundert n. Chr.: »Man sagt, Hercules habe dieses zum ersten Mal festgesetzt und er habe es mit dieser Strecke begrenzt, weil er sie selbst mit nur einem Atemzug vollendet hatte; und hierauf habe er die Strecke stadium benannt, weil er am Ende aufgeatmet hätte und zugleich stehen geblieben sei.«) Plutarch führt in einem Fragment aus, dass Pythagoras aus der Länge dieser Stadionrunde die Fußlänge von Herakles abgeleitet und seine Größe berechnet habe. (Pythagoras' Bedeutung erklärt sich sicher aus anspruchsvolleren Aufgaben.)

Ich mache mir viel zu selten bewusst, dass das Laufen im Stadion mich zu einem direkten Erben der Kultur der alten Griechen macht. Wobei ich natürlich, anders als sie, nicht nackt laufe. Das Nacktlaufen wurde eingeführt, nachdem bei Olympia ein Läufer über seinen Lendenschurz gestolpert und tödlich verunglückt war. Lukian gibt aber eine andere Erklärung, er lässt in einem Dialog den athenischen Staatsmann Solon das nackte Sporttreiben damit erklären, dass die Jünglinge sich, wenn sie sich vor einer Zuschauermenge entkleiden müssen, nicht blamieren wollen und deshalb durch hartes Training »für ihre Wohlgestalt Sorge tragen« würden. (Während man bei Männern nichts an Nacktheit auszusetzen hatte, weckten die »Schenkel zeigenden« Spartanerinnen, die ja auch Sport trieben, in ganz Hellas Fantasien.)

Wenn die Temperaturen im Frühjahr angenehmer werden, nimmt nicht nur der Fahrradverkehr in der Stadt zu, und man darf sich als Ganzjahresfahrer nicht über die Schönwetterradler ärgern, die beim Einschwenken vom Bürgersteig auf den Radweg nicht nach links gucken, sich unsicher schlingernd und vor allem sehr langsam vorwärtsbewegen, nebeneinander fahren und sich an Kreuzungen nicht durch die Lücke zwischen Autos und Bürgersteig nach vorn schlängeln (angeblich schätzen viele Frauen ihre Körpermaße so pessimistisch ein, dass sie sich nicht zutrauen, durch solche Lücken zu passen). Auf der Bahn kommen dann die Schönwetterläufer dazu, die (meine) ungeschriebenen Gesetze nicht kennen. Manche laufen nebeneinander auf den beiden Innenbahnen, sodass man beim Überholen einen Umweg machen muss, vor allem in der Kurve (das Überholen wird noch erschwert, wenn diese geselligen Läufer mich kommen hören und zur Seite ausweichen, um mich durchzulassen, wobei sie mir erst recht vor die Füße laufen). Ich habe auch schon erlebt, dass *drei* nebeneinander liefen und plauderten, wobei sie es schafften, beim Laufen ihr Gehtempo noch zu unterbieten. Einmal habe ich den Läufer am Rand so einer Laufgruppe beim Überholen absichtlich ganz sachte an der Schulter touchiert, so viel Ärger hatte sich in mir angestaut, das hatten sie aus mir gemacht, einen Stadion-Rüpel! Ein andermal standen zwei Schülerinnen in der Kurve auf der Innenbahn, guckten auf ihr Handy (wahrscheinlich unterhielten sie sich miteinander via WhatsApp) und tranken Bubble-Tea, sie sahen absolut nicht ein, dass sie dem Läufer, der hier ganz alleine verbissen seine Runden im WSA-Bereich (»wettkampfspezifisches Ausdauertraining«) drehte, den Weg versperrten, dabei hätten sie nur ein paar Schritte zur Seite gehen müssen. Zur Strafe, dass ich, so knapp es ging, an ihnen vorbeilief, siezten sie mich beleidigt. Ich merke bei solchen Gelegenheiten, dass ich mich gar nicht in erster Linie über die blockierte Bahn ärgere, sondern über die Rücksichtslosigkeit mancher meiner Mitmenschen. Es ist aber wichtig, sich von solchen negativen Gefühlen nicht dominieren zu lassen, man muss das umdeuten und sollte sich über störende Mitläufer und Passanten freuen, weil sie einem die Gelegenheit verschaffen, »unter Wettkampfbedingungen zu trainieren«. Zu dieser mentalen Volte rät Stéphane Franke in seinem Buch »Laufen«. Man solle Störungen generell »als Trainingspartner wahrnehmen und begrüßen« und seine feindliche Haltung gegenüber den Bedingungen »partnerschaftlich gestalten«. So denke man nicht »jetzt der steile Berg …«, sondern »Guten Tag, lieber Berg!«. Die notwendigen Adaptionen hätten einen Trainingseffekt und förderten »das Kompetenzerleben«.

Lästig sind auch Läufer, die man überholt und die sich dann eine Weile an einen hängen und »am Hinterrad lutschen«. Es ist erstaunlich, wie viel Energie es kostet, wenn auf diese Weise an einem gezogen wird; es ist ja ein rein psychischer Effekt. (Beim Mannschaftslauf wurden früher schwächere Läufer von ihren Kameraden tatsächlich mittels Taschentuch und Riemen gezogen.) In der Ilias veranstaltet Achilles zu Ehren des getöteten Patroklos Wettspiele. Aias führt »im Lauf der hurtigen Schenkel« vor Odysseus, der ihm dicht auf den Fersen ist: »Von hinten trat er die Spur mit den Füßen, eh' fallend der Sand sie bedeckte.« Aias kann seinen Verfolger spüren, auch ohne sich umzudrehen: »Und an den Nacken ihm strömte den Hauch der edle Odysseus.« Da sich kein edler Odysseus an mich hängt, sondern ein schwitzendes männliches Plus-Size-Model mit nacktem, behaartem Oberkörper, Pulsuhr und Brustgurt, wünschte ich, ich könnte wie Odysseus die eulenäugige Athene um Hilfe bitten: »Leicht ihm schuf sie die Glieder, die Füß, und oben die Arme.« Zudem sorgt sie dafür, dass Aias strauchelt und kopfüber in die geschlachteten Opferrinder fällt: »Und mit dem Rinderkot ward Mund und Nas' ihm besudelt.« So etwas gibt es leider nur in der Literatur!

Läufer mit nacktem Oberkörper sind meist kein schöner Anblick, im 19. Jahrhundert nahm man schon an kurzen Ärmeln Anstoß. Montague Shearman schreibt 1887 in seinem Standardwerk »Athletics and Football«: »Vielleicht sollte hier dennoch ein Wort über eine Gepflogenheit gesagt werden, die aus Amerika stammt, und die in letzter Zeit von manchen Männern auch bei uns eingeführt wurde, nämlich das Tragen ärmelloser Jerseys, die Schulter und Axel unverhüllt lassen. Es gibt nichts, was zugunsten dieser Unsitte vorgebracht werden könnte. Ein leichter Ärmel über der Schulter kann einen Läufer kaum mehr behindern, als es ein Spinnennetz würde, wogegen die Erscheinung eines Läufers mit unverhüllten Schultern und Axeln alles andere als malerisch ist. Glücklicherweise ist das übliche Schicksal eines Läufers, der in solch einem Aufzug erscheint, von der Bahn geführt zu werden und mitgeteilt zu bekommen, daß es ihm nicht eher gestattet ist, sich hier wieder zu zeigen, bevor er nicht angemessen gekleidet ist, so daß es wenig wahrscheinlich ist, daß wir in Zukunft noch mit ärmellosen Jerseys belästigt werden.« (Eine Prognose, die sich als allzu optimistisch erwiesen hat.)

Manche Läufer entdecken auch genau in dem Moment ihren Ehrgeiz und beschleunigen, wenn man sie in der Kurve überholen will. Andere betreten das Stadion und gehen, den Blick auf ihre Uhr geheftet, von der Seite quer über die Bahnen zur Innenbahn, um langsam loszutrotten, sodass man fast auf sie aufläuft. Es gibt den Läufer, der an einem vorbeizieht, weil er seinen Lauf mit einem Schlussspurt beendet, um im Ziel abzustoppen und auf der Innenbahn stehen zu bleiben und durchzuschnaufen. Es gibt den Läufer, der Intervalle läuft, also mehrere Runden auf der Innenbahn geht, um dann, von der lauten Stimme seiner Trainingsapp angespornt, eine halbe Runde zu sprinten. Es gibt Läufer, die ihre kleinen Kinder mitgebracht haben, die auf dem Rasen Ball spielen und dem Ball jedes Mal hinterherrennen, wenn er auf die Bahn kullert. Es gibt den Sportlehrer, der mich drei Runden vor dem Ende eines Laufs, bei dem ich auf Rekordkurs liege, auffordert, die Bahn freizugeben, weil seine Schulklasse eine Sportstunde hat. Manchmal ist das aber auch gar nicht nötig, da sich die Schüler bereits im Startbereich zu einem Pulk versammelt haben und es ihnen aus komplizierten, psychologischen Gründen nicht möglich ist, darauf zu achten, ob vielleicht gerade noch jemand anderes die Anlage nutzt.

Die schlimmsten Läufe waren für mich lange Läufe zur Marathonvorbereitung, 30 Kilometer auf der Bahn, das sind 75 Runden. Es muss eigentlich Folgen für den Laufstil haben, wenn man so lange Zeit Linkskurven läuft. (Es wäre schlauer gewesen, Herakles hätte eine Stadionrunde in Form einer 8 erfunden.) Ein Grund, diese Strecke auf der Bahn zu laufen, war das Getränkeproblem; ich konnte draußen keine 2, 3 Liter mitschleppen, und von Trink-Rucksäcken wusste ich noch nichts. Einmal hatte ich es im Park versucht. Ich war auf dem Hinweg mit drei Bananen und zwei Eineinhalbliterflaschen Wasser (ich habe noch nie Geld für Elektrolytgetränke, also synthetischen Schweiß, ausgegeben) in den Händen gelaufen, die ich hinter Bäumen ablegte und beim Trinken immer ein Stück weitertrug. (Die »Running Footmen« in England hatten immer einen Stab mit einer silbernen Kugel dabei, in der sich hart gekochte Eier und Weißwein befanden. Er diente auch dazu, über Gräben zu setzen.) Eine Flasche war schon leer, da war die andere plötzlich verschwunden. Eine Runde weiter fand ich den Grund: Eine Reinigungskraft zog in der Dämmerung mit einem Handwagen herum und sammelte Müll ein, unter anderem meinen Wasservorrat! Ich musste den Lauf ohne Wasser fortsetzen, und das, wo er sowieso schon schlimmer war als der Marathon, auf den er mich vorbereiten sollte. Nach allem, was man liest, hatte ich bei diesen langen Läufen vor allem mit meinem Gehirn zu kämpfen, dem größten die Leistung limitierenden Faktor. Ultraläufer laufen angeblich mit dem Kopf. (»Mentale Fitness ist schwieriger zu erwerben als körperliche«, sagt Eliud Kipchoge.) Man muss es schaffen, an nichts zu denken und nur im Moment zu bleiben, also beim jeweils nächsten Schritt. Ein Trick ist, die Schritte mitzuzählen und von vorn zu beginnen, wenn sich ein Gedanke dazwischengedrängt hat; ich bin bisher nie weiter als bis 10 gekommen.

Die abschließenden 20 Minuten Heimweg aus dem Park dauerten bestimmt die doppelte Zeit. Ich schleppte mich durch Verkehr und Fußgänger wie Michael Douglas am Ende von »Running«, einem Film von 1979, in dem ein Läufer nach einem Sturz im Olympischen Marathon Stunden später, halbwegs wieder bei Bewusstsein, mit verrenkter Schulter den Lauf zu Ende bringen will, um kein »Did Not Finish« zu sein und seinem Land Schande zu machen, während seine Kinder, die schon ins Bett gegangen waren, seine Bemühungen zu Hause live am Fernseher verfolgen und seine Frau, die sich eigentlich von ihm scheiden lassen wollte, da er sein Leben nicht auf die Reihe bekommt und nur immer laufen will, hinter der Ziellinie wartet. (In der Anfangssequenz dieses schön trashigen Films wird spürbar, warum es in den Siebzigern zu einer weltweiten Joggingrevolution gekommen ist: Ein Mann, dessen Leben ein Scherbenhaufen ist, der zu Hause rausgeschmissen wurde und wieder wie ein Junggeselle in einem heruntergekommenen New Yorker Apartmenthotel haust, zieht sich seine Laufschuhe an – schlichte Lederschuhe, mit noch völlig ungedämpften Sohlen –, stretcht sich kurz an der Treppe vor dem Haus und läuft zu einsetzender lovestorymäßiger Musik in der Morgendämmerung scheinbar ohne Anstrengung durch die regennassen, noch leeren Straßen von New York, als gehörten sie ihm. Warum er das im Anzug macht – der Schlips wird unterwegs zum Stirnband –, erfahren wir später: Er holt vor der Arbeit im Sportschuhgeschäft seine Töchter ab, um sie zur Schule zu begleiten. Die Mädchen schämen sich aber für ihn, weil ihre Mitschüler sich wegen der Lauferei über ihn lustig machen.) Die Wiederentdeckung des Laufens als Genuss ist noch nicht so lange her. Man kann es sich heute kaum mehr vorstellen, aber es gab eine Zeit, in der Jogger einsame Freaks waren, die sich von Passanten und Autofahrern Sprüche anhören mussten. Wenn ich den Beginn von »Running« sehe, wäre ich eigentlich gerne wieder so ein einsamer Freak. »Nichts ist so edel, tief und irrational wie unser Laufen und nichts so wild und urtümlich.« (Bernd Heinrich)

Im Stadion musste ich keine Sorge haben, dass meine Flaschen eingesammelt wurden; ich hatte drei dabei, alle fünf Runden bückte ich mich nach einer, was mit der Zeit ziemlich mühsam ist, man sieht dabei so elegant aus wie eine Giraffe, die an der Wasserstelle einen Knicks macht. Ich trank, warf die Flasche auf der Gegengeraden auf den Rasen und hatte zwei Runden später schon wieder Durst. Daher mein Eindruck, dass Trinken durstig macht, vielleicht ist es eine Wahrnehmungstäuschung, man trinkt immer zu spät und schafft es dann nicht mehr, den Durst zu löschen, weil das Wasser eine Zeit im Magen bleibt, bis es vom Körper aufgenommen wird.

Ein Problem, das ich nur im Stadion habe, ist das Rundenzählen, dabei sind auch schon Fachkräften bei Olympischen Spielen Fehler passiert (zum Beispiel 1948 im 10 000-Meter-Finale von London), und ich bin ja auf mich allein gestellt. Die Panik, wenn man durcheinandergekommen ist und beim Weiterlaufen fieberhaft nachrechnet, in welcher Runde man ist! Ich helfe mir mit meinen Fingern, der Daumen wandert an den Fingerspitzen einer Hand entlang, jede Runde einen Finger weiter, dann habe ich zumindest die »Einerstelle« gespeichert, wenn ich geistig kurz abwesend war. Man muss sich natürlich festlegen, ob man beendete oder begonnene Runden zählt; ich zähle die begonnenen. (Eine andere Angst bleibt: dass die Batterie meiner Uhr ausgerechnet bei einem Rekordversuch aufgibt. Eigentlich müsste ich immer mit zwei Uhren laufen, aber wie soll ich bei beiden gleichzeitig die Stoppuhr starten?) Das Rundenzählen ist nur ein Spezialgebiet des ständigen Rechnens, mit dem ich beim Laufen meinen Geist beschäftige. Manchmal rechne ich meine Monatsausgaben durch, manchmal meine wöchentliche Kilometerzahl, manchmal die Zahl meiner bisher in Büchern publizierten Seiten oder wie viel Geld ich bis zur Rente noch verdienen muss. Von den 400-Meter-Runden ausgehend die 1500-Meter-Zeit hochzurechnen oder die Zielzeit eines Halbmarathons zu extrapolieren, um das Tempo anzupassen, wird nie langweilig. Mit diesem Versuch, mich durch Rechnen seelisch zu stabilisieren, bringe ich meinen Geist aber um das eigentliche Lauferlebnis, wie Andreas M. Marlovits in »Lauf-Psychologie: Dem Geheimnis des Laufens auf der Spur« schreibt: »Man verwehrt sich der kompletten, Seelen modulierenden Kraft des Laufens. Damit wird es für das Psychische des Läufers schwieriger, an den Punkt der wohltuenden Wirkung des Laufens zu kommen [...] Wenn Sie eine weitere Erfahrung mit dem Laufen machen wollen, versuchen Sie beim Laufen – sobald sich das Zählen einstellt – davon innerlich aktiv Abstand zu nehmen.« Manchmal geschieht es sogar, dass ich, weil ich die angestrebte Zeit nicht schaffe, aufgebe. Es ist sehr schwer, bei Tempoläufen seine Ziele nach unten zu korrigieren und weiterzulaufen, man verliert sofort die Motivation. In solchen Momenten zeigt sich auch, dass Aufgeben ansteckend ist; sowohl andere, die ihren Lauf abbrechen, beeinflussen einen als auch die Erinnerung daran, selbst schon einmal aufgegeben zu haben. Manchmal ist es aber vernünftiger, es für diesmal zu lassen, nur ist es schwer einzuschätzen, wann man sich überwinden sollte und wann es ungesund wäre. Es ist ein schmaler Grat zwischen Selbstdisziplin und Zwanghaftigkeit; ich ändere zum Beispiel nie den Verlauf der Strecken, die ich vor zwanzig Jahren einmal zufällig zum ersten Mal so gelaufen bin, ich will ja die Zeit vergleichen können. Wenn sich die Strecke durch Straßenarbeiten verändert hat, wird das an anderer Stelle annäherungsweise ausgeglichen.

Meine jahrelange Routine im Stadion wurde erst vom Konjunkturpaket II empfindlich gestört, weil damals Geld zur Verfügung gestellt wurde, um die alte DDR-Baracke am Rand der Laufbahn durch ein luxuriöses Gebäude mit Toiletten und Umkleidekabinen zu ersetzen, in dem die Platzwarte, die ich vorher kaum zu Gesicht bekommen hatte, nunmehr einen Logenplatz hatten. Mitten in einem wichtigen Trainingslauf (sie sind alle wichtig!) kam ein Platzwart aus seinem Kabuff und stellte sich mir in den Weg. Er klärte mich darüber auf, dass ich nicht auf der Innenbahn laufen dürfe, die sei zur Schonung des Belags gesperrt (weshalb er hier auch eine Bank aufgestellt hatte). Ich nickte, lief die Gegengerade aber trotzdem auf der Innenbahn und nach ein paar Runden auch wieder die Gerade, die er im Blick hatte. Ich hoffte, dass er seine Pflicht getan hätte und mich in Ruhe lassen würde, aber er kam noch ein zweites Mal heraus und stoppte mich. Auch beim nächsten Lauf zwei Tage später hatte ich dasselbe Problem, diesmal mit seinem Kollegen. Ich konnte mir nicht vorstellen, dass die zahlreichen mündigen Laufbürger, die hier ihre Runden drehten, das mit sich machen ließen, und hoffte auf eine Revolution, aber alle ordneten sich unter und mieden brav die Innenbahn. Weil ich so verzweifelt war, schrieb ich an die Pressestelle der Senatsverwaltung für Inneres und Sport:

Sehr geehrte Damen und Herren,
seit mehr als zwanzig Jahren nutze ich die Laufbahn des Stadions in meinem Bezirk. Neuerdings wird man dort durch das Personal darauf hingewiesen, dass laut Stadionordnung ein Benutzen der Innenbahn nicht gestattet ist. Das sei schon immer so gewesen. Aus meiner Erfahrung kann ich sagen, dass das nicht stimmt. Die Maßnahme scheint im Zusammenhang mit dem Neubau des Umkleidegebäudes und der Renovierung des Bahnbelags aus Mitteln des Konjunkturpakets II der Bundesregierung zu stehen. Ich frage mich, ob es sinnvoll ist, dass diese Verbesserung der Infrastruktur zu einer Verschlechterung der Nutzungsbedingungen führt. Die Laufanlage ist eine öffentliche Anlage und sollte dem Breitensport zur Verfügung stehen. Wenn man, wie ich, leistungsorientiert trainiert, ist man auf genau abgemessene Strecken angewiesen, andernfalls kann man auch im Park joggen. Die genaue Länge der Strecke lässt sich nur auf der Innenbahn ermitteln, da eine Addition der Rundenlängen der anderen Bahnen bei längeren Läufen sehr aufwendig

wäre und die Position der Ziellinie ohne Maßband nicht bestimmt werden könnte. (Damit eine Maus unter einem Seil durchpasst, das um den Äquator gelegt wird, muss es um einen Meter verlängert werden. Und bei kleineren oder größeren Planeten als unserer Erde wäre das Ergebnis dasselbe! Angesichts der Breite einer Bahn sprechen wir hier aber nicht von einer Maus, sondern von einem Hasen! Auf der sechsten Bahn hätten wir es schon mit sechs Hasen zu tun, die huckepack stehen!) Das Argument, dass der Belag der Innenbahn geschont werden muss, kann ich nicht nachvollziehen, erstens weil das in den letzten zwanzig Jahren nicht der Fall war, und zweitens, weil das Problem dann auf der zweiten Bahn dasselbe ist. Man könnte leicht mathematisch belegen, dass die Abnutzung der Bahnen 2 bis 6 sogar noch zunimmt, wenn alle Läufer sich auf fünf statt auf sechs Bahnen verteilen. Zudem stellt sich die Frage, wofür die Innenbahn geschont werden soll, da dort bis auf gelegentliche Schulsportfeste keine Leichtathletik-Wettkämpfe stattfinden. Ich halte die Praxis, die Breitensportler, die etwas für die Entlastung der Krankenkassen tun, von der Innenbahn auszuschließen, für undemokratisch und verfassungswidrig, da es sich, wie gesagt, um eine öffentliche Anlage handelt, die mit Steuergeldern bezahlt wurde. Ich bitte Sie darum, hierzu Stellung zu nehmen beziehungsweise diese Regelung zu ändern,
mit freundlichen Grüßen
Jochen Schmidt

Ich bekam eine erstaunlich freundliche und ausführliche Antwort eines Mitarbeiters der Senatsverwaltung mit dem Rat, mir eine »Läuferkarte« zu besorgen. Bis heute weiß ich nicht, was das ist, ich wich lieber in ein anderes Stadion aus, wo sich kein Platzwart für die Innenbahn zuständig fühlte und es sogar Kaninchen gab. Nach ein, zwei Jahren, als ich es wieder einmal in meinem alten Stadion probierte, hatte sich das Problem erledigt; ich hoffe, mein Engagement hat etwas dazu beigetragen.

Manchmal denke ich, im Stadion im Kreis zu laufen ist die philosophischste Art zu laufen, weil man das Laufen so von seinem banalen Zweck, eine Strecke von A nach B zurückzulegen, befreit. (Auf dem Laufband läuft man zwar sogar auf der Stelle, was noch sinnloser wirkt, man muss aber laufen, um nicht nach hinten zu fallen. Insofern ist Laufen hier nicht zweckfrei, sondern man gehorcht einem Überlebensinstinkt. Die Vorgänger des Laufbands, Tretmühlen genannte Apparate, sind übrigens im 19. Jahrhundert von Gefängnisreformern erfunden worden und eine gefürchtete Strafe gewesen, unter der zuletzt noch Oscar Wilde leiden musste.) Warum kommt es mir philosophisch vor, sich darin zu üben, ohne Ablenkungen auszukommen und sich dem reinen Schmerz der Existenz zu stellen? Weil man Philosoph sein muss, um es ohne Entertainment mit sich allein auszuhalten? Das fällt mir ausgesprochen schwer; Langeweile ist eine schlimme Folter, vielleicht weil sie mich zwingt, mich mit meinen Dämonen zu beschäftigen. Otto Peltzer schreibt 1928 in »Das Trainingsbuch des Leichtathleten«: »Zum Langstreckentraining, insbesondere für die großen Straßenläufe, gehören dann im Winter wie im Sommer auch häufigere längere Gänge, möglichst durch langweilige Gegenden, aber mit bestimmtem Ziele und guter, flotter Gangart. Solche Gänge, die je nach der Spezialstrecke des Läufers 15 oder 30 km weit sein müssen, tragen sehr dazu bei, dass einem später die zu bestreitende Laufstrecke nicht zu lang vorkommt.« Tatsächlich gehörte Gehen damals noch zum Trainingsprogramm des Langstreckenläufers. Alfred Shrubb, ein berühmter professioneller Läufer, der die internationale Szene vor Paavo Nurmi beherrschte, schrieb

1909 in seinem Buch »Long Distance Running and Training« über das Gehen: »Es lockert die Muskeln, weitet die Lunge und macht schön hungrig.« Paavo Nurmi bedauerte später allerdings, so viel Zeit mit Gehen verloren zu haben. Der Finne erschien seinen Zeitgenossen geheimnisvoll und weise, weil er so wenig sprach (das beste Mittel, um als nachdenklich und tief zu gelten). Werde ich, wenn ich noch ein paar Jahre im Kreis laufe, auch weise? Beginnt das Denken nicht, wenn es keine Ablenkung mehr gibt? Oder lenkt auch Denken vom Denken ab? Wie viele Runden müsste ich laufen, um meinen Geist zu leeren und mein Ego zu transzendieren? (Beim von dem Guru Sri Chinmoy begründeten jährlichen Self-Transcendence-Race im New Yorker Stadtteil Queens, bei dem man 5649 Runden um einen Häuserblock läuft, versuchen die Teilnehmer, in 51 Tagen eine Strecke von 4989 Kilometern zu schaffen. Ein langer Weg von sich weg!) Lehrt einen das Laufen im Stadion, bei dem man bei jeder Runde von vorn beginnt, sich nicht der Illusion hinzugeben, dass es im Leben so etwas wie Fortschritt gibt, und trotz dieser Einsicht tapfer weiterzumachen, wie Sisyphus? Weil man verstanden hat, dass Anfang und Ende des Lebens Fiktion sind und nur der nächste Schritt real? Müssen wir uns den Stadionläufer als glücklichen Menschen vorstellen?

Age Performer

Wenn ich jemals mit dem Laufen aufhören würde, wäre das schrecklich für mich. Das wäre, als ob ich langsam verfaulte.
Bill Rogers in James Fixx, »Das komplette Buch vom Laufen«, 1977

Vor »Übertraining« wird in vielen Trainingsbüchern aus den Zwanzigerjahren eindringlich gewarnt. (1955 wird Franz Stampfl die Gefahr relativieren: »Zuviel Training ist eine seltene Krankheit.«) Das Gefährliche am Übertraining wird darin gesehen, dass es ganz unspezifische Symptome haben kann und oft zu spät erkannt wird: »In diesem Zustande, und schon wenn er sich ankündigt, wird der Trainierende mehr oder weniger nervös. Seine Nervosität äußert sich je nach Temperament verschieden. Der eine wird grob und unverschämt, anmaßend und frech, ein anderer tückisch, wieder ein anderer lacht dauernd und zwar ohne erkennbaren Anlaß und über nichtssagende Dinge, wieder andere werden zärtlich und vertraulich.« (Philipp Hainz) Es gibt Zeiten, da frage ich mich, ob ich noch übertrainiert bin oder ob ich schon alt werde, so zermorscht und trocken wie Mensabrot, wie sich mein Körper anfühlt. (Mein Marathon-Geburtstag, 42 Jahre und 195 Tage, liegt längst hinter mir.) Die körperlichen Symptome von Übertraining und Altern sind kaum zu unterscheiden: Niedergeschlagenheit, Müdigkeit, Antriebslosigkeit, Gereiztheit (Dysphorie), Stimmungsschwankungen, Schlafstörungen, Leistungsverweigerung, Konzentrationsstörungen. Es gibt ja auch andere Hinweise dafür, dass ich den Wendepunkt des Lebens schon hinter mir habe:

- Ich vergesse beim Duschen immer öfter, ob ich mich schon eingeseift habe, und seife mich zur Sicherheit noch einmal ein.
- Ich trage jetzt eine gelbe Warnweste beim Fahrradfahren und überlege schon, ob ich sie auch beim Spazierengehen tragen sollte.
- Es gibt keinen Profifußballer mehr, der älter ist als ich. Langsam wird es auch bei den Trainern eng.
- Ich blättere manchmal das Krankenkassen-Magazin durch, anstatt es sofort wegzuwerfen.
- Ich gucke keine spannenden Serien mehr, ich ziehe »Bares für Rares« vor. Ich habe mich sogar an Horst Lichter gewöhnt.
- Ich hatte wegen monatelanger Verdauungsprobleme meine erste Darmspiegelung, einen Fructose- und einen Lactoseallergie-Test und eine Untersuchung der Schilddrüse. Ich esse jetzt nur noch zwei Tage altes Sauerteigbrot, obwohl mir Schwarzbrot eigentlich viel besser schmeckt.
- Ich konnte mir nie vorstellen, regelmäßig Tabletten zu nehmen wie diese alten Leute mit ihren Medikamentendosierern, in denen sie bunte Pillen für die ganze Woche vorsortiert haben. Jetzt nehme ich selbst täglich eine Vitamin-D-Tablette gegen meine chronische Müdigkeit.

- Ich habe früher einmal im Jahr zwei Tüten Klamotten bei H&M gekauft, um das Problem meiner Einkleidung schnell und unkompliziert zu lösen. Neuerdings komme ich mir dort komisch vor.
- Auf Plakaten von Musikfestivals kenne ich nur noch ein bis zwei von den in den größten Lettern gedruckten Bands. Ich höre kaum noch Musik, weil ich die Stille viel mehr genieße.
- Beim Yoga gefällt es mir am meisten, beim Shavasana am Ende der Praxis unter der dicken Decke zu liegen, vor allem, wenn die Lehrerin rumgeht und allen noch einmal richtig die Füße einmummelt. Ich würde auch nur dafür kommen.
- Ich will bei Malefiz nicht mehr gewinnen.
- Tischtennis macht mir keinen Spaß mehr, weil man sich dauernd nach dem Ball bücken muss.
- Ich setze mich jetzt auf der Toilette, weil ich dann nachts das Licht nicht anmachen muss und besser wieder einschlafen kann.
- Die Weberknechte in meiner Wohnung trage ich jetzt in einem Insektenfänger auf den Balkon, anstatt sie in den Ausguss zu spülen.
- Ich lasse in manchen Jahren einen Woody-Allen-Film aus.
- Ich vermeide es, mich in Autos an die Kopfstütze zu lehnen, weil sich dann mein Hinterkopf so kahl anfühlt.
- Ich habe Angst vor dem Moment, wenn Roger Federer seine Karriere beendet.
- Ich habe aufgehört, daran zu glauben, dass ich irgendwann einmal einen Film drehen werde.
- Ich esse jetzt lieber Kartoffeln mit grünen Bohnen als Vanillepudding.
- Ich muss manchmal nachrechnen, wie alt ich bin.

- Ich kann Spielzeugpistolen bei Kindern nicht mehr sehen, obwohl ich als Kind einen Koffer voll davon hatte.
- Beim Telefonieren halte ich das Telefon an mein Ohr.
- Ich überlege, ob ich mit meiner Freundin einen Swingtanzkurs buchen soll.
- Ich lese alle Astrid-Lindgren-Bücher ein zweites Mal, aber diesmal laut.
- Ich werde manchmal schon nostalgisch, wenn ich an meine alte Sparkassen-Geheimzahl denke.

Am deutlichsten zeigt sich mein Alter aber an meinem gestörten Verhältnis zu neuer Technik, auf die ich keine Lust mehr habe (außer vielleicht auf ein Fahrrad mit Elektromotor). Während ich als Kind keine Ruhe fand, bevor ich nicht jede versteckte Funktion eines Taschenrechners entdeckt hatte, schätze ich heute Geräte mit möglichst wenigen Funktionen und lese mir nicht einmal mehr die Bedienungsanleitung durch. Meine Kleidung ist zum Glück von technischen Innovationen kaum betroffen; Reißverschluss, Jeansstoff, Kapuze und Hosentaschen sind schon lange vor meiner Geburt erfunden worden, und auch der Klettverschluss wurde schon in den Fünfzigerjahren von einem Schweizer Ingenieur entwickelt, nachdem er die Kletten näher untersucht hatte, die beim Spazierengehen immer am Fell seines Hundes hängen geblieben waren. Turnschuhe mit Klettverschlüssen waren in meiner Ostberliner Kindheit in den Achtzigerjahren ein Objekt der Begierde; wer so etwas besaß, wurde heftig beneidet, ich fuhr durch die halbe Stadt, um Schuhläden abzuklappern, aber ich wurde nie fündig. Anders als an meiner Alltagskleidung wird an meiner Laufkleidung ständig weitergeforscht, die Technologien veralten schneller als die eingearbeiteten Gummibänder. Das Ziel ist ein Stoff, der warm hält, kühlt, atmungsaktiv und wasserdicht ist, keinen Geruch annimmt und zudem federleicht ist und abriebfest. Stoff ist gar nicht das richtige Wort für so etwas, es sollte eine Membran sein, eine Superhelden-Haut, »Baselayer«-Funktionswäsche mit »Bodymapping«, in der man aussieht wie Spiderman (hatte Wäsche denn bisher keine »Funktion«?).

Bei Nieselregen habe ich immer darauf gesetzt, rechtzeitig wieder zu Hause zu sein, um nicht völlig durchzuweichen, schien das unmöglich, bin ich gar nicht erst losgelaufen. Wenn es unterwegs ein Gewitter gab, hatte ich natürlich Pech gehabt. Einmal bewegte sich auf dem Heimweg von einem 20-Kilometer-Lauf eine Wolkenwand in meine Richtung, der Himmel färbte sich schwarz, und heftige Böen kamen auf. Ich war auf freiem Feld, erst blitzte und donnerte es, dann schüttete es, und die Blitze krachten immer näher. Sollte ich mir schnell einen Baum suchen oder gerade nicht? Wie war gleich der Spruch mit den Buchen? Trug ich Metall am Körper? Wirkten meine Gummisohlen isolierend? Mit durchnässten Schuhen jagte ich durch das knöcheltiefe Pfützenwasser, leicht gebückt, als würde das etwas nützen. »Stehen Ihnen die Haare zu Berge, so deutet das darauf hin, dass sich in Ihrer unmittelbaren Umgebung ein elektrisches Spannungsfeld aufbaut und eine Entladung in Form eines Blitzes bevorsteht.« (James Fixx)

In diesem Jahr wollte ich meine Konsumschwäche überwinden und in eine Laufjacke für Regenwetter investieren. Ich besaß bisher nur eine billige Regenjacke, an deren Innenseite sich der Schweiß sammelte, sodass ich beim Laufen damit nasser wurde, als ich es ohne Jacke gewesen wäre. Ich wollte unabhängig vom Wetter sein beziehungsweise Expeditionen in den Regen unternehmen können, dieses herrliche Naturphänomen, das heutzutage so schlecht beleumundet ist, dass Wetteransager dauernd meinen, die Nation trösten zu müssen, wenn es einmal auftritt. Wie meine Kaufentscheidung in diesem Fall zustande gekommen ist, könnte Werbepsychologen interessieren, vielleicht auch Konsumsoziologen, Genderwissenschaftler oder Spieltheoretiker. Es ging hochgradig irrational zu bei dem gleichzeitigen Bestreben, die Kontrolle über meine Impulse zu behalten und mich nicht manipulieren zu lassen. Die Aufgabe bestand darin, eine Auswahl aus ungefähr 200 Jacken zwischen 20 Euro und 300 Euro zu treffen, was mir Stress bereitete – es gab einfach zu viele, deshalb hatte ich diesen Kauf ja seit Jahren vor mir hergeschoben. Aber ich war entschlossen, Geld auszugeben, und ich wollte das Beste (nur bei einer integrierten Handytasche konnte ich sparen, so etwas brauchte ich nicht). Wie einfach wäre es, wenn das Beste, wie es mir logisch erscheint, auch das Teuerste wäre, dann wüsste ich, was ich kaufen müsste, aber absurderweise ist in unserer Marktwirtschaft der Preis nicht eindeutig an die Qualität gekoppelt, schlechte Produkte können durchaus teurer sein als gute.

Nun könnte es Verkäufer in Fachgeschäften geben, die ihre Zeit mit dem Studium der Produktpalette verbringen und den Kunden beraten, sodass er schnell zu einem Ergebnis kommt, aber dazu müsste ich erst einmal wissen, was ich will, und die richtigen Worte dafür finden: »Ich möchte viel Geld ausgeben für eine Jacke, die so wasserdicht ist wie ein Taucheranzug, aber so atmungsaktiv, dass ich trotz meiner ständig verstopften Nase wieder Luft bekomme; eine Jacke, die ich mein Leben lang tragen kann, nach deren Duft sich Frauen umdrehen, die fast nichts wiegt, platzsparend ist wie ein unausgepacktes Kondom, die tagsüber unauffällig, aber ansprechend aussieht und nachts jeden Lichtschein reflektiert, die unter fairen Bedingungen aus alten Fischernetzen hergestellt wurde, biologisch abbaubar ist und die ich im Notfall essen könnte wie Playmais.«

Für die Auseinandersetzung mit Verkäufern reicht es aber nicht zu wissen, was man will, man muss auch ihre Sprache lernen, in diesem Fall die Jackensprache: elastisches 4-Way-Stretch-Gewebe, Charcoal reflective, climawarm®, elastische Cuffs mit Daumenloch an den Ärmelabschlüssen, schweißgeschützte Innentasche, vorgeformte Ellbogen, Raglanarme, Belüftungsösen, reflektierender Allover-Print, Scubakapuze mit Tunnelzug, »packable«, wind- und wasserdichte S2-Apparel-Function, seitliche Bungee-Zugbänder für einen sicheren Sitz, ColdGear® Reactor (passt sich an »unterschiedliche Aktivitätsniveaus« an), DWR-Beschichtung, 360-Grad-Ventilation durch Belüftungsschlitze mit Mesh-Einsätzen auf Vorder- und Rückseite, HeatGear®-Funktion, AeroShield-Technologie, S2-Technologie und getapte Nähte, MotionProtect-Technologie, Climalite®-Technologie, feuchtigkeitsabsorbierende Speed-wick-Technologie, MotionProtect-Technologie als Schutz vor Wind und Auskühlung, NB-DRY-Technologie, AeroLayer-Technologie ... Beherrscht man diese Sprache, sollte man nichtsdestotrotz, bevor man ein Geschäft betritt, wo die Verkäufer einen mit ihren Psychotricks einwickeln, vorsorglich Testberichte lesen (wobei man anhand von Layout, Schriftbild und Wortwahl einzuschätzen lernen muss, ob es sich in Wirklichkeit um Werbung handelt) und aus dutzenden Amazon-Kritiken ein Stimmungsbild ermitteln – dabei dem Volk aufs Maul schauen – sowie Videos von »Influencern« gucken, deren Glaubwürdigkeit man beurteilen muss.

Die Recherchen ergaben, dass ich mich für eine Goretex-Jacke entscheiden würde. Goretex® ist eine mikroporöse Membran aus gerecktem (expandiertem) Polytetrafluorethylen. Das Material ist 1969 durch Zufall erfunden worden und hat die wunderbare Eigenschaft, dass die Poren zu klein sind für Wassertropfen, aber groß genug für Wasserdampf, also auch Schweißdampf. Regen kann somit nicht eindringen, während Schweißdampf austreten kann. Angenommen, es würde Schweiß vom Himmel dampfen, und man würde Wassertropfen schwitzen, dann wäre die Wirkung fatal, man würde irgendwann rumlaufen wie ein mit Schweiß und Wasser gefüllter Ballon.

Auch wenn ich die Suche auf »Goretex« einschränkte, blieb immer noch eine Vielzahl von Jacken in der Auswahl, wobei eine Schwierigkeit darin bestand, herauszufinden, ob es sich überhaupt um unterschiedliche Produkte handelte oder ob sich in der neuen Kollektion nur der Name geändert hatte. Ich wollte die neueste Neuentwicklung, eine Goretex-Jacke, die Kosmonauten im Sonnenwind trugen, die nicht in die Hände von Bösewichten geraten durfte, weil man sich damit die Weltherrschaft sichern konnte, eine Jacke, die man sich bedenkenlos transplantieren lassen könnte. Meine Wahl fiel auf das »Gore Wear R7 Shakedry Hooded Running-Jacket Pacific Blue«, eine Jacke, die man einfach nur schütteln musste, dann perlte das Wasser von der Oberfläche ab, als hätte man sie mit Autowachs eingerieben. Seltsamerweise gab es für diese Jacke nur eine Amazon-Kritik, ein nach eigener Aussage »leidenschaftlicher Läufer« beklagte sich bitter, dass der Saum der Jacke beim Laufen immer über seinen Po hochrutsche und er sie dauernd »runterpulen« müsse. War das ein einsamer Rufer in der Wüste oder ein notorischer Querulant? Ich hatte schon einmal ein Airbnb-Zimmer nicht gebucht, weil unter 99 begeisterten Bewertungen eine war, in der es hieß, dass es in der Unterkunft Bettwanzen gebe. Die Chancen standen 50/50, dass es sich um keinen Stinkstiefel, sondern um den einzigen ehrlichen Gast handelte, und es wurden ja zahlreiche andere Zimmer angeboten, deshalb wollte ich das Risiko nicht eingehen. Was war von meinem Goretex-

Kunden zu halten? Würde die Jacke auch bei mir über den Po rutschen? Sollte ich diese Laufjacken-Kassandra kontaktieren? Oder steckte dahinter die Diversionsabteilung einer Konkurrenzfirma?

Überzeugt hat mich am Ende das Video eines norwegischen Ultra-Trail-Läufers; frisches Regenwasser perlte von seinem Bart, der drahtige Mann verbrachte sicher sein halbes Leben »outdoor«, womöglich sogar mit »survival«, außerdem kam er aus Norwegen, wo man mit Wetter schon von Kindesbeinen an zu tun hat und man die Jackenkunde mit der Muttermilch aufsaugt. Er sagte, dass meine Jacke (ich hatte inzwischen schon eine Beziehung zu ihr aufgebaut) für ihn »THE BEST JACKET ON THE PLANET« sei. Die beste Jacke der Welt? Wo wagte jemand seit Reich-Ranicki noch solche eindeutigen, Komplexität reduzierenden Urteile? Es war genau, was ich brauchte, eine Aussage wie ein Peitschenhieb, es wäre für mich psychologisch überhaupt nicht mehr möglich gewesen, mich jetzt noch für die zweitbeste Jacke auf dem Planeten zu entscheiden, zumal das Zweitbeste bestimmt noch schwerer zu finden war als das Beste. (In meiner Freude über die Hilfestellung des Norwegers übersah ich vollkommen, dass es sich dabei um das Testimonial eines Werbebotschafters dieser Marke handelte.)

Nun wollte ich – aus den bekannten Gründen – nicht bei Amazon bestellen und die Jacke ja auch vor dem Kauf anprobieren, der Tragekomfort sollte stimmen. Was nützte es mir, wenn die Jacke die beste der Welt, mein Körper ihrer aber nicht würdig war? Ich suchte also im Internet nach einem Geschäft in Berlin, das ein Gore Wear R7 Shakedry Hooded Running Jacket Pacific Blue führte, was sich als sehr schwierig herausstellte: Die kleinen Laufshops hätte ich anrufen müssen oder sogar hinfahren, und auch für diese

Läden gab es Testberichte; manche schnitten schlecht ab, sie schickten Kunden fort, wenn sie sie im Verdacht hatten, sich beraten zu lassen, um das Produkt anschließend im Internet zu bestellen. Ein großes Sportgeschäft hatte seinen Bestand online, es befand sich in einer Mall im Stadtzentrum, laut Katalog führten sie meine Jacke, ich konnte sie mir also ansehen, bei der Gelegenheit konnte ich auch einen Kinderfußball kaufen und fragen, ob es so etwas wie wasserdichte Laufsocken gab. Allerdings musste ich eine weite Reise mit der U-Bahn unternehmen. Das Konzept der Mall stammt aus Amerika, wo die Städte durch die Bevorzugung des Autoverkehrs irgendwann kein Herz mehr hatten; in der Mall konnte man sich wieder fühlen wie in einer europäischen Altstadt mit vielen kleinen Geschäften, aus denen es verführerisch duftete. Ich bekomme an solchen Orten aber Platzangst und leide unter Attacken von Kulturpessimismus. Ich betrat das Gebäude deshalb nur widerwillig und suchte im Geschäft lange nach einem Verkäufer. Ich geriet an eine Mitarbeiterin, die, genau wie ich, im Internet recherchierte, ob sie meine Jacke führten, was aber bei ihrem Internet nicht der Fall war. Wasserdichte Laufsocken gebe es nicht, und als Kinderfußball wollte sie mir einen Handball verkaufen. Wegen der Jacke könne ich ja noch einmal oben in der Outdoorabteilung fragen. Dort erklärte ich dem Mitarbeiter, was für Jacken auf dem Markt waren und welche davon ich haben wollte; er sagte, er könne sie mir bestellen, aber dazu hatte ich keine Lust. Mir wurde eine andere Jacke empfohlen, die sei genauso gut, Begriffe wie »Shakedry« seien doch nur Buzzwörter aus der Werbung. Aber ich wollte nun mal genau die, die ich noch nie in echt gesehen, für die ich mich aber mühsam entschieden hatte. Ich konnte mich nicht zweimal im Jahr für eine andere Jacke entscheiden. Also fuhr ich den weiten Weg nach

Hause und bestellte doch bei Amazon, wobei ich nicht Pacific Blue nahm, denn dummerweise war Schwarz am günstigsten (an den Herstellungskosten kann das eigentlich nicht liegen). Relativ schnell kam ein Päckchen mit einem unscheinbaren Kleidungsstück, dem teuersten, das ich je besessen hatte, das mich dafür aber sofort dreißig Jahre jünger machte.

Nun wartete ich ungeduldig auf schlechtes Wetter, aber wie zum Hohn regnete es wochenlang nicht. Ich überlegte schon, ob ich die Jacke in der Dusche ausprobieren sollte, doch dann hatte ich endlich Glück: Nieselwetter, sogar richtig dicke Tropfen! Da ich unter der Jacke drei Schichten trug (und damit auf den »Next-To-Skin-Komfort« verzichtete), bekam ich den Reißverschluss gerade so zu; ich durfte in Zukunft aber kaum ein Kilogramm zunehmen, wenn die Jacke kein Fehlkauf sein sollte (oder eben nur an Beinen, Kopf und Po). Zögernd begab ich mich ins »Outdoor«, das heißt, ich verließ das Haus, um mich vorsichtig in Bewegung zu setzen. Der Regen pladderte auf meine Jacke, nach wenigen Minuten fühlte es sich an, als wäre ich schon vollkommen durchweicht wie die Frau aus der Duschdas-Werbung aus den Achtzigern, die so entrückt durch ein erfrischendes Sommergewitter joggte, die erste Frau, die ich beim Joggen gesehen habe, und dann gleich halb nackt!

Aber der Eindruck täuschte, die Tropfen perlten von mir ab, ich wurde nicht nass, von außen nicht und nicht von innen, ein Erlebnis, das mich fast mit dem Kapitalismus aussöhnte, der die Menschen zu solchen Höchstleistungen wie der Erfindung von Goretex trieb. Die bedauernswerten Fußgänger in ihren unfunktionalen Lumpen drängten sich Schutz suchend unter die Dächer der Bushaltestellen, aber mir konnte der Regen nichts anhaben, im Gegenteil, er massierte mir mit seinen kleinen Händen sanft das Gesicht.

Dazu kam, dass ich vor Wind geschützt war, der bei Regen immer besonders unangenehm auskühlt. Außerdem hatte ich nun ein neues Thema zum Rechnen, nicht mehr nur Zwischenzeiten, sondern die Summe, die die Ausrüstung, die ich am Körper trug, inzwischen schon gekostet hatte. Ich kam auf ungefähr 750 Euro für Jacke, Stirnlampe, Schuhe, Halsmuff, drei Schichten Laufkleidung, Long Tights, Mützen (Under Armour unter Tchibo), Uhr. Wenn ich jetzt noch Rad fahren, Ski fahren, reiten, surfen, golfen, angeln und klettern würde – womöglich in Begleitung von Kindern –, und wenn man bedenkt, dass die meisten meiner Kleidungsstücke keine drei Jahre halten, wäre an ein Hobby finanziell nicht mehr zu denken.

Zu Hause stellte ich mich mit nasser Bekleidung und Schuhen und dann noch einmal entkleidet auf die Waage, die Differenz betrug 3,2 Kilogramm. Das Ausziehen war noch anstrengender als das Anziehen, bei dem ich auch schon immer murmle: »Jeder Strumpf ein Triumph.« Vielleicht wäre eine Fettschicht unter einem vernünftigen Fell doch keine schlechte Lösung für den Homo erectus gewesen? Die Urhorde hätte sich ja in Sommer- und Wintermenschen aufteilen können; die einen gingen im Sommer in der Mittagshitze auf die Jagd nach dösendem Wild, was ihnen möglich war, weil sie schwitzen konnten, und die anderen übernahmen im Winter, wenn ihr Fell sie vor der Kälte schützte. Es gibt ja auch Sumoringer und Jockeys unter uns, die Evolution hat ganz verschiedene Körpertypen modelliert, damit die Menschheit alle anstehenden Aufgaben unter sich aufteilen kann, also warum nicht in der Frage der Körperbehaarung?

Ich bin froh, wenigstens am Ende des Jahres wieder halbwegs fit zu sein, im Grunde habe ich das ganze Jahr gebraucht, um mich heranzuarbeiten. Mich in Form zu bringen dauert für mich ungefähr dreimal so lange, wie meine Form zu verlieren. (»Binnen weniger Wochen schrumpft die ruhig gestellte Muskulatur zusammen wie Schnee in der Sonne«, heißt es in der »Laufbibel«.) Da ich »mit schnellen Schritten« auf die fünfzig zugehe, stelle ich mir immer häufiger die Frage, wie lange ich überhaupt noch laufen können werde? Noch bin ich nicht bereit zu akzeptieren, dass es mit mir bergab geht, geschweige denn das gut zu finden, weil ich dadurch beim Sport Zeit spare, wie es Seneca von sich behauptet: »Der heutige Tag ist gediegen, niemand hat mir von ihm etwas gestohlen. Er wurde völlig zwischen Ausruhen und Lesen aufgeteilt; ein wenig wurde der körperlichen Übung gewidmet, und deswegen danke ich dem Alter: es kostet mich nicht viel Zeit: wenn ich mich bewegt habe, bin ich müde.« Tatsächlich profitiert man mit über sechzig von Belastungen wie Spazierengehen, die Jüngeren keinen Trainingseffekt bringen. Hört man aber auf zu trainieren, ist man bald in einem so schlechten Zustand wie jeder, der nie gelaufen ist. Man muss also sein Leben lang weitermachen, um etwas davon zu haben. Und dabei kommen Gefahren dazu, man kann zum Beispiel bei einem Sturz an seinem Gebiss ersticken. Bei den Olympischen Winterspielen von 1936 in Garmisch-Partenkirchen drehte der finnische Skilangläufer Kalle Jalkanen mitten auf der Strecke um und kämpfte sich einen Hügel hoch. Wie sich herausstellte, hatte er sein Gebiss verloren und wollte es suchen. Für jemanden mit seinem Einkommen wäre der Verlust damals ein finanzielles Desaster gewesen.

Zum Glück ist Laufen ein Sport, den man, wenn man es klug anstellt (an Krafttraining denken, Tempoeinheiten einstreuen, am besten als Hügellauf, gut regenerieren, viel Schlaf, viel trinken), bis zum letzten Tag treiben kann; es ist ja eigentlich gar kein Sport, sondern ein anderes Wort für

Leben. Im Idealfall geht man den Weg zu seiner Beerdigung noch zu Fuß. Ich möchte bei der Autopsie eine gute Figur machen, der Pathologe soll ungläubig die Augenbrauen hochziehen, anerkennend mit der Zunge schnalzen und mich zur Sicherheit noch einmal mit dem Skalpell piksen, ob da kein Irrtum vorliegt, bei den elastischen Gefäßen. Wir leben in einer Zeit, in der »Aging« kein Schicksal mehr ist, sondern ein Trend. Das primäre Alter ist zwar genetisch bedingt, aber beim sekundären Alter, das den Prozess des Alterns noch beschleunigt und durch einen ungesunden Lebensstil, Stress, Krankheiten, falsche Ernährung, Suchtmittel beeinflusst wird, kann man etwas tun, am besten man läuft. Es gibt kaum eine andere Sportart wie den Langstreckenlauf, in der 60-Jährige mit 19-Jährigen konkurrieren können. Herausragende Altersläufer (»Age Performer«) laufen mit über 70 oder sogar 80 Jahren auf einem deutlich höheren Niveau, als ich es je erreicht habe, was mir Hoffnung macht, dass ich nicht nur noch eine Weile weiterlaufen, sondern mich dabei vielleicht sogar noch verbessern kann. Relativ gesehen kann man sich schon durch Überleben verbessern, denn die Zahl der Konkurrenten im eigenen Alter nimmt naturgemäß ständig ab. Läufer gehören zu den wenigen Menschen, die sich freuen dürfen, älter zu werden, weil sie an runden Geburtstagen in eine neue Altersklasse rutschen, in der sie wieder zu den Jüngsten zählen. In der M100 den Berlin-Marathon zu gewinnen wäre zwar ein später Triumph, aber würde es sich nicht lohnen, darauf hinzutrainieren?

In der Liste von deutschen Senioren-Bestleistungen hätte ich im letzten Jahr mit meinen fünfzehn Jahre alten Bestzeiten in der M75 über 10 000 Meter im Halbmarathon und im Marathon die Rekorde nicht gebrochen (in der M80 aber immerhin ganz knapp). So etwas macht mir Hoffnung.

Außerdem muss man den Altersmalus bei der Bewertung der Leistung einberechnen, die World Masters Athletics, die Leichtathletikweltmeisterschaften für Senioren (zu diesen zählt man ab 35 Jahren) hat dafür eine Umrechnungstabelle. Wenn man mit 100 Jahren die 10 Kilometer noch in 50 Minuten schafft, wäre das gleichbedeutend damit, diese Strecke mit 20 bis 30 Jahren in 9 Minuten zu laufen!

Ed Whitlock ist mit 70 Jahren einen Marathon unter 3 Stunden gelaufen und mit 85 Jahren noch unter 4 Stunden (er starb mit 86 Jahren an Prostatakrebs). Umgerechnet waren seine Zeiten schneller als die der jeweils aktuellen Weltrekorde. Das ist aber für mich gar nicht das Entscheidende, sondern der flüssige, elegante Stil, in dem er gelaufen ist. Von meinen Volksläufen erinnere ich mich an das abschreckende Bild älterer Läufer, deren Körper nur noch von Kinesiotape zusammengehalten wurde und die mich gebeugt und unter Schmerzen überholten, die Lendenwirbelsäule steif, die Schultern krumm, die Knie geschwollen, die Beine von Krampfadern übersät. Bei Whitlock sah das völlig anders aus, er lief scheinbar anstrengungslos (er wog natürlich auch nur 51 Kilogramm), der Rücken aufrecht, der Schritt nach hinten lang (korrekt müsste ich schreiben: eine gute Kniegelenkstreckung in der Abdruckphase), keine orthopädisch bedingte Unwucht im Bewegungsablauf. Man sollte sich rechtzeitig einen so ökonomischen und gesunden Stil antrainieren. Ich gucke mir inzwischen gerne den Laufstil vorbeilaufender Jogger an, als handle es sich um Tiere im Zoo, deren Verhalten man studiert. Hier und da müsste ich eigentlich einschreiten und Korrekturen vornehmen, wie meine Yogalehrerin, wenn ich den nach unten schauenden Hund mache. Manche schütteln ihre Hände bei jedem Schritt aus wie Boxer, oder sie bewegen die Unterarme vor dem Körper hin und her, als seien es Scheibenwischer;

manche Männer schlurfen, manche laufen weit vornübergebeugt, bei manchen hört sich schon das Tapsen der Füße ungesund an; manche Frauen hoppeln auf und ab wie Häschen, manche demonstrieren lehrbuchhaft, was man unter »Circumduktion« versteht, wenn wegen unzureichendem Kniehub und zu geringer Hüftstreckung der Fuß »außen vorbei« nach vorne geführt wird. »Dem beobachtenden Blick kann es nicht entgehen, dass auf den Straßen von Stadt und Land die Menschen in ihrem Schritt und Tritt ebenso viele Sonderheiten zeigen, wie sonst in ihren Anschauungen und Charakteranlagen«, heißt es in »Der Laufsport«.

Wie lange man sich verbessern kann, hängt im Übrigen vom »Läuferalter« ab; damit ist die Zeit gemeint, die man schon läuft. Läuft man noch nicht so lange, hat man seine Leistungsfähigkeit wahrscheinlich noch nicht ausgereizt und kann hoffen, noch mit 60 Bestleistungen zu laufen, auch wenn VO2max, Testosteronspiegel, maximale Herzfrequenz und nötige Regenerationszeit gegen einen arbeiten. Dafür kann man die Effizienz seines Stils verbessern und den Kreislauf trainieren, zudem gewinnt man im Alter ja an Erfahrung und ernährt sich in der Regel bewusster. Kenneth Cooper, von dessen 1968 erschienenen, damals äußerst erfolgreichen Buch »Aerobics« häufig behauptet wird, dass es den Joggingboom mitausgelöst habe, trainiert auch im Alter regelmäßig im Fitnessstudio. Er hat in Dallas das Cooper Aerobics Center gegründet, eine Art Klinik, in der man sich »cooperisieren«, also durchchecken und auf seine Methoden einschwören lassen kann (»Get cooperized!«). Die wichtigsten Punkte sind, Übergewicht zu vermeiden, Gemüse und Früchte zu essen, Vitamin D und Omega 3 zu supplementieren (Amerikaner glauben an so etwas), mindestens 30 Minuten am Tag zu trainieren, nicht zu rauchen, den Alkoholkonsum einzuschränken, Stress durch Meditation oder Ähnliches abzubauen und regelmäßig zum Arzt zu gehen. Der Arzt und ehemalige Offizier der U.S. Air Force strahlt eine Selbstdisziplin und Strenge aus, die auf mich so einschüchternd wirken, dass ich mich gar nicht trauen würde, von ihm beim Altern erwischt zu werden. (Der berühmte, nach ihm benannte Cooper-Test, besteht übrigens darin, dass man in 12 Minuten so weit wie möglich läuft. Wie viele Jahre hat er wohl grübeln müssen, um solch einen Test zu erfinden?)

Wenn man bei Laufwettbewerben auch im Alter weiter oben landen will, kann man auch speziellere Disziplinen aussuchen (es muss ja nicht gleich Rückwärtslaufen sein). Im August bin ich bei meinem ersten Treppenlauf gestartet. Der Oderturmlauf fand im gleichnamigen Turm in Frankfurt (Oder) statt, der 511 Stufen auf 24 Etagen hat. Zu einem der Trainingstermine erschien ich pünktlich um 10 Uhr und wartete, dass der Pförtner des Centers, zu dem der Oderturm gehört, das Treppenhaus aufschloss. Ein polnisches Pärchen war gekommen, ein Rentner und ein deutsches Pärchen mit Baby im Croozer. Ich stellte fest, dass ich meine Uhr rechts tragen musste, um unterwegs im Treppenhaus die Zeit ablesen zu können. Außerdem würde ich links einen Fahrradhandschuh anziehen, um nicht am Geländer abzurutschen.

In den Tagen vor dem Wettkampf träumte ich mehrmals vom Lauf, so aufgeregt war ich. Allerdings träumte ich nicht von brennenden Füßen, was laut Artemidoros von Daldis' »Über die Traumdeutung« für Läufer ein günstiges Vorzeichen ist. Am großen Tag kam ich pünktlich, zahlte meine 5 Euro Startgebühr und bekam eine Startnummer, wie in alten Zeiten. Da es nach dem Alphabet ging, war ich erst gegen 10.30 Uhr dran und lief zur Probe die abgesperrte Runde um das Center, die zum Treppenhaus führte. Auf einer Bühne versuchte eine Moderatorin von Antenne Brandenburg verzweifelt, die Stimmung anzuheizen, und das über Stunden. Der Polizeibeamte, den sie interviewte, weil die Polizei Schirmherr der Veranstaltung war, sagte, es werde beim Startschuss keiner umfallen, »wenn wir abdrücken«. Zwischen den Gesprächseinheiten lief »Into the groove«. Ich sah mir an, wie die anderen starteten; ich war mir noch nicht sicher, ob ich »im flachen Teil« alles geben oder Kräfte sparen sollte. Die meisten sprinteten aber zügig los. Einer trug links einen blauen Gummihandschuh mit abgeschnittenen Fingerspitzen. Die Profis, ließ ich mir sagen, zogen sich nicht nur mit der linken Hand am Geländer hoch, sondern stießen sich zusätzlich in den Kurven rechts von der Wand ab. Als ich dran war, stellte ich mich an die Startlinie und wartete, bis der Starter über Walkie-Talkie Bescheid bekam und ich losrennen durfte. Fast vergaß ich, meinen Handschuh anzuziehen. Ich lief flott, aber nicht zu schnell, unterwegs wurden von Ordnern Center-Kunden aufgehalten, damit sie mir nicht in den Weg liefen. Einer der vor mir Gestarteten war schon wieder unten und feuerte mich an. Die Treppenlaufszene schien sehr solidarisch zu sein. Im Treppenhaus war ich plötzlich alleine; mein Plan war, bis zur 10. Etage zu laufen und dann zu gehen, immer zwei Stufen, ich kämpfte aber schon in der 2. Etage mit der trockenen Luft. Ab der 20. Etage wechselte ich für den Schlussspurt noch einmal in den Laufschritt. Oben angekommen, musste ich mich setzen, die Lunge war dicht, als hätte ich Asbest geschnüffelt; ich schaffte es aber, mich im Fahrstuhl nicht zu übergeben. Unten wurden ab und zu aktualisierte Ergebnislisten ausgehängt, und ich stellte fest, dass ich in meiner Altersklasse der Schnellste gewesen war. Ich musste also zur Siegerehrung in über 2 Stunden bleiben, wenn ich diesen Triumph auskosten wollte. (Ein erfahrener

Towerrunner war eine halbe Minute schneller als ich gewesen, startete aber zum Glück in der Ü50.)

Ich joggte spontan durch die Stadt, in der ich als Kind einmal einen heißen Sommer bei meiner Oma verbracht hatte; ich erinnerte mich an die Stille in den Straßen, dass ich eine Kindersonnenbrille hatte und dass es keinen Fernseher gab. Wir spielten mit ihren Mikadostäbchen aus Elfenbein und aßen zu Mittag Hirsekohl. Sie wohnte in einem märchenhaften Altbau am Fuß eines Hügels, auf dem gerade ein Plattenbauviertel entstand. Jetzt wucherte dort das Grün zwischen den Blöcken, einige waren schon »rückgebaut« worden. Von hier oben konnte man über die Oder weit nach Polen sehen. Die Stadt war wirklich unterbewertet. Ich kam gerade rechtzeitig zur Siegerehrung zurück und durfte tatsächlich als Sieger meiner Altersklasse (bei circa 9 Teilnehmern) auf die Bühne und eine rote Clever-fit-Trinkflasche, ein Schlüsselband, einen Einkaufschip und einen 15-Euro-Gutschein für die Center-Buchhandlung (gültig für ein Jahr) entgegennehmen. Außerdem wurden die Urkunden der Sieger laminiert. Der Gesamtsieger, er war als Einziger barfuß gelaufen, hatte schon 10-mal gewonnen und war 1 Minute schneller als ich. Auf dem Heimweg fing ich an zu rechnen – wäre mit einer gezielten Vorbereitung (Doppelstufen trainieren, ich war bisher immer Einzelstufen gelaufen) nicht eine Zeit unter 3 Minuten drin? Ich recherchierte Informationen zur Towerrun-Szene: Der höchste Lauf in Deutschland führte über 1390 Stufen auf den Thyssenkrupp-Testturm in Rottweil. Wann fand er statt? Und wie lange dauerte die Anreise? Um hier zu gewinnen, musste man unter 7 Minuten bleiben. Wo sollte ich dafür trainieren? Im Ausland ging es noch wesentlich höher als in Deutschland, vor allem in China, offenbar ein Paradies für Treppenhausläufer. Wollte man international mitmischen, musste man in der halben Welt unterwegs sein und Punkte für die Wertung sammeln. Manche Läufer schienen ihren Urlaub danach zu planen, ob es vor Ort einen Treppenlauf der Towerrun-Serie gab. Eine Bekannte von mir beurteilt Landschaften immer danach, ob sie hier gut ihren Hund ausführen oder mit ihrem Kind wandern könnte. Ich habe bisher immer auf Laufstrecken geachtet. In Zukunft werde ich ein Auge für Treppenhäuser haben.

Ein Punkt, den ich in meiner Liste von Indizien für mein Altern vergessen habe, ist, dass ich jetzt Fotos von meinen Kindern im Portemonnaie habe und jederzeit in Tränen ausbrechen kann, wenn ich an die Kleinen denke. Kurz vor Weihnachten bin ich mit meinem Sohn – der noch in den Kindergarten geht und den die Sammlung meiner Medaillen so fasziniert, weil er nicht versteht, dass bei Läufen meist jeder Teilnehmer eine Medaille bekommt – zum ersten Mal laufen gegangen. Er hat oft erlebt, wie ich zum Laufen verschwunden bin, und wollte schon lange einmal mitkommen. Natürlich durfte er meine Stirnlampe benutzen, an den Füßen trug er ein Paar originale, nagelneue DDR-»Stoffidas«, die ich vom Flohmarkt hatte. Wir sind einmal um den Block gelaufen, ungefähr 8 Minuten und haben uns die ganze Zeit unterhalten; ich spürte seinen Stolz, weil er so gut mithalten konnte. Der Moment war für mich nicht weniger bedeutend als seine ersten Schritte, der Tag, als er Fahrradfahren gelernt hat, oder der Tag, als er sich zum ersten Mal den Po selbst abwischte und ich von dieser Aufgabe befreit war. Vielleicht kann ich ihm helfen, die Liebe zum Laufen zu entdecken, mir wäre wohler, wenn ich wüsste, dass er über dieses Mittel verfügt, um mit den Schlägen, die das Leben jedem irgendwann versetzt, klarzukommen. Anders als ihm ist mir das Laufen früh verboten worden. Mit ungefähr fünf Jahren war ich einmal zwei Wochen zum

Aufpäppeln in einem Kinderheim der evangelischen Diakonie in Wernigerode. Ich habe wenig Erinnerungen an diesen Aufenthalt, aber eine ist mir noch sehr präsent. Am Nachmittag sollten wir zum Spielen über den Hof in ein anderes Gebäude gehen. Die Erzieherin, damals noch »Tante« genannt, schärfte uns ein, nicht zu »laufen«. Also rannte ich. Ich stolperte, fiel hin und wurde ausgeschimpft, weil ich angeblich gelaufen sei, dabei war ich doch gerannt, ich hätte aber gehen sollen, also laufen.

Bis jetzt bin ich noch schneller als mein Sohn, auch wenn er, wenn er das Startzeichen gibt, immer schon bei »fertig« losläuft. (Bei den Griechen wurden Athleten nach einem Fehlstart mit einem gegabelten Ast geschlagen!) Irgendwann wird er mich aber läuferisch überholen, vielleicht schon in 10 bis 15 Jahren? Sein unbändiger, von Schmerzen nicht gehemmter Bewegungsdrang lässt mich jetzt schon mich alt fühlen. Darüber, wie es mir als Läufer im Alter ergehen könnte, bin ich im Bild, weil ich das Lauftagebuch des Journalisten und Buchautors Werner Sonntag lese, das er seit Oktober 2002 – damals war er 76 Jahre alt – wöchentlich veröffentlicht. Gedruckt würden diese Texte inzwischen ein Dutzend dicker Bände füllen. Mit den Jahren ist eine mit Bildmaterial angereicherte Archäologie der Laufbewegung entstanden, wenn die frühesten Volksläufe rekonstruiert, neue Entwicklungen beobachtet und historisch eingeordnet, verstorbene Veteranen gewürdigt werden (nie ohne ihre Marathon- und Ultramarathonzeiten zu erwähnen). Es dürfte kein zweites Tagebuch geben, in dem der Prozess des Alterns aus Sicht eines Läufers so sachlich, minutiös und ungeschönt dokumentiert wurde. Mit 79 hat Sonntag eine Bypassoperation, nach der er sich wieder herankämpft; man fiebert mit, ob er es schaffen wird (er will noch in der M80 starten, um sie »mit Leben zu erfüllen«), und tatsächlich läuft er 16 Monate später wieder die 100 Kilometer von Biel (gehend und trabend). Mit 89 hat er einen Schlaganfall, und auch danach geht es weiter.

Sonntag hatte in den Sechzigerjahren das Glück, an einen Arzt zu geraten, der ihm als Therapie gegen seine stressbedingte Migräne das Laufen empfahl. In einer Zeit, als Ärzte noch rauchten, ihren Patienten Schonung verschrieben anstatt Bewegung und vor Senkmägen, Wandernieren und Leistenbrüchen warnten. Mehrere Hundert Marathonläufe, Ultramarathons, Bergmarathons, mit 55 Jahren eine Deutschland-Durchquerung in 20 Tagen bis hin zum Spartathlon (mit 68 Jahren) von Athen nach Sparta (246 Kilometer, die unter 36 Stunden zurückgelegt werden müssen) ist er gelaufen, und alles ohne den Ehrgeiz zu siegen, sondern aus Leidenschaft für das Laufen und seine sozialen Aspekte. (Nach einem Lauf, bei dem es ein Zielband gibt, stellt er nüchtern fest: »Ich bemerke, dass mir jegliche Erfahrung mit Zielbändern fehlt.«)

Als Tagebuchfan reizt mich an dieser Form das Ungefilterte, die Chronik der Kleinigkeiten, die das Leben ausmachen (zum Beispiel dass Sonntag seinen Weingenuss durch den Verkauf der Etiketten auf eBay refinanziert); der Rhythmus der Jahreszeiten, nebensächliche Details, die erst für Leser in späteren Zeiten interessant sein werden, das Nebeneinander von skurrilen Details (er erinnert sich an einen Bekannten, der behauptete, vom Laufen leben zu können, weil er unterwegs Dosen aufsammelte) und Zeitgeschichte (beim Lesen kommen einem die Aufregerthemen dieser Jahre wieder in den Sinn: Vogelgrippe, Günter Grass, »Sommermärchen«, Gammelfleischskandale, Finanzkrise …).

Mit Sorge beobachtet Werner Sonntag, wie schwer ihm mit der Zeit seine tägliche Trainingsrunde von über 10 Kilometern fällt, vor allem die Steigungen, die er bisher kaum wahrgenommen hatte; auch Gegenwind ist plötzlich ein Thema, bis er mit 86 zum Wanderschritt übergehen muss. Trotzdem dreht er diese Runde noch mehrmals in der Woche eisern. (»Ich kann mich nicht erinnern, jemals wegen eines Sturmes auf das Training verzichtet zu haben.«) Er beobachtet dabei, dass seine Füße im Winter beim Laufen nicht mehr richtig warm werden. (Seine Frau schenkt ihm zu Weihnachten immer Laufsocken und freut sich, wenn wenigstens ein paar von seinen alten Klamotten verschwinden, weil Sonntag sie am Start von Wettbewerben trägt und wegwirft.) Er wird im Wald mehrmals von einem Bussard angegriffen. Er stellt fest, dass er, obwohl er weiter trainiert, erstmals einen Bauch bekommt und seine Hosen umnähen lassen muss. Bei Wettkämpfen ist er jetzt immer schon am Start der Letzte (weswegen er Skrupel hat, ob er nicht den Betrieb aufhält. Außerdem bekommt man im Ziel als Letzter nur noch ein Funktionsshirt in XL, weil alle anderen weg sind). Die Fähigkeit, als Letzter zu laufen, verdient höchsten Respekt. Es war eine große Kulturleistung der Griechen, es Männern durch organisierte Wettkämpfe möglich gemacht zu haben, eine Niederlage zu erleiden, ohne den Gegner aus Wut über diesen Ehrverlust im Anschluss zu töten. Verlieren zu lernen ist eine der wichtigsten Lehren, die der Sport vermittelt. Sonntag hadert auch eher mit der Zielschlusszeit bei Läufen, an denen er seit Jahren teilnimmt und die für ältere Läufer irgendwann nicht mehr zu schaffen ist. Oft stellt er im Vorfeld lange Berechnungen an und kämpft dann gegen die Uhr und den Besenwagen. (Er braucht Tage, um sich seelisch vom Ausschluss am Zermatt zu erholen.)

Besonders wichtig ist es ihm, auf die heilsame psychische Wirkung des regelmäßigen, langsamen Laufens hinzuweisen. Laufen kann bei leichten Depressionen die Therapie ersetzen, die Tabletten sowieso. Er verschweigt auch nicht, woher er seinen Knacks hat, das kann man schon in seinem Buch über den 100-Kilometer-Lauf von Biel lesen (»Irgendwann musst du nach Biel«), in dem er den inneren Monolog eines Läufers bei solch einem Lauf über 10 Stunden und mehr rekonstruiert. Ein nächtliches Mäandern der Gedanken (der Start ist abends um 22 Uhr) von der Anstrengung des Laufs zur frühesten Kindheit, Eheproblemen, Gesprächen mit anderen Läufern, die eine Weile mittrotten, Ärger mit Kollegen im Büro, Lauferinnerungen, Schwächephasen, Glücksgefühle. Immer wieder kommt er auf seine katholisch-prüde Erziehung in der Heimatstadt Görlitz zurück, die er regelmäßig besucht, schon um sich über den dortigen grenzüberschreitenden Europamarathon zu informieren. (Sonntag war aber auch einer der wenigen Westdeutschen, die es geschafft haben, trotz Verbot und Stasi-Überwachung am GutsMuths-Rennsteiglauf teilzunehmen.) Er erinnert sich an die Verteufelung der Sexualität durch die Kirche (er bescheinigt sich eine »ekklesiogene Neurose«) und an die Prüderie, mit der die Leichtathletik früher verbunden war (schon in den Schriften der Theoretiker, angefangen beim sonst eigentlich so fortschrittlichen GutsMuths, werden gymnastische Übungen und Bewegung als Mittel beschrieben, sexuelle Regungen zu unterdrücken). Ein Band Freud, den ihm eine mutige Bibliothekarin in Görlitz mitten in der Nazizeit auslieh, öffnete ihm die Augen. Er erinnert sich an die Prügelschule mit Demütigungen (am Geburtstag zu Unrecht in der Ecke stehen müssen), militärischen Drill im Turnunterricht, das Verheiztwerden im Krieg, den er mit Glück überlebt hat (daher sein tief empfundener Pazifismus), Gefangenschaft, Stalinismus in der DDR, in den Fünfzigern Flucht in die BRD, in der man damals als Habenichts aus dem Osten keineswegs mit offenen Armen empfangen wurde, nervenaufreibende Wochenenddienste als Journalist und Redakteur. Es gibt genug, wovon man sich täglich freilaufen muss, genug seelische Abgründe, mit denen ein Mensch zu leben hat.

Mit seinen Ansichten stellt sich Sonntag oft quer zur gängigen Meinung; er ist zum Beispiel gegen zu vieles trinken unterwegs (Gefahr der Hyponatriämie), er lehnt isotonische Getränke und Energieriegel rigoros ab (die führten nur zu Verdauungsproblemen und Übelkeit), aber auch die Pasta-Party am Vorabend von großen Läufen (die nur Werbung für Nudelprodukte sei), warum nicht einfach Gemüseeintopf? (Er ist ein vehementer Befürworter der sogenannten Vollwertkost nach Bruker, morgens gibt es »Frischkornbrei«. Er ist in den Siebzigern Vegetarier geworden und gegen das schon traditionelle Grillfleisch und den Kuchen am Ziel von Volksläufen.) Er wundert sich aber natürlich auch über die laute Musik am Start: »Wieso eigentlich wird Industrielärm bekämpft, dieser aber vorsätzlich produziert?« Er sagt, Hitze könne trainiert werden. (Und umgekehrt gilt: »Wetterfühligkeit ist mangelndes Training.«) Man könne auch öfter als zweimal im Jahr Marathon laufen, er, der sie teilweise wöchentlich lief, sieht sich dafür als lebenden Beweis. Er hat Stretching, Aufwärmen und Gymnastik vor dem Lauf immer für Kraftverschwendung gehalten. Er ärgert sich über die Geldverschwendung für die Olympischen Spiele (die schon mit den Kosten für die erfolglose Bewerbung um ihre Ausrichtung beginnt) und über die Bevorzugung des Fußballs, den Bau neuer Stadien oder den Umbau in reine Fußballarenen; der Laufsport als Breitensport würde viel mehr für die Gesundheit der Menschen leisten und vom Fernsehen ignoriert. Er freut sich zwar, dass die Walking-Mode ältere Menschen zum Spazierengehen gebracht hat, aber er sieht nicht ein, dass sie die Skistöcke hinter sich herschleifen lassen, anstatt sie zu benutzen. (Technisch gesehen, seien sie dann keine Walker mehr, sondern Wanderer und müssten bei Volksläufen entsprechend die Kategorie wechseln.) Auch in Sonntags vielleicht altersbedingter Tendenz, über die in der Gegenwart herrschende Unvernunft zunehmend resigniert den Kopf zu schütteln, erkenne ich mich wieder, und es ist mir eine Mahnung, weniger zu klagen und neugierig zu bleiben. (Meine Freundin sagt immer, wenn ich ihr etwas von Sonntag erzähle, ich sei genauso.) Unterhaltsam wird es, wenn das Beharren auf seinen eigenen Werten eine Kempowski'sche Note bekommt. Er ignoriert natürlich das Verfallsdatum von Medikamenten, benutzt Laufschuhe länger als empfohlen, ärgert sich, dass die Namen der neuen Autotypen nicht mehr deutsch sind, und lehnt zu »Elektronikklumpen« gewordene Uhren ab. Natürlich ist er gegen Denglisch und gegen die neue Rechtschreibung. Er meint, dass die Rentner durch die Inflation »enteignet« würden, und ärgert sich über die Geldverschwendung auf kommunaler Ebene (zu viele Hallenbäder, was erst bei Ortszusammenlegungen plötzlich auffalle). In seinem Ort musste aus Landschaftsschutzgründen für Zehntausende Euro ein Kunstwerk mit bunten Hasenskulpturen als Plastik umgesetzt werden, obwohl die Einwände schon vorher bekannt gewesen waren. Über Wochen wird der Frage nachgegangen, warum man als älterer Mensch die Schauspieler in Fernsehproduktionen immer schlechter versteht (auch wenn die Sonntags wenig fernsehen, ärgert sie das doch). Es muss an der mangelnden Sprecherziehung in der Schauspielausbildung liegen.

Mit über 80 wandert er noch einmal die Schneekoppe hoch, die er mit den Eltern schon mit 4 Jahren bestiegen hat; damals hatte es auch mit Geldmangel zu tun, dass die

Freizeit so verbracht wurde und man zu Fuß ging. Eine sportliche Zukunft hätte er sich nicht träumen lassen. Er schimpft gegen die Lebensverkürzer Treppenlift und Rollator, für die ausgerechnet in den Magazinen der Krankenkassen Werbung gemacht würde. Die größte Gefahr für die Gesundheit älterer Menschen sei die Bewegungsfaulheit, auch Hypokinese genannt. Die Liste der Krankheiten, die durch Bewegungsmangel mit verursacht werden, ist so lang und bedrückend, dass man sich schon krank fühlt, wenn man sie nur liest. Nach Manfred Steffny führt Hypokinese neben den klassischen Zivilisationskrankheiten zu: »Überreiztheit, psychischer Labilität, Anfälligkeit für Eßsucht, Alkohol, Nikotin, Drogen, Platzangst, die sich auch in sinnlosen Urlaubsreisen äußern kann, Schlaflosigkeit, Fußdeformationen, Einschränkung der Hör- und Sehfähigkeit, Haltungsschäden, Leidensunfähigkeit.« Ich erinnere mich an den heftigen Protest einer Frau von Mitte 90, der ich beim Aufstehen aus dem Sessel den Arm reichte. Sie schlug ihn weg, wie sollte sie zu Hause alleine klarkommen, wenn sie sich auswärts von anderen helfen ließ? Im Grunde hält es Sonntag für asozial, ungesund zu leben, weil die Kosten für die dann irgendwann fälligen Behandlungen die Gesundheitsbewussten mittragen müssen. Solch ein Denken enthält natürlich einen Anteil Hybris. Die berüchtigte Frau des rumänischen Diktators Nicolae Ceauşescu war angeblich dafür verantwortlich, dass die Station Piaţa Romană der neuen Bukarester U-Bahn zunächst zugemauert war. Elena sei der Meinung gewesen, die Bevölkerung verfette und brauche Bewegung, und ein Halt zwischen Piaţa Unirii und Piaţa Victoriei genüge. Der nicht weniger exzentrische ehemalige Zahnarzt und Staatschef von Turkmenistan, Gurbanguly Berdimuhamedow, verlangt von den Regierungsmitgliedern seines Staats, dass sie einmal in der Woche gemeinsam den »Health Path« abwandern, eine endlose Treppe in den Bergen vor der Hauptstadt Aschgabat.

Immer wieder dringt Wehmut durch, weil Sonntag sich durch das Alter von Lauferlebnissen ausgeschlossen fühlt. Bei Läufen, an denen er nicht mehr teilnehmen kann, klickt er wenigstens zur Startzeit die Website an. Es tut ihm leid um die vielen klassischen und neu dazugekommenen Läufe weltweit, die er nicht mehr kennenlernen wird. Aber typisch für seine Generation, verbietet er sich Larmoyanz und fordert sich auf, dankbar für das Erlebte zu sein und die Herausforderungen der Gegenwart anzunehmen. In den letzten Jahren hat er öfter Stürze beschrieben, manchmal konnte er nichts machen, er driftete einfach vom Weg ab und landete auf dem Boden. Oder er verpasste an der Treppe vor seinem Haus eine Stufe und konnte sich nicht abstützen, weil er es versäumt hat, im Alter rechtzeitig Kräftigungsübungen zu machen. Zuletzt gab es mit 91 Jahren einen Sturz in der Garage, Oberschenkelhalsbruch, und er beschrieb die ersten Gehversuche mit dem Rollator in der Rehabilitation. Wenig später bricht das Tagebuch ab, und ich warte seitdem mit Sorge auf neue Einträge.

Einmal wird er in einem Waldstück von Polizisten angehalten, sogar ein Hubschrauber kreist über den Wipfeln. Wie sich herausstellt, ist die Streife auf der Suche nach einem vermissten Dementen, und der Verdacht war auf ihn gefallen, weil er dabei beobachtet worden war, wie er alleine im Wald unterwegs war. Das ist der Lohn des tapferen Age Performers, für einen flüchtigen Dementen gehalten zu werden! Wenn man darüber dann auch noch lachen kann, hat man ein Lebensziel wirklich schon erreicht.

So geht's

Laufbücher enthalten häufig Listen mit Tipps, deshalb möchte auch ich mit einer Liste besonders kurioser (aber teilweise durchaus ernst zu nehmender) Tipps schließen, die ich bei meinen Lektüren gesammelt habe.

»Auch Gähnen ist eine Dehnübung.«

(Manfred Steffny)

»Wer keinen Strand in der Nähe hat, der kann für kurze Zeit nach dem Bahntraining in der Weitsprunggrube seine Füße kräftigen, indem er dort seine Runden dreht.«

(Matthias Marquardt)

»Ein guter Freund oder Klubkamerad fahre mit dem Rade als Begleiter (Schrittmacher) mit. Dieser hat den Zweck, die Stimmung des Läufers durch fröhliches Pfeifen oder Singen, manchmal auch durch Taktzählen, recht heiter zu erhalten. Ein kleines Musikstück auf der Mundharmonika kann oft Wunder wirken!«

(»Der Laufsport. Training des Läufers auf allen Strecken«)

»Depressiven Laufgruppen würde ich nach meinen Erfahrungen mit oft sensiblen Läufern im Vorstartzustand raten, minutenlang ins Unterholz auszuschwärmen und ›Raubtier‹ zu spielen, Löwenschreie oder Elefantentrompeten zu simulieren. Solch befreiende Urlaute [...] lassen Stimmungen umschlagen und können ein Blitzableiter für verdrängte Aggressionen sein.«

(Manfred Steffny)

»Ein Zuviel an Flüssigkeit einfach laufen zu lassen, ist ein absolutes No-Go!«

(Thomas Wessinghage)

»Bei Bergläufen sollten Sie sich immer erst auf der Höhe aus den sprudelnden Rinnsalen hydrieren; weiter unterhalb wissen Sie nicht, ob Sie nicht die Wasserspülung der oben Laufenden trinken.«

(Werner Sonntag)

»Geher und Streckenläufer benutzen oft einen nicht allzu lose sitzenden Gürtel, der immer einen mäßigen Druck auf Leber und Milz ausübt und dadurch diese Organe fortdauernd sanft massiert, sodass etwa eintretende Blutstauungen dadurch rein mechanisch beseitigt werden.«

(Martin Brustmann)

»Wenn man beim Versuch, eine Höchstleistung zu verbessern, nur nach der Uhr läuft, also nicht auf Mitbewerber zu achten hat, kann man ein ausgezeichnetes Mittel benutzen, um das Anstrengungsgefühl abzuwehren: Man bilde sich ein, man träume, dass man läuft, dann merkt man die Ermüdung nicht so sehr.«

(Ottomar Krupski)

»Am Start atmen Sie noch einmal anhaltend aus und werfen einen imaginären schweren Wintermantel mit rollenden Schultern nach hinten ab.«

(Stéphane Franke)

»Bei Starts in der Kurve achte man ferner darauf, seine Startlöcher möglichst weit rechts zu graben, damit man den ersten Teil der Strecke zunächst zum Besser-in-Schwung-Kommen schräg nach innen fast geradeaus laufen kann.«

(Richard Rau)

»Laufen Sie in Gegenden, in denen Ihre Bekannten wohnen. Seien Sie stolz auf Ihre neuen Fähigkeiten. Mein Tempo beschleunigt sich unwillkürlich, wenn ich Bekannte unterwegs treffe; ich versuche dann immer, besonders schön und elegant zu laufen.«

(Bob Glover)

»Der Finne Lasse Viren […] führte seine spektakulären Erfolge auf die regelmäßig verzehrte Rentiermilch zurück.«

(Bernd Heinrich)

»Vor dem Krieg hatten gewitzte Marathonläufer stets eine Trockenpflaume in der Tasche, um damit während des Rennens ein aufsteigendes Hungergefühl zu bekämpfen.«

(Manfred Steffny)

»Laufen Sie auf kühlen Laufoberflächen. Ein heißer Straßenbelag verbrennt die Füße. Nutzen Sie die weißen Markierungen.«

(Bob Glover)

»Legen Sie Ihre Laufkappe über Nacht in den Kühlschrank oder ins Eisfach.«

(Thomas Wessinghage)

»Ein gutes Mittel, um die Neigung zu Überarbeit in diesem Trainingsabschnitt [Frühjahrstraining] zu unterdrücken, besteht darin, dass man in dicker Kleidung, mit langen Hosen und schweren Schuhen übt und dadurch die überschüssige Begeisterung für schnelle, scharfe Arbeit herabmindert.«

(Lauri Pihkala)

»Mit dem Springseil zu laufen, bewahrt vor zu hohem Tempo, man trainiert Haltung, Balance und Rhythmus. Rollerfahren lockert die Hüfte. Beim Laufen beuge man sich nach vorne wie für einen Kuß.«

(Mark Cucuzzella)

»Sehr wirkungsvoll [gegen Hunde] ist eine kleine Wasserpistole, die man mit einer Mischung aus Wasser und Ammoniak füllt.«

(Bob Glover)

»Naoko Takahashi [...] behauptet, das Geheimnis ihres Erfolgs sei der Magensaft der Maden der Asiatischen Riesenhornisse, den sie während des Trainings und des Rennens selbst trinke.«

(Bernd Heinrich)

»Man soll nun Frauen nicht von einer körperlichen Anstrengung ausschließen, soll sie aber auch nicht zum Ringkampf und zu Läufen auffordern, sondern man soll sie durch die Wollespinnerei, durch die Weberei und dadurch, dass sie der Köchin helfen, wenn es nötig ist, üben.«

(Clemens von Alexandria)

»Bei einer Blutblase unter dem Nagel durchsticht man den Nagel mit einer glühenden Büroklammer.«

(Bob Glover)

»Damit Sie sich nicht erkälten, wenn Sie beim Laufen geschwitzt haben, sollten Sie Ihre Strecke bei kaltem Wetter so planen, dass Sie gegen den Wind starten und mit dem Wind heimkehren.«

(James Fixx)

»Hüte dich vor der Angst, dich zu erkälten. Nichts schwächt den Körper mehr als ein Gedanke der Furcht, und nichts macht mehr für Krankheiten empfänglich, als sie zu fürchten.«

(»Der Laufsport. Training des Läufers auf allen Strecken«)

»Sehr wichtig ist an besonders kalten Tagen das Warmhalten der Geschlechtsteile durch einen Tragbeutel (Suspensorium).«

(Ottomar Krupski)

»Gerade im Urlaub lassen sich durch die besondere Aufgeschlossenheit der Urlauber bei methodisch und psychologisch richtigem Vorgehen oftmals am wirkungsvollsten die ersten Keime für ein späteres dauerhaftes aktives Verhältnis zur eigenen sportlichen Betätigung legen.«

(Helmut Köhler)

»Eine weitere schöne Möglichkeit ist das Tautreten. Man geht am frühen Morgen barfuß in das nasse, kühle Gras. [...] Für ein bis zwei Minuten bewegt man seine Füße auf dem natürlichen Untergrund durch das kalte Gras, streift das Wasser ab und zieht sich danach ein Paar warme, trockene Socken an. [...] Plantarfascitis, Fersensporn-schmerzen, Fußpilz, kalte Füße und Erkältungen – all dem schlagen Sie ein Schnippchen.«

(Matthias Marquardt)

»Nichts schwächt mehr als ein unreines Gedankenleben und eine geschlechtliche Kraftvergeudung.«

(»Der Laufsport. Training des Läufers auf allen Strecken«)

»Wie leicht ist es, sich geistiger Getränke und des Geschlechtsverkehrs zu enthalten, wenn man sportlich Großes vollbringen will!«

(Ottomar Krupski)

»Nach einem Lauf vibrieren noch alle Muskelnerven, und es ist ein unangenehmes Gefühl, von anderen umfaßt zu werden.«

(Otto Peltzer)

»Unterholz versuche man stets als Erster zu durchqueren, damit einem nicht die vom Vordermann zurückgebogenen Zweige ins Gesicht schlagen.«

(Ottomar Krupski)

»Äußere und innere Sauberkeit bewahren im Übrigen den Sportler vor der Gefahr der Isolierung innerhalb seiner Gemeinschaft.«

(Otto Peltzer)

»Die beste Morgenwäsche ist eine Dusche, aber die Mehrzahl meiner Leser wird dafür nicht die Ausstattung besitzen.«

(Michael C. Murphy)

»Vielleicht legen Sie über Nacht noch einen Wunderbaum in die Schuhe?«

(Stéphane Franke)

»Blähungen entstehen außerdem durch Luftschlucken beim Laufen gegen den Wind. Solche Blähungen (Aerophagie) kannte ich auch von unseren Kutschpferden zu Hause. [...] Es können durch längere Blähungen sogar Herzfehler entstehen.«

(Otto Peltzer)

»Läufer sollten in freier Natur ihrem Darmdruck nachgeben. Verkrampfungen oder sogar Seitenstiche könnten sonst die Folge sein. Der höfliche Läufer läßt sich, wenn er ein solches Bedürfnis hat, in der Gruppe ans Ende zurückfallen ...«

(Manfred Steffny)

»Sehr bewährt hat sich zur Beseitigung eines trotz aller Vorsichtsmaßregeln eingetretenen Blutergusses und der Schmerzhaftigkeit die Heißluft-Dusche, wie man sie mit den kleinen sogenannten Föhn-Apparaten, die elektrisch geheizt und betrieben werden [...] erzeugen kann.«

(Martin Brustmann)

»Der Weg zur Fabrik führte entlang einer Pappelallee. Um auch den Weg zu seiner Arbeitsstätte voll auszunützen, dachte sich Emil eine ganz besondere Folter für seinen Körper aus. […] Er ging und ging und hielt mit Gewalt den Atem an. Es hämmerte schon wild in seinem Kopf, auf der Brust saß ein schrecklicher Druck, er war dem Ersticken nahe, er meinte die Besinnung zu verlieren. Aber er hielt tapfer durch. Und als er zu der letzten Pappel kam, fiel er ohnmächtig zu Boden.«

(František Kožik)

»Du musst die Stunde des Laufens herbeisehnen.«

(Gunder Hägg)

»Jack Lovelock, Olympiasieger von 1936 über 1500 Meter, lief in seiner Jugend beim Training hinter einer Mauer, während ein Freund auf der anderen Seite der Mauer lief und kontrollierte, ob Lovelocks Kopf zu sehen war. So gewöhnte er sich einen geschmeidigen Laufstil ohne Auf- und Abwärtsbewegungen des Körpers an.«

(Edward S. Sears)

»Von einem aus der Türkei gebürtigen Bekannten hörte ich, dass in Konstantinopel die Feuerwehrleute, die ihre Wagen selber im Lauf zur Brandstätte ziehen, sich Steine in den Gürtel stecken an den Stellen, wo sie Stiche bekommen, und von alten Völkern weiß man, dass sie versucht haben, die besonders leicht stechende Milz mit Feuerschwamm wegzubrennen.«

(Martin Brustmann)

»Der Ausweis kann z. B. in einem Brustbeutel mitgeführt werden. Eine Möglichkeit sehe ich auch darin, eine ausweisähnliche Kennmarke aus Leder anzufertigen, die nicht unter dem Schweiß leidet. Am besten trägt man das als Gürtel oder Armband. Die Personalien können auch direkt in die Trainingsjacke eingenäht werden.«

(Waldemar Cierpinski)

»Wenn ein Athlet ein Paar der besten Schuhe besitzt, ein Musselin-Hemd und lange Unterhosen aus Seide oder Merinowolle (die angemessener als Knickerbocker bezeichnet werden), die *nicht* über die Knie reichen, sodass dieser nützliche Teil des Beins frei bleibt, hat er alles Handwerkszeug, das er benötigt, um ein halbes Dutzend Meisterschaften zu gewinnen.«

(Montague Shearman)

»Sportunterhosen für Männer scheinen der Vergangenheit anzugehören. Sie können scheuern und Wundstellen verursachen. Es ist deshalb wesentlich besser, Sporthosen ohne eingenähtes Hosenteil zu tragen und dann Damenunterhosen aus Baumwolle darunter anzuziehen.«

(Arthur Lydiard)

»Man laufe ohne Kopfhörer, um auf seine Fußgeräusche achten zu können.«

(Nate Helming)

»Wann immer Sie an einer Fensterfront vorbeilaufen, kontrollieren Sie anhand Ihres Spiegelbildes Ihre Rumpfausrichtung, Ihr Läuferdreieck, Ihren Kniehub und Ihren vor dem Aufsatz hoffentlich senkrechten Unterschenkel.«

(Matthias Marquardt)

»Es ist sinnvoll, bei den Intervallprogrammen zur Technikentwicklung mit den Ellbogen kleine Holzstückchen in der Beuge einzuklemmen. [...] Alternativ können Sie Walnüsse oder eine Kugelschreiberhülse benutzen.«

(Matthias Marquardt)

»Nun denkt man sich an beiden Ellenbogen einen eisernen Winkel hingeschraubt, der ein Vergrößern und Verkleinern des Ellenbogenwinkels verhindert.«

(Karl Ritter von Halt)

»Stellen Sie sich daher vor, zwischen Daumen und Zeigefinger ein frisch gepflücktes Blatt zu halten.«

(Thomas Wessinghage)

»Ich bin überzeugt, daß dieses Einfühlen vor dem Rennen sehr wichtig ist. Ich kannte einen Hochspringer, der sich ein Bein brach. Jeden Tag humpelte er zum Sportplatz und legte die Latte auf seine Maximalhöhe. Dann betrachtete er sie lange von allen Seiten, so daß seine Kameraden schon dachten, er sei verrückt geworden. Als er jedoch wieder gesund war und einigermaßen in Kondition kam, sprang er die erwünschte Höhe gleich beim ersten Versuch.«

(Emil Zátopek)

Die Zwerchfellatmung kann man trainieren: »... wenn man sich direkt nach einem anstrengenden Lauf, in dem Sauerstoffmangel provoziert wird, am Ende ganz nach vorne beugt oder gar auf allen vieren abstützt. Dies ist die natürliche Ruheposition des Vierfüßlers, und beim Menschen sind diese Spuren noch nicht verwischt.«

(Manfred Steffny)

»Wenn Sie zu beschäftigt sind, um an jedem beliebigen Tag zu laufen, dann sind Sie zu beschäftigt.«

(Noel Carroll)

»Hier ist eine Übung, die jeden Muskel kräftigen wird [...] Suchen Sie sich einen Haufen metallischer Kleinteile, schaufeln Sie diesen an einem Tag von einer Seite auf die andere und am darauffolgenden Tag wieder zurück.«

(Arthur Lydiard)

»Stelle dir eine große Hand im Rücken vor, die dich, während du locker trabst, anschiebt. Lehne dich in diese Hand, wenn du müde wirst.«

(Mike Spino)

»Eddy Tolan, 1932 Olympiasieger im 100-Meter-Lauf, kaute vor dem Start immer aus Nervosität Kaugummi. Eines Tages vergaß er ihn vor dem Lauf auszuspucken und stellte fest, dass sein Kauen denselben Rhythmus hatte wie seine Laufschritte. Er nutzte diese Tatsache in der Zukunft, um bei Wettkämpfen sein Schritttempo zu erhöhen.«

(Edward Sears)

»Ich würde normalerweise keinem Athleten, der 77 kg oder mehr wiegt, raten, längere Distanzen zu laufen.«

(Alfred Shrubb)

»Eine Zehenamputation [zur Gewichtsreduktion] wäre selbst für Ultraläufer ein bisschen übertrieben.«

(Bernd Heinrich)

Literatur

Therese Aigner u. a.: *Laufen: Texte, Übersetzungen, Kommentare*, (»Quellendokumentation zur Gymnastik und Agonistik im Altertum«, hg. v. Ingomar Weiler, Band 7), Wien 2002

Anonym: *Der Laufsport. Training des Läufers auf allen Strecken*, Leipzig o. J.

Michael W. Austin, Peter Reichenbacher (Hg.): *Die Philosophie des Laufens*, Frankfurt/Main 2015

Martin Brustmann: *Olympisches Trainierbuch*, Berlin 1912

Hermann Buhl u. a.: *Rennsteiglauf: Historische, soziologische, sportmedizinische und trainingsmethodische Aspekte*, Berlin 1982

Ed Caesar: *Zwei Stunden. Vom Traum, den Marathon zu laufen*, Wals 2016

Waldemar Cierpinski, Volker Kluge: *Meilenweit bis Marathon*, Berlin 1989

Waldemar Cierpinski, Klaus Weidt: *Jogger und Sieger. Der Läuferplan fürs ganze Jahr*, Halle/Saale 2000

Margret Crisp: *Das war van Aaken*, Hilden 1984

Mihály Csikszentmihalyi: *Laufen im Flow. Die Mentaltechnik für ein perfektes Lauferlebnis und maximale Leistung*, München 2017

Guillaume Depping: *Merveilles de la force et de l'adresse. Agilité, souplesse, dextérité. Les exercices du corps chez les anciens et chez les modernes*, Paris 1869

Adharanand Finn: *Im Land des Laufens. Meine Zeit in Kenia*, München 2012
James Fixx: *Das komplette Buch vom Laufen*, Frankfurt/Main 1977
Stéphane Franke: *Laufen*, München 2003
Hans Gebhardt: *Die 80 Tage des Gunder Hägg*, München 1976
Bob Glover, Jack Shepherd: *Jogging. Laufen als neue Bewegungstherapie*, München 1979
Johann Christoph Friedrich GutsMuths: *Gymnastik für die Jugend. Enthaltend eine praktische Anweisung zu Leibesübungen. Ein Beitrag zur nöthigsten Verbesserung der körperlichen Erziehung*, Schnepfenthal 1793
Gunder Hägg: *So brach ich Weltrekorde*, Nürnberg 1948
Philipp Hainz: *Der Langstreckenlauf. Theorie, Technik und Taktik*, Berlin 1921
Damian Hall: *Ein Jahr in Laufschuhen. 365 Geschichten aus der Welt des Laufens*, Stuttgart 2016
Karl Ritter von Halt: *Die Leichtathletik*, Stuttgart 1922
Matti Hannus: *Flying Finns. Story of the great tradition of finnish distance running and cross country skiing*, Helsinki 1989
Robert Hartmann: *Läufergeschichten aus Afrika*, Hasselroth 2004
Ders.: *Schwarzes Gold. Auf den Spuren der afrikanischen Läufer*, Erkrath 1979
Bernd Heinrich: *Laufen. Geschichte einer Leidenschaft*, München 2003
Hal Higdon: *On the Run from Dogs and People*, Burbank 1971
Geoff Hollister: *Nikes Weg zum Erfolg. Die Inside-Story – Wie Nike die Kultur des Laufens schuf*, Aachen 2008
Rudi Holzberger: *Laufende Lust. Was treibt den Marathonläufer?*, Kempten 1982
Yvonne Kempen: *Krieger, Boten und Athleten. Untersuchungen zum Langlauf in der griechischen Antike*, Sankt Augustin 1992
Volker Kluge: *Otto der Seltsame. Die Einsamkeit eines Mittelstreckenläufers. Otto Peltzer (1900–1970)*, Berlin 2000
Phil Knight: *Shoe Dog. Die offizielle Biografie des NIKE-Gründers*, München 2016
Helmut Köhler u. a.: *Lauf dich gesund! Und andere Programme für das Ausdauertraining*, Berlin 1981

Helmut Köhler u. a.: *Laufen. Ratschläge für Anfänger und Fortgeschrittene*, Berlin 1981
Willi Fr. Könitzer: *Nurmi*, Berlin 1937
František Kožík: *Der Marathonsieger Zátopek. Reportagen aus dem Leben des besten Langstreckenläufers der Welt*, Prag 1953
Arnd Krüger: *Viele Wege führen nach Olympia. Die Veränderungen im Trainingssystem für die Mittel- und Langstreckenläufer (1850–1997)*, in: Norbert Gissel (Hg.): »Sportliche Leistung im Wandel«, Hamburg 1998
Ottomar Krupski: *Der Langstreckenlauf*, Berlin 1927
Arthur Lydiard: *Laufen mit Lydiard*, Aachen 1983
Bernard Maccario: *Jean Bouin. Héros du sport, héros de la Grande Guerre*, Paris 2018
Andreas M. Marlovits: *Lauf-Psychologie. Dem Geheimnis des Laufens auf der Spur*, Regensburg 2008
Matthias Marquardt: *Die Laufbibel. Das Standardwerk zum gesunden Laufen*, Hamburg 2007
James McNeish: *Ahnungslos in Berlin. Tagebuch einer Forschungsreise*, Berlin 1986
Haruki Murakami: *Wovon ich rede, wenn ich vom Laufen rede*, Köln 2008
Michael C. Murphy: *Athletic Training*, New York 1914
Stephan Oettermann: *Läufer und Vorläufer. Zu einer Kulturgeschichte des Laufsports*, Hamburg 1984
Nikolai Osorin: *Das Training des Leichtathleten*, Berlin 1952
Otto Peltzer: *Umkämpftes Leben. Sportjahre zwischen Nurmi und Zatopek*, Berlin 1955
Ders. (Hg.): *Vergangenheit und Zukunft der deutschen Leichtathletik*, Leipzig 1925
Ders. (Hg.): *Das Trainingsbuch des Leichtathleten*, Stuttgart 1928
Lauri Pihkala: *Allgemeine Richtlinien des athletischen Trainings*, Berlin 1937
Ronald Reng: *Warum wir laufen*, München 2018
Roger Robinson: *Running in Literature. A Guide for Readers, Runners, Joggers and Dreamers*, Halcottsville, NY, 2003
Mark Rowlands: *Der Läufer und der Wolf*, München 2015
Eva-Maria von Schablowsky: *Läuft ihr Mann auch? Notizen über einen Jogger und andere Bei-Läufigkeiten*, München 2001

Heidi Schmitt: *Jubiläumsbecher in der Busspur. Laufgeschichten aus der Provinz und Anderswo*, Norderstedt 2012
Frank Schubert: *Psychologie zwischen Start und Ziel*, Berlin 1981
Edward S. Sears: *Running Through the Ages*, Jefferson, NC, 2008
Eugen Seybold: *Der Lauf als Leibesübung und Wettkampf*, München 1911
Montague Shearman: *Athletics and Football*, London 1887
Alfred Shrubb: *Long Distance Running and Training*, Toronto 1909
Allan Sillitoe: *Die Einsamkeit des Langstreckenläufers*, Zürich 1967
Werner Sonntag: *Herausforderung Marathon. Reportagen, Erfahrungen, Ratschläge*, Stuttgart 1988
Ders.: *Laufende Vorgänge. ›Irgendwann musst du nach Biel‹ und andere literarische Texte über das Laufen*, Ostfildern 1996
Ders.: *Sonntags Tagebuch*, www.laufReport.de, 2002–2017
Ders.: *Spaß am Laufen. Jogging für die Gesundheit*, Niedernhausen 1982
Rolf Spangenberg: *Laufen – einfach tierisch. Menschlich geschilderte tierische Fortbewegung*, Gummersbach 1982
Mike Spino: *Laufen. Die Innere Dimension. Der Weg zum bewußten Training. Laufen als Spiel mit dem Körper*, Ravensburg 1988
Franz Stampfl: *Franz Stampfl on Running. Tactics and complete training schedules for all events from the sprint to the 10,000 metres*, London 1955
Thomas Steffens: *Laufen – Lernen von den Stars*, Aachen 2011
Manfred Steffny: *Lebens-Lauf. Laufen als neue Erfahrung mit Körper und Psyche*, Köln 1979
Ders.: *Marathon-Training*, Mainz 1977
Oliver Stoll: *Einmal war ich in Biel*, Leipzig 2018
Josef Waitzer: *Wie trainiere ich Leichtathletik*, Leipzig 1921
Alexander Weber (Hg.): *Gesundheit und Wohlbefinden durch regelmäßiges Laufen*, Paderborn 1984
Alexander Weber u. a. (Hg.): *Warum Cooper Aerobics erfand. 11 berühmte Theoretiker der Laufgesundheit*, Regensburg 2005
Klaus Weidt: *Haile Gebrselassie. Auf den Spuren einer Lauflegende*, Aachen 2011
Thomas Wessinghage: *Mein Laufbuch für die ersten 10 Kilometer*, München 2013